朝河貫一の時代と学問

甚野尚志
藤原秀之 編

——書簡を通じた知の交流——

吉川弘文館

まえがき

朝河貫一は、一八七三年（明治六）、元二本松藩士の朝河正澄の子として福島県二本松に生まれた。貫一という名前は、正澄が『論語』の「吾道一以貫之」にちなんで命名したものである。父正澄が翌年、伊達郡の立子山小学校教員となったため、立子山村（現在の福島市立子山地区）で幼少時を過ごした。その後、福島県尋常中学校（のちの安積高校）に入学し、一八九二年に首席で卒業する。同年、上京して東京専門学校文学科に入学し、坪内逍遙、大西祝らの教えを受け、文学科第三回の首席として一八九五年に卒業した。

朝河は、東京専門学校在学中に本郷教会の牧師・横井時雄により受洗し、キリスト教徒となり、横井の橋渡しにより一八九五年に渡米しダートマス大学に入学する。その卒業後、さらにイェール大学大学院に進学し、「大化改新」についての博士論文を書き、イェール大学の教員として長く比較封建制の研究に従事することになった。とくに『入来文書（*The Documents of Iriki*）』（一九二九年）は、南九州の一地域の史料から、日本の封建制の成立と発展を西欧の封建制と比較しつつ提示した研究としてマルク・ブロックなどの歴史家から高い評価を受け、朝河は比較制度史家としての地位を確立した。また朝河は、イェール大学の東アジア関係図書部長として、イェール大学の日本関係図書の体系的な収集を行い、アメリカの日本学の基礎を築いたことでも大きな功績を残している。

さらに朝河は、日本の対外政策への批判者として活動したことでも有名である。日露戦争後の大陸膨張政策に対しては『日本の禍機』（一九〇九年）で警告し、その後も日本の大陸侵略と軍国主義に対して、政治家、友人などへの書簡により一貫して批判した。一九四一年の日米開戦の直前には、ルーズベルト大統領からの天皇宛親書により開戦を

イタリア・カプリ島に滞在中の朝河貫一（ダートマス大学朝河貫一資料展示室所蔵） 1915年7月，友人ダイアナ・ワッツのカプリ島の別荘に滞在した際の写真．1915年8月26日付の坪内逍遙宛書簡（本書第Ⅱ部翻刻通番（42））でこの時のイタリア滞在に触れている．

阻止しようとする運動を行い、この開戦阻止の試みが「平和の提唱者」としての朝河の名を不朽のものにした。朝河は、開戦翌年の一九四二年にイェール大学で定年を迎え、名誉教授となり、一九四八年八月十一日にバーモント州ウェスト・ワーズボロの避暑地でその生涯を閉じた。

◇　◇　◇

ところで、昨年の二〇二三年は朝河貫一生誕一五〇年にあたり、数多くの記念行事が行われた。日本での母校である早稲田大学においても、二〇二三年十二月十六日に、早稲田大学総合人文科学研究センター（RILAS）の二〇二三年度年次フォーラムとして、同センターの研究部門である角田柳作記念国際日本学研究所の主催により、朝河貫一生誕一五〇年記念シンポジウム「朝河貫一の時代と学問―福島・早稲田・アメリカ―」が開催された。

本書は、このシンポジウムでの報告に基づいた論文集である。シンポジウムでは、朝河の人生を、郷里の福島で過ごした時期、東京専門学校在学の時期、アメリカ滞在期まで辿り、それぞれの時期に、朝河がどのような人々と関わりながら自身の学問を形成したのか、あるいは、周囲の人々にどのような影響を与えたのかといった問題に関して、書簡史料の分析を中心に報告がなされた。各報告を通じて、国際的な立場から独自の学問を切り拓いた朝河の業績について、日本やアメリカの人々との交流の視点から、改めてその意義を問い直すことができた。本書の第Ⅰ部「書簡を通してみる朝河貫一の学問」は、このシンポジウムでの報告に基づいた、甚野尚志、藤原秀之、真辺将之、宗像和重の各論文と、コメンテーターであった、河野貴美子が新たに寄稿した論文からなっている。

また、第Ⅱ部「坪内逍遙宛朝河貫一書簡翻刻」は、このシンポジウムで紹介され、分析された、早稲田大学演劇博物館所蔵の朝河貫一発坪内逍遙宛未整理書簡の翻刻である。

朝河は、東京専門学校で教えを受けた坪内逍遙と多くの書簡を交わしていたが、朝河が逍遙に送った書簡は、ほとんど原本の形では知られておらず、『朝河貫一書簡集』（早稲田大学出版部、一九九〇年）で翻刻された逍遙宛書簡もほぼすべて、朝河が自身の控えとして写しを残していたものである。今回のシンポジウム開催の一年ほど前に、逍遙宛書簡の原本が、早稲田大学演劇博物館に大量に未整理書簡として存在することを編者が知り、シンポジウムではこの逍遙宛未整理書簡の紹介と分析も併せて行ったため、本書の第Ⅱ部ではこの新発見書簡を翻刻し、紹介することにした。翻刻のうち、和文書簡の翻刻は藤原秀之が担当し、英文書簡の翻刻は甚野尚志が担当した。

◇　◇　◇

振り返ってみれば、これまで早稲田大学では二〇一五年に、シンポジウム「朝河貫一と日本中世史研究の現在」が開催され、その後二〇一八年に、朝河貫一没後七〇年記念シンポジウム「朝河貫一と人文学の形成」が開催された。この二つのシンポジウムの成果はそれぞれ、海老澤衷・近藤成一・甚野尚志編『朝河貫一と日欧中世史研究』（吉川弘文館、二〇一七年）、同共編『朝河貫一と人文学の形成』（吉川弘文館、二〇一九年）として刊行されている。またその後二〇二〇年には早稲田大学歴史館で、「朝河貫一展〜海を渡ったサムライ〜」展が開催されるなど、この一〇年ほどの間、朝河研究が精力的に取り組まれてきた。しかし、朝河研究の近年の進展はこれだけではない。『入来文書』など朝河の主要著書の翻訳を刊行してきた矢吹晋が、自身の朝河研究の集成となる『天皇制と日本史—朝河貫一から学ぶ—』（集広舎、二〇二一年）、『矢吹晋著作選集別巻　朝河貫一顕彰』（未知谷、二〇二四年）を刊行したことは、朝河研究を深化させる大きな成果といえる。

本論文集はこのような朝河研究の展開を継承するものであるが、今回は書簡を中心に分析しながら、同時代の人々との具体的な関係を考察することとした。この方向性はこれまでの朝河研究の中で、金井圓が提唱した「朝河学」の試みともつながる（同「「朝河学」の提唱」『朝河貫一の世界』早稲田大学出版部、一九九三年）。「朝河学」とは、歴史家としての業績や国際政治に関する思想のみならず、人間朝河の思想・情念・行動を全人格的に把握するための研究である。そして「朝河学」のための重要な史料は、何よりも書簡であることは疑いないが、書簡からは人間朝河の姿を看取できるだけでなく、朝河に感化された人々との間に作られた知的・学問的な影響関係も考察できる。本書もそうした試みの一つとして、朝河を基軸としながら、彼が生きた時代と学問の実像を捉え直すことを目指した。

最後になったが、逍遙宛未整理書簡の閲覧と利用に関して、早稲田大学演劇博物館のご厚意に改めて深く感謝したい。また、シンポジウムの後援団体となった、朝河貫一博士顕彰協会、福島民報社、福島民友新聞社にも心よりお礼申し上げる。本書により、朝河研究がさらに発展することを期待するとともに、本書の内容に対し、多くの方々からの御叱正を賜れば幸いである。

二〇二四年十一月二十一日

甚野尚志
藤原秀之

目　次

第Ⅰ部　書簡を通してみる朝河貫一の学問

朝河貫一の歴史学への開眼
――ダートマス、イェールにおける知的形成――

甚野尚志

はじめに

朝河貫一は、アメリカで日欧の比較封建制研究で多くの業績を上げ、一九三七年にはイェール大学の歴史学教授となった歴史学者である。アメリカ留学以前の東京専門学校では、とくに歴史学を専攻したわけではなく、哲学、美学、仏教学、文学など様々な人文学の科目を学んでいた。東京専門学校時代の受講ノートとして残されているものには、大西祝「近世哲学史」、立花銑三郎「教育学と哲学史」、小屋保治「美学」、吉谷覚寿「仏教総論」、松本文三郎「支那哲学史」などがある(1)。また受講ノートは残されていないが、坪内逍遙からは英文学を学んでいた。だが、歴史学に関して専門的に学んでいた形跡はない。

朝河が歴史学に関して本格的な勉学を始めるのは、ダートマス大学に留学してからである。さらにダートマス大学卒業後、イェール大学の大学院に進学し、欧米の歴史学の研究方法を身に付け、日本のアカデミズムとは無縁の世界で「大化改新」に関する博士論文を一九〇二年に提出することができた。博士学位取得の同年にダートマス大学の講師になり、一九〇七年からはイェール大学の日本史の講師となって封建制に関する諸論文を発表していったが、とくに一九二九年に刊行した『入来文書（*The Documents of Iriki*）』が当時の欧米の学界で高く評価され、歴史学者としての地位を築くにいたる。

本稿では、朝河がアメリカ留学後に、どのようにして歴史学に開眼していったのかを考えてみたい。その問いに答えるには、ダートマス大学とイェール大学院での学生生活と勉学の内容を考察する必要があるが、ここでは、彼が書いた書簡、新聞寄稿文などを中心に分析し、博士論文の完成までの知的形成過程を辿っていきたい。また本稿ではとくに、最近、早稲田大学演劇博物館で発見された朝河発坪内逍遙宛書簡のうち、この時期に書かれた書簡にも触れ、博士論文執筆などの問題に関して新たな事実も明らかにする。

一　ダートマス大学への留学

1　ウィリアム・J・タッカーとの出会い

朝河は、一八九五年（明治二十八）七月に東京専門学校文学科を首席で卒業後、一八九六年一月にはアメリカ東部のダートマス大学に留学したが、それは、自身がキリスト教の洗礼を受けた本郷教会の牧師・横井時雄の尽力によるものであった。横井は一八八九年に渡米してマサチューセッツ州のアンドーヴァー神学校（Andower Theological Seminary）で学んだ際、その教授であった神学者ウィリアム・J・タッカー（William Jewett Tucker, 1839–1926）と出会っていたが、一八九四年に横井が再渡米したときには、タッカーはダートマス大学の学長となっており、横井は朝河のためにタッカーから、ダートマス大学での学費免除と宿舎費免除の約束を取り付けた。朝河は、自身の渡航費の借金で苦労するが、徳富蘇峰・大隈重信・勝海舟・大西祝らからの資金援助もあり、結局、一八九五年十二月に横浜から乗船し、アメリカ人宣教師に付き添われ渡米する。シアトルからは大陸を鉄道で渡り、ニューハンプシャー州ハノーヴァーにあるダートマス大学に到着し、一八九六年一月には大学一年に編入学することになった。

朝河はダートマス大学で、生涯での最大の恩人となるタッカーと出会い、彼から何よりも、大きな精神的・人格的な影響を受ける。おそらく、ダートマス在学時のタッカーの薫陶がなければ、歴史学者となり、日本史を世界史のなかに位置付け、日本とは何かを西洋の世界に理解させることを生涯の仕事として選ばなかったであろう。朝河は、イェール大学院時代の一九〇〇年一月一日に、文通相手マーガレット・ダイモンド（Margaret Dimond、彼女については以下で詳述）宛に送った「年頭の自戒」で、「恩義を被ること最大の人物として、わが両親とタッカー博士がいる」と述べ、「歴史学を専門として東洋を西洋と比較し人類に貢献する」という決意を語っている。(2)

タッカーは当時、何より会衆派教会の改革派神学者として、また、貧民救済などの社会改良に取り組む教会の活動家として著名な人物であった。一八九三年にダートマス大学学長に就任する前はアンドーヴァー神学校の教授であったが、同神学校在職中に、会衆派教会が奉ずるカルヴァン主義の予定説を批判し、人間の魂の救済に関して、より柔軟な救済の可能性を主張する自由主義神学を提唱し、保守的な神学校当局に対して「アンドーヴァー論争」と呼ばれる闘争を他の同僚とともに行い、一八八六年から九二年まで法廷で争った。その結果、改革派の地位は保全されたものの、その直後にタッカーはダートマス大学に移ることになる。(3)

タッカーらが提唱した自由主義神学は、カルヴァン主義の予定説から離れ、人間の魂の内面的な改善の可能性を訴えるとともに、教会が社会改良に直接関わり、現世での悲惨な人々を救済していくことがキリスト者の使命だとする神学であり、キリスト教の信仰と現実の社会変革とを融合する、新しい教会のあり方を目指す立場であった。タッカーは、その理念に従い、アンドーヴァー神学校で社会経済学講座を開設し、ボストンのセツルメント運動にも積極的に関わっていた。タッカーの社会改良を目指すキリスト教の思想は、彼のアンドーヴァー神学校教授時代にすでに多くの人々を引き付けていたが、成瀬仁蔵・片山潜など、直接、彼に学んだ日本人留学生たちにも大きな影響を与えている。[4] タッカーはダートマス大学に移っても、退職する一九〇九年までの一六年間、学生たちに大きな影響を与えたが、また学長としてもダートマス大学の改革に取り組み、学科数を拡充して学生数も増加させ、その後のダートマス大学発展の礎石を築いた。

朝河がダートマス大学でタッカーから学んだものは、何よりも、人間の生に不可欠な道徳的成熟の必要性、キリスト教的な社会奉仕と自己犠牲の精神、社会的進歩を推進するキリスト教会の役割などであった。朝河は一九一四年のダートマス大学同期卒業生の同窓会で、タッカーの功績について講演を行っているが、それによれば、タッカーは講話で学生たちに、道徳的に名誉なことを求め、実践し、社会に貢献せよと教え、また、教育を受けた人間は社会を改良する責任があり、そのためにも、キリストに従い、キリストに倣い、自己犠牲に徹して人類に奉仕することが人間の理想だと教えていた。朝河は、学生たちがタッカーの講話により、計り知れない影響を受けたと語っているが、朝河こそがタッカーに心酔した一人であったことは疑いない。[5]

2　ダートマスでの生活――『国民新聞』への寄稿――

朝河は、ダートマス大学では和服を着ていたこともあり、友人たちから「サムライ」というあだ名で呼ばれていた。また当然、日本からの送金はなかったから、寄宿舎費用、授業料が免除であったとはいえ、生活費をアルバイトで賄うことになる。それでホテルでの皿洗いやエレベーターボーイをやって生活費を捻出した。ダートマス大学の朝河貫一資料展示室には、朝河についてのダートマス大学教授による短評が掲載された学内誌が置いてあるが、そこには「朝河は大学の二年目のクラスに属するが、その英語の語彙能力は他の学生と比べても傑出している」という評価が書かれている。[6] ネイティブのアメリカ人を超える英語の語彙能力を持っていたから、当然、ダートマス大学でも抜群の成績であった。

朝河は、ダートマス大学で学び始めた後、アメリカの風習にとまどいながらも、それを理解していくようになる。しかし、日本で横井時雄などからアメリカの学風は聞いてはいたが、実際に体験してみると驚くことばかりであった。彼はダートマス大学での生活について一八九六年（明治二十九）から九七年にかけ、「形影生」のペンネームで徳富蘇峰が創刊した『国民新聞』に寄稿しているが、その記事から彼の留学生活を窺い知ることができるので、以下で紹介してみたい(7)。

一八九六年三月十八日の「米国書生」という記事では、次のようなことが述べられる。ダートマスでは、学生たちは毎朝八時二〇分頃に付属のチャペルに行き、タッカー学長の講話と説教を聞き、賛美歌を歌い、それから講義が始まる。その後一二時頃に昼食を取る。午後は講義が行われる日もあるが、講義がない日もある。毎週の授業は全体で一五時間を超えることはない。午後六時には夕食を取り、食事中は寄宿生たちが上級生と下級生の隔てなく愉快に談笑する。夜は声を張り上げ歌う者もいるが、そのことを安眠妨害だと言って怒る者もいない。ダートマスの学生は腕力も強く、声も太く、忍耐強い点で驚く。また複雑な数学を理解し、細かい事実も暗記できる。難しい音楽もたちまち覚え、国語を学ぶ力も相当にある。だが、ダートマスの学生は日本と違い、天下国家などと騒がず、徐々に人格を形成することを第一に考える。それは「あたかも肥えたる野に育てる杉木」に似ており、日本人はそれに対して、「吹きさらしの山の頂上にくねりまわれる松」に似ている。また、こちらの学生はいかにも「大共和国の新民」の構えがあり、快活で誰の前でも臆することがない。教授の話が冗長であれば、床を踏んでその声をかき消し、それが素晴らしいときは一度に拍手する。

朝河はこのように、ダートマスの学生の自己表現豊かな姿に感動したが、また、教授たちの態度にも心を打たれた。彼によれば、教授は、正義、公平をもって理想とせず、「仁愛感化」を理想とする。教授は、日本のように講壇の上から講義を行い、学生の名をいちいち覚えないことを公平な態度だとは考えない。むしろダートマスの教授は、全学生を熟知し、その特性に従って学生を遇し、何事も臨機応変に学生ごとに態度を変える。教育方法も個人を基準とし、できるだけ個性を伸ばそうとする。また、教授と学生の関係は兄弟か朋友のようであり、教場は談笑、和楽の家庭である。

とくに朝河は、学長タッカーの親身な態度には心から驚き、感謝して次のように述べる。自分は、大学の校長が常に徒歩で歩き、時には学生と並んで歩いて、自分のような者のために夜中に書物を携えて来てくれるようなことをするとは夢にも思わなかった。日本の校長は、一人の学生を厚遇して他の学生を軽んじることを恐れるが、この校長は何も恐れず、各学生に配慮し、その愛情は明白である。人に対し猜疑の気持ちがある国では、このようなことは行われないだろう、と。また、英文学の教授が、毎週木曜の夜、教授宅に学生たちが来訪するのを待ち、その妻も娘も部屋に出てきて、お互いまったく友人のように話をすることも述べ、彼自身もしばしばこの夜の訪問を行ったと語る。(8)

一八九六年五月十日の「国民の自信及国民の声」という記事では次のようにいう。アメリカの地では、日本の状況が知られておらず、日本について知らせることがきわめて重要である。日本の進歩は人類全体の進歩につながるものであるから、日本の日本たる点がどこにあるのか、それを世界に提示し、西洋人の知らない日本の生活について彼らに説明し、また日本人も自身について認識することが必要である。この記事からは、この頃から彼が、日本を西洋の世界に紹介していく使命を自覚し始めたことがわかる。(9)

朝河はこの後、次第に歴史学に関心を集中し、西洋史を専門的に学ぶようになった。そのことは、この時期の一八九八年九月中旬に書かれた逍遙宛和文書簡［早稲田大学演劇博物館所蔵、資料整理番号 TSY0032021、本書翻刻通番（3）、以下同］から見て取れる。その書簡で次のように述べる。自分は自身の研究科目を西洋史に定め、その準備として、諸言語、人種学、西欧法律、原初文明、制度の歴史を研究し、古代史・希臘史・羅馬史・中世史を四、五人の専門教授の特別の指図を受けて勉学することに決めた。また、西洋史研究のなかでも制度史が重要な課題であることがわか

表1　ダートマス大学時代の読書ノート（Asakawa Papers, Box 46, 47, 48, 49 にある）

Box	Folder	著　者	書　物　名	詳　　細
46	188	Henry.S.Maine	Study of Ancient Law, New York 1864	朝河の読了日時の記載，Dec.1897. ダートマス大学時代.
		Henry.S.Maine	Lectures on the early History of Institutions, New York 1875	朝河の読了日時の記載，March,1898. ダートマス大学時代.
		Henry.S.Maine	Dissertation on early Law and Custom, London 1883	朝河の読了日時の記載，April,1898. ダートマス大学時代.
47	198	William Stubbs	The Constitutional History of England, in its Origin and Development, vol. 1, Oxford 1891	ノートのタイトルはAncient Germans.Their Institutionsとなっている．ゲルマン人の戦争，制度などの要約．見出しにStubbsと書かれており，彼のイギリス国制史のノートだろう．朝河の読了日時の記載，Dec. 19,1898. ダートマス大学時代.
47	204	Meyer	Geschichte Babyloniens bis auf die Herrschaft des Kossaeer	ダートマス大学時代の読書ノート． ノートの形と書き方からダートマス大学時代.
47	208	Fowler Freeman	City-State Comparative Politics. Greeks, Romans, Teutons	朝河の読了日時の記載，March 5, 1898. ダートマス大学時代.
47	209	A.Hohn	波斯戦争	ダートマス大学時代の読書ノート． ノートの形と書き方からダートマス大学時代.
47	210	A.Hohn	Zum Griechischen Staatsrecht	ダートマス大学時代の読書ノート． ノートの形と書き方からダートマス大学時代.
47	211	A.Hohn	History of Greece	朝河の読了日時の記載，1899年夏. ダートマス大学時代.
49	225	O.Schrader	Sprachvergleichung und Urgeschichte	朝河の読了日時の記載，Dec.20,1898.
49	227	逸名	Primitive land tenures	ダートマス大学時代の受講ノートか？
49	228	逸名	羅馬史	ダートマス大学時代の受講ノートか？
49	229	逸名	Roman law	ダートマス大学時代の受講ノートか？

った。そして制度史のなかでも、欧州封建制度史はメイン（H. S. Maine）などの歴史研究者を悩ませてきた重要な問題であると述べる。書簡の最後で、自分が歴史学に適しているのか、一生の専門にすべきかどうかはまだわからないが、ともあれ今後、歴史学を専門的に学ぶという決意が語られている。

ダートマス大学在学時の関心が西洋史にあったことは、彼が残したダートマス大学時代の読書ノートからも窺える。読書ノートのなかには、この書簡でも言及されるメインの著作もあるが、それ以外にホーン（A. Hohn）のギリシア史の著作、スタッブズ（W. Stubbs）のイギリス国制史の著作などの読書ノートがあり、とくにスタッブズの著書からは中世の部分のノートを取っており、中世ヨーロッパ史についてこの時期に知識を深めていたことがよくわかる（表1参照）[10]。

3　ダートマス大学での卒業論文

朝河の関心は、西洋史の勉学を通じて、日本史をヨーロッパ史と比較して説明することに向かっていった。その結果、卒業論文では、日本の封建制の成立からその解体過程をヨーロッパと比較する論文を書くことになる。朝河は、一八九九年二月に卒業論文「日本封建制の予備的研究（A Preliminary Study of Japanese Feudalism）」を提出したが、それはタイプ打ちで九〇枚ある論文で、おそらく日本人として初めて欧米の大学で、ヨーロッパ史と比較して日本史の発展過程を描いた論文である[11]。これまでの日本史学史では、欧米の大学に留学し、日本史をヨーロッパ史と対比して論文を書いた最初の事例は、福田徳三が一九〇〇年にミュンヘン大学に提出したドイツ語の学位論文「日本における社会経済的発展（Die gesellschaftliche und wirtschaftliche Entwicklung in Japan）」とされてきたが、朝河の「日本封建制の予備的考察」はそれよりも一年早く提出されている。また朝河の卒業論文は、福田の博士論文と比較しても内容的に遜色がないので、改めてその意義は再評価されてよい。以下、卒業論文の内容を簡単に紹介しておきたい。

まず朝河は、卒業論文の序文で、自身がヨーロッパの制度史を学ぶなかで、ヨーロッパの封建制と日本の封建制の相違は何かという問いに関心を持ち、ヨーロッパの封建制について独学で勉強を始めていたと述べ、そのような勉学の結果、日欧の封建制の違いは何か、人類の進歩にとり封建制がどのように位置付けられるのか、という問いが自身の重要な問題となり、日本の封建制の歴史を卒論のテーマに選んだ、と語る。

卒業論文の本論では、中国文明の影響で遂行された「大化改新」の改革が最終的に破綻し、その結果、荘園が生まれ、荘園が武士の封土となり、日本の封建制が誕生する過程をヨーロッパの封建制の成立過程と対比して描いている。この卒業論文は、武家政権の推移を主として扱う政治史中心の叙述であり、そこには、後年に彼が行うような封建制に関する精緻な議論をまだ見出すことはできないが、封建制社会から近代社会への歴史の転換についての明確な見取り図を描いている。つまり、日本ではヨーロッパよりも三世紀遅れて一二世紀に封建制が誕生し、近代への移行に関しても、一六世紀に近代化したヨーロッパと比べ、日本は三世紀遅れて明治維新の時期に近代化が始まるという、明確な歴史の見取り図を提示している。(12)

4　大学院進学への決意

こうして一八九九年六月にダートマス大学を卒業するが、その際、アメリカの大学で優秀な成績を修めた者が会員となる学術団体「ファイ・ベータ・カッパ（Phi Beta Kappa）」の会員に推挙されている。またこの頃、タッカーから、将来、ダートマス大学に東西交渉史に関する科目を開講するので、大学院での学位取得後に教員として招聘したいこと、また、そのための大学院の学費はタッカーが援助するとの申し出を受けていた。

朝河は立子山の両親に宛てた一八九九年五月三十日の書簡で、このタッカーからの申し出を次のように説明する。タッカーは、ダートマス大学の歴史科のなかに東洋と西洋との関係を研究する学科を設け、その教授を自分に任せるという提案をしている。それを受諾すれば、そのために自分を数年間、最良の大学で研究させ、その学資を工面してくれるとのことだ。そのような学科ができれば、欧米諸大学でも未曽有の新学科の設立になる。また、自分がこの地位に就けば、世界に向かい日本を紹介し、東洋と西洋の相互理解を促進する役割を果たすことができる。日本に帰国するのに比べ、アメリカでこの地位に就いた方が公益となろう。また、日本の生活は豊かではないので、こちらにいれば多くの金銭を日本に送り、安楽に両親を扶養できる。公益、両親の安楽、タッカーへの報恩のためにもアメリカに滞在するのがよいと考える。ただし両親が帰国を望めば、タッカーに対しこの申し出を謝絶する、と。[13] 朝河はこの書簡で、最終的には両親の意志に従うと述べている。結局、両親は大学院への進学を認める。おそらくこのときには、坪内逍遙も書簡で父正澄を説得した。そのことは、一八九九年十一月十八日の逍遙宛和文書簡［TSY0032011、翻刻通番（5）］で、朝河が大学院進学をめぐり正澄と交渉した際、逍遙が正澄からの書簡に対し丁寧な返事を送ったことに、朝河が感謝していることからもわかる。

こうして朝河は大学院への進学が許されると、イェール大学、ハーヴァード大学、ジョンズ・ホプキンズ大学の歴史学部に願書を提出し、イェールとハーヴァードから入学許可と奨学金授与の約束を得たが、結局、イェールへの進学を決める。ハーヴァードではなくイェールを選んだ理由は、イェールの方が彼の望む制度史研究を行っていたからである。こうして一八九九年九月にはイェールに移り、大学院生としての勉学を始めることになる。

二　イェール大学大学院へ

1　マーガレット・ダイモンド宛書簡

朝河は、アメリカに留学してから日記を付けていたはずだが、この時期の日記は残されていない。ただしイェール大学院時代については、マーガレット・ダイモンドという女性に対して出した一〇〇通余りの書簡から窺い知ることができる。以下では、彼女に宛てた書簡から、イェール大学院時代の生活と勉学について辿ってみたい。(14)

このマーガレット・ダイモンド宛に出された一〇〇通余りの書簡は、彼女の死後、遺族から朝河に直接返却され、朝河の死後、遺品として福島県立図書館所蔵の「朝河貫一資料」に収蔵されたものである。(15)彼女の遺族から自分の書簡を返却されたことは、朝河の一九四五年（昭和二十）十二月二十二日の日記に記載されている。以下に日記の当該部分の抄訳を掲げるが、そこで朝河は、若い頃、新年を迎えるにあたって書いていた「年頭の自戒」の文章を一九〇〇年（明治三十三）の新年から一九〇五年の新年まで彼女にも写しを送っていたこと、そして彼女に送った「年頭の自戒」が、彼女に送った書簡とともに遺族から返還されたことを以下のように述べている。

四〇年以上も前、私は毎年の新年を迎える日を「決意の日」とし、過ぎ去った年の内面の成長を確認し、明けた年における成長を決意するようにしていた。何回かの新年には、私は尊敬できる友人を招き、我々の人生の諸問題について語りあかし、そうした問題について我々の間での態度を比較した。また私は若い頃には、新年を迎えた日々に毎年の回顧と展望を紙に書いていた。私はそのノートを保存していなかったが、私が深く信頼していたニューハンプシャー州フランクリンに住む故マーガレット・ダイモンドには一九〇〇年から一九〇五年のノートの写しを送っていた。彼女は私の手書きのものと彼女の手による写しを保管していた。そして彼女の死後、これらのノートと私が彼女に出した書簡が遺族により親切にも私のもとに返還された。(16)

このマーガレット・ダイモンドという女性はいかなる人物であったのか。朝河が彼女に出した書簡（以下、［　］内に書簡の日付と福島県立図書館所蔵「朝河貫一資料」の整理番号を記す）から以下のようなことがわかる。彼女は朝河が学んだダートマス大学の近くのニューハンプシャー州フランクリン在住で、その町のおそらく会衆派教会に所属し、Y.M.C.A.の活動などを積極的に行っていた信仰深い女性である。朝河はダートマス大学時代の友人の紹介で知り合ったと述べている［一八九九年十月六日、D–29–2］。二人が最初に出会ったのは、朝河のダートマス大学卒業とイェール大学大学院入学の間にあたる一八九九年の夏と思われる。彼はこの夏、フランクリンを二回訪問しているが、そのときに彼女と実際に会ったのだろう。フランクリンに行った理由は、彼女が教える教会の日曜学校に出席するためであった。朝河が書簡で「私が無作法な若者であるにもかかわらず、あなたの日曜学校のクラスに受け入れてくれたことを感謝している」［一九〇〇年二月一日、D–29–21］と書いていることから、ダイモンドが教えるフランクリンの教会の日曜学校に出席し、知り合ったことがわかる。また、朝河が一八九九年にフランクリンの「伝道協会（Church Missionary Society）」で行った講演のための原稿が残されているが、この講演はおそらく、この夏の二回目のフランクリン訪問時に行ったのではないかと推定できる。この講演の内容は、明治維新後に国際社会の仲間入りをした日本が、今後、どうしたら西洋世界の人々に理解してもらえるか、という内容であるが、そこには、東西文明の相互理解に貢献したいという意志を見て取ることができる(17)。

ところでダイモンドは、朝河がMiss Margaret Dimondと書簡で呼びかけていることからもわかるように、独身女性であったことは明らかだが、年齢は当時おそらく、五十代ぐらいであったと思われる。理由は、書簡のなかで彼女の母親が一八九九年に八十歳になったことに触れ、「あなたの母親が八十歳の誕生日をつつがなく迎えたことを嬉しく思う」と書いていること［一九〇一年七月十三日、D–29–66］、また、彼女の甥がフィラデルフィアの大学で歯学部の学生で歯科医になろうとしていることが言及されるので［一九〇〇年一月十三日、D–29–18］、五十代ぐらいと考えるのが妥当であろう。また朝河は、彼女との文通で最後まで一貫して、Miss Margaret Dimondとフルネームで丁重に呼びかけ、自身もK. Asakawaと名字でのサインを書簡の末尾に書いている。こうした互いの距離感のある呼びかけや親子ほどの年齢差を考えれば、恋愛関係ではないのは明らかである。書簡ではイェールでの勉学、信仰や教会に関する事柄、社会的・政治的な問題について書かれており、彼女がかなりの教養を身に付けた女性だったことが推察され、おそらく年齢差を超えて理解しあった文通相手だったと思われる。

朝河はイェールに落ち着いた一八九九年十月から彼女への書簡を書き始めるが、最初はほぼ毎週、自身のイェールでの生活について書き送っている。文通はイェールでの博士論文提出後も続き、ダートマス大学の講師時代の一九〇五年末で終わる。最後の書簡は一九〇五年十二月二十四日のもので、そこでは朝河が翌年から日本に一年間帰国することが述べられている。出された書簡の間隔をみると、一九〇四年二月の日露戦争開戦の頃を境に、書簡を定期的に出すのを止めたことがわかる。開戦直後の一九〇四年二月十四日の書簡［D-29-103］では、朝河が日露関係についてダートマス大学で講演した際、教室に聴衆が入りきれなくなり、大学の最大の講堂に場所を移しても入りきれず、結局、一週間後にダートマスの町でも講演を行ったことが書かれている。この二月十四日の書簡を最後に約一〇ヵ月の間、書簡を出していない。次の書簡は一九〇四年十二月四日のものである。理由は、朝河が二月から毎週のように日露関係について北東部アメリカで講演を行い、また秋には『日露衝突（*The Russo-Japanese Conflict: its Causes and Issues*）』を刊行したことと関係があるだろう。おそらくダイモンド宛に書簡を書く精神的な余裕がなくなったものとみられる。いずれにしても実質的な文通は、日露戦争の開始とともに一九〇四年二月で終わるが、ダイモンド宛書簡には、朝河がイェールで博士論文を書いた三年間の生活と勉学の様々な事柄が書かれている。以下では書簡の内容で重要と思われる部分を記しておきたい。また、朝河はイェールの大学院時代、逍遥宛の英文書簡でも自身の近況を述べているので、それにも適宜触れることにする。

2　イェールでの生活

朝河は一八九九年九月からイェールで、ダートマスの同級生で数学専攻のヒューズ（L. I. Hewes）と同じアパートに住み大学院生としての生活を始めた。朝河の日常は書簡から知るかぎり、大学の教室と図書館を往復するきわめて単純な生活であった。午前中から午後四時まではほとんど教室か図書館にいて、その後は毎日、散歩と「こん棒振り」――「ヘラクレス」と呼ばれるこん棒を使った運動――を行い、晩にまた勉強し、また朝には水風呂に浸かっていた［一八九九年十一月十二日、D-29-8］。こうした健康に留意した生活のためか、一度インフルエンザで二週間ベッドに寝ていたが［一九〇一年二月十五日、D-29-57］、それ以外は病気をせずイェールの大学院時代はほぼ健康に生活していた。

書簡のなかでは時折、アメリカ生活の苦労を垣間見ることができる記述に出会う。たとえば、アメリカ人が自分の名前を誰も正確に発音してくれないことを嘆いている。「アメリカに来てから、誰も私を本当の名前で呼んでくれなかった。ダートマスでは、私は六つほどの名前で呼ばれていた。寄宿舎で一番よく呼ばれていた名前はAssieである。また、Asa, Arthur, George, Henry, Harryとも呼ばれた。現在でもなおハノーヴァーにいる何人かは、私の名前はArthurだと思っている」［一八九九年十二月九日、D-29-12］。確かにKan'ichi Asakawaという名前は、当時のアメリカ人には奇異にしか映らなかっただろう。アメリカ人が発音できないのは当然だったはずだ。

また、生活のためにウェイターのアルバイトをしていたが、ある時期からは、図書館で日本語関係の未整理の蔵書のカタログを作成するアルバイトを始める。図書館の仕事については、「それはかなり頭の使う仕事である。古い、忘れられた書物のカタログを作成している。正確な著者名・版・日付・出版地・大きさ・装丁の仕方を確認しなければならない。それらをカードにきれいに書き込まねばならない。ある本にはタイトルも頁もない。本の内容からおおよその日付を確定し、内容から著者も推定しなければならない。私はつねに事典を参照している」と述べ、「この仕事よりもレストランのウェイターの方が楽しいアルバイトだ」と語る［一九〇〇年七月十三日、D-29-44］。しかし、「まもなくウェイターの仕事を辞めるのでもっと勉強の時間が取れるだろう」［一九〇〇年七月二十五日、D-29-45］と書いているので、一九〇〇年の夏にはウェイターは辞めたようだ。また、イェールのキャンパスでの行事についても詳しく書かれている。大学での行事として何度も言及されるのが卒業式の際に行われる、ハーヴァードとイェールの間の野球とボートの試合である。ある書簡では試合について興奮気味に書き、「ハーヴァードがイェールを破った。理由はハーヴァードがピッチャーで勝り、イェールのバッティングがよくなかったからだ。試合には多くの観客がいたが、私もその場にいて興奮した。しかしイェールは、ボートレースではハーヴァードに勝った。こちらの方が野球よりもはるかに重要な競技だが、私は出費が嵩むのでボートレースは見に行かなかった」と述べている［一九〇一年六月二十九日、D-29-65］。また、このほぼ同じ時期の一九〇一年六月二十三日の逍遙宛英文書簡［TSY003009、翻刻通番（10）］でも、この卒業式の際のハーヴァードとの野球の試合が詳細に語られている。

朝河はイェールに在学する日本人留学生とも定期的に会合を開いていた。日本人同士の会合のなかでも、とくに皇太子（大正天皇）の結婚式の日の会合について以下のように書いている［一九〇〇年五月十一日、D-29-36］。

昨日は日本の若き皇太子の結婚式の日だった。イェールにいる日本人は昨晩、結婚をお祝いした。我々の民族は皇室への愛では心を一つにしている。天皇はその政治的権力で絶対であるが、その権力を決して行使することがない。天皇は、議会を通じて表明される国民の意思を認めるのみである。ゆえに天皇は、我々の政治的な長というよりも国民の統一性と愛国心の体現者である。天皇は最下層の民衆にも愛されている。天皇は国民に憲法を与え、我々のために代議制の政体を確立した。皇太子は私よりも数歳若い。皇太子は我々の希望であり、人々に愛されている。

このように、日本人の皇室への尊敬の念を率直にダイモンドに伝えているが、イェールにいた日本人留学生たちは「紀元節」の二月十一日にも会合を開き祝っていた［一九〇〇年二月二十四日、D-29-23］。こうした記述から、日本人の留学生たちにとり皇室は日本人としてのアイデンティティーを保証する存在とみなされていたことがよくわかる。

3　大学院で受講した授業

ダイモンド宛書簡にはイェールの大学院の授業についての記述もある。朝河は大学院の一年目に、かなりの数の講義を受講しており、そこには大学院レヴェルのものだけでなく学部レヴェルのものも含まれていた。一八九九年十一月五日の書簡［D–29–7］で、以下のように自身の受講科目について詳細に説明している。

まず、ボーン（Edward G. Bourne）教授の「歴史研究と批判の方法（Method of Historical Study and Criticism）」を挙げる。この授業は、研究者がいかに一次史料に基づいて歴史を研究すべきかを教示するものであった。これは教科書も用いたが、主として、文書・論文・書物の内容の正しさについて討論する授業であった。この授業で扱った一つの問題として、サミュエル・アダムズ（Samuel Adams）が行ったとされる「アメリカ独立の演説（Oration on American Independence）」が、実は、あるイギリス人の捏造であることが証明された事例を挙げている。そして、こうしたやり方が、聖書の高等批評（the higher criticism of the Scriptures）にも本質的に似ていると述べる。またこの授業には七、八人の参加者しかおらず、授業外の勉学も含めて時間とエネルギーを使うが、研究についての方法と批判の習慣を学ぶことができるものだと高く評価している。また、ボーン教授のもう一つの授業「アメリカの国民史（American National History）」も受講していたが、その授業は独立革命以後の歴史の概説であり、高度な内容ではなかった。ボーン教授個人については、「正確な精神の持ち主で、授業はそれほど魅力的でも刺激的でもないが、その正確さは学ぶべきだ。鋭いが善良なまなざしを持っている」と評している。

続いて、サムナー（William G. Sumner）教授の授業について次のようにいう。サムナーは老人だが、彼の評価は高い。大学者の一人で、大学で最も興味深い講義を行っている。体も声も大きく、講義では命令調で語るが、多くの彼の考えはオリジナルなものである。彼は、「社会の科学（Science of Society）」――内容は人種と社会構造の研究――、

表2　イェール大学院で受講した科目（Margaret Dimond 宛書簡，1899年11月5日，1900年10月6日より）

担当者	科目名
大学院1年目・1899年秋～	
講義（lecture）	
Edward G.Bourne	Method of Historical Study and Criticism
William G. Sumner	Science of Society
William G. Sumner	Beginnings of Industrial Organisations
William G. Sumner	Industrial Revolution in the Renaissance Period
Frederick G. Williams,	Medieval and Modern Asiatic History
Arthur T. Hadley	Economics
Oliver H. Richardson	History of Europe from the Reformation to the Revolution
Oliver H. Richardson	Constitutional History of England
大学院2年目・1900年秋～	
専門演習（research course）	
George B.Adams	Medieval Institutions
Oliver H. Richardson	England under the Tudors
Edward G.Bourne	American Diplomatic History between the Revolution and the Civil War
Frederick G. Williams	European Colonies in Asia and Africa
講義（lecture）	
Arthur M.Wheeler	Engilish Constitutional History since 1760
（以下はゲストとして聴講）	
George B.Adams	English History
Arthur M.Wheeler	European Hsitory since 1789
John C.Schwab	American Industrial History
H.C.Emery	Economics
John C.Schwab	Public Finance

「産業組織の始まり（Beginnings of Industrial Organisations）」、「ルネサンス期の産業革命（Industrial Revolution in the Renaissance Period）」の講義を行っている。最後のものは中世から近代への変化を制度史的に考察した研究であり、とくに私には関心がある、と。このようにサムナーの授業を絶賛する。

次には、自身の指導教員のウィリアムズ（Frederick G. Williams）教授の授業に言及し、ウィリアムズ教授は、「中世と近代のアジア史（Medieval and Modern Asiatic History）」を教えているが、それもかなり学ぶところが多いもので、また、彼の父は有名な中国へのミッションであったと述べる。さらに、この年から学長になったハドレー（Arthur T. Hadley）教授の「経済学（Economics）」の講義については、それは初学者であろうが専門知識のある者だろうが、どの学生にとっても有益であり、彼の経済学は、その出発点と方法で他の経済学者とはまったく異なると述べる。さらに、リチャードソン（Oliver H. Richardson）教授の「宗教改革から革命までのヨーロッパの歴史（History of Europe from the Reformation to the Revolution）」と「イングランドの国制史（Constitutional History of England）」も受講したが、これらはそれほど専門的な授業ではないが刺激的で示唆の多いものであった。またリチャードソン教授は自身の親密な相談相手だとも述べている。

一年後の一九〇〇年十月六日の書簡［D–29–50］では、朝河が二年目に受講した授業について語っているが、そこでは次のようにいわれる。今年の授業はすべてが大学院のもので、昨年の授業が学部のものも一部含んでいたのとは違う。大学院の授業は刺激的だ。いくつかの大学院の授業は完全に講義であるが、それよりも興味深いものは「専門演習（research course）」の授業である、と。そして、「専門演習」の授業の方法を以下のように説明する。そこでは教授はガイドであって教師ではない。教授は学生を研究がなされるべき方向に導く者である。教授は個々の学生に取り組むべきテーマを与える。学生は通常、オリジナルな史料に向かい、そのテーマを自分自身で研究する。次の授業でそれについて報告する。それに続いてクラスでは討論と批判がある。オリジナルの史料という言葉で私が意味しているものは、テーマを研究するにあたり最初に存在している史料である。後日に書かれたすべての書物は、どんなにすぐれていようが、またオリジナルのものよりも良いものであろうが、二次的なものでありオリジナルではない。たとえば、アメリカの憲法の形成の研究で、のちの時代に書かれた歴史家の多くの素晴らしい書物は、どんなにすぐれていようが一次史料ではない。最初に読むべきものは、会議に参加した人々の書簡・日記・記録である。その後、二次文献に行く。オリジナルの史料を扱う際には、その真正さ・著者・日付・状態・価値を決定することが重要である。

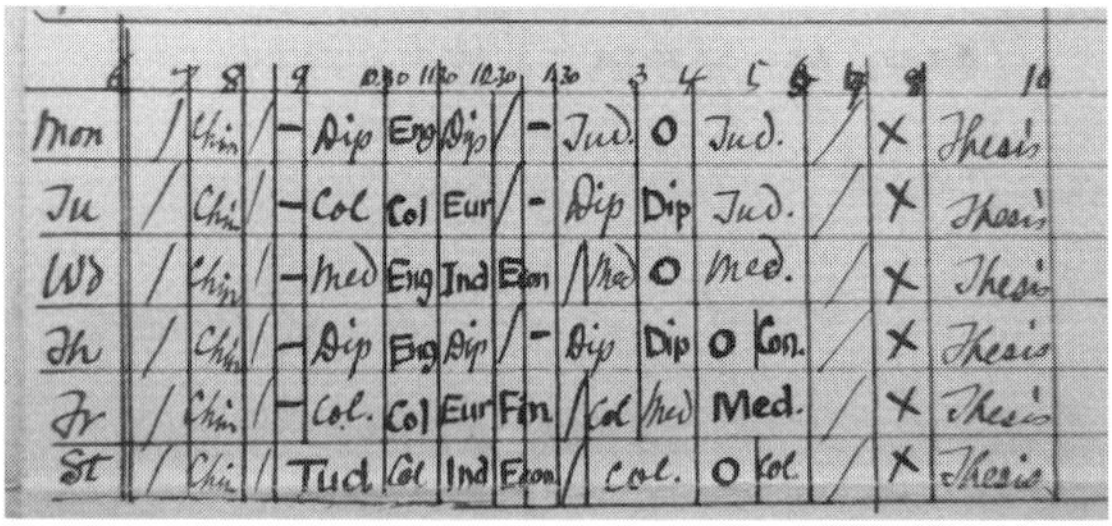

図1　Margaret Dimond宛書簡（1900年10月13日，大学院2年目）に書かれた月曜から土曜の日課表（福島県立図書館所蔵）　書簡での説明によると，－が新聞閲読，×が雑誌閲読，○が体操，Thesisは博士論文執筆の時間．／は食事と休憩の時間．他の省略記号Dip, Col, Eng, Med, Ind, Tud, Eur, Eco, Fin, Conは，ローマン体の場合はこの記号の科目の授業時間，筆記体の場合はその自習時間．朝8時から9時の*Chin*は中国語の自習．月曜から土曜は午前6時の起床から午後10時まで日課どおりに生活し，日曜のみが自由な時間であった．

そのためには教室での報告と議論がとても有益である。「専門演習」の重要性については、この書簡の約二ヵ月後、一九〇〇年十二月十九日の逍遙宛英文書簡［TSY0032027、翻刻通番（8）］でも述べられている。

結局、朝河がイェールの大学院で学んだ最も重要な事柄は、前掲の記述にあるような歴史学の研究方法であった。それは具体的には、一次史料と二次文献の区別、史料の批判的な分析、教師に盲従しない自立した研究、といった方法である。一九〇〇年十月十三日の書簡［D-29-51］では、二年目に受講を始めた授業として以下のものが挙げられる。（1）アダムズ（George B. Adams）教授の「中世の諸制度（Medieval Institutions)」、（2）リチャードソン教授の「テューダー朝のイングランド（England under the Tudors)」、（3）ウィーラー（Arthur M.Wheeler）教授の「一七六〇年以降のイングランド国制史（English Constitutional History since 1760)」、（4）ボーン教授の「革命と内戦との間のアメリカ外交史（American Diplomatic History between the Revolution and the Civil War)」、（5）ウィリアムズ教授の「アジアとアフリカでのヨーロッパの植民地（European Colonies in Asia and Africa)」。

これらの五つの授業はすべて大学院の授業であり、（3）のウィーラー教授の授業が講義で、それ以外は「専門演習」であった。さらにゲストとして聴講している授業として、（1）アダムズ教授の「イングランド史（English History)」、（2）ウィーラー教授の「一七八九年以降のヨーロッパ史（European History since 1789)」、（3）シュワーブ（John C. Schwab）教授の「アメリカ産業史（American Industrial History)」、（4）エメリー（H.C. Emery）教授の「経済学（Economics)」、（5）シュワーブ教授の「公共財政学（Public Finance)」を挙げている。

この日の書簡には自身の一週間のスケジュールも書かれている（図1参照）。それによれば、午前六時に起床し、朝食前に七時から八時までは独学で中国史を勉強する。八時から八時半に朝食を取り、八時半から九時には新聞を読む。その後は授業に出席し、また授業の準備をする。午後三時から四時には運動をする。午後六時から七時には夕食を取り、午後七時から八時には雑誌を読む。午後八時から一〇時には博士論文の準備を行う。月曜から土曜まで、このスケジュールに従い勉学に励んでいた。

4　コスモポリタン的な歴史学の形成

朝河は、イェールの大学院では自身の「大化改新」についての博士論文の研究を進めながら、ヨーロッパ史を中心に多くの授業を取り、人文・社会科学の科目と歴史学の方法を学んでいた。彼のその後の歴史学者としての生涯を考えるとき、イェールの大学院で様々な時代や地域の歴史を深く学び、とくに西洋の歴史学の方法を習得したことは決定的な重要性をもつ。朝河は、大学院の「専門演習」の授業に出席することで、史料批判の方法や歴史研究の客観性や公平性の原則を学んだ。ある書簡では、歴史学の研究を行うにあたっての態度について次のように語っている。すなわち、歴史上の「真実以上に畏敬すべきものはなく、永続するものはない。真実は個人のものではなく、誰かをひいきしたりしない。私が歴史学の学生として研究するとき、私はどこかの国に所属する市民としてではない。私は虚偽以外の敵をもたない。私は他の人にも同じことを期待している」［一九〇一年（明治三十四）五月十七日、D–29–61］。

このように歴史学には国境がなく、ただ真実を求める学問であることを明確に述べているが、朝河の歴史認識は、一定の党派や民族に与しないきわめて冷静で客観的なものであった。ある書簡では、戊辰戦争での二本松藩の敗北と自身の家の困窮も、歴史的にみれば日本の近代化のために役立ったことを次のようにいう。「日本では三〇年以上前に封建制を破壊する凄惨な内戦があった。私が生まれる前のその戦争で、私の父の財産はすべてなくなり、父の兄弟、義理の父も死んだ。だが、国を動かしたのは下からの精神であり、国家を現在の地位にまで高めたので、この戦争は無駄ではなかった」［一九〇〇年七月一日、D‒29‒4］。またこの当時に勃発したボーア戦争については、「弱い立場で独立を求めて絶望的な戦いをしているボーア人には共感以上のものが呼び起こされよう。しかし、よくあることだが、人道的な見方と神の意志とは別のものであり、我々の同情は必ずしも十分な深い思考に基づかないことがある。道徳的な判断を下す前に考えるべきことがある」と述べ、イギリスの勝利の方が世界の進歩に結び付くことを示唆している［一九〇〇年三月十五日、D‒29‒26］。また別の書簡では、イングランドの国制史を学ぶことで、「多くの不幸な状況が大きな幸福のステップになり、多くの悪が人類の進歩にとり重要なものとなることがわかる」と述べている［一八九九年十二月十六日、D‒29‒13］。

朝河は様々な授業に出席して、歴史学の知識を深めていったが、イェール大学院時代に特筆すべきことは、中世ヨーロッパ史への関心を深めていったことである。ある書簡では「私は今とくに中世ラテン語を勉強している。この言語は中世史の研究のカギとなるだけでなく、東洋と西洋、古代と近代の全人類の運命のカギとなる言語である」と述べ、西洋文明の根幹にある中世研究の重要性を強調している。また、ハインリヒ・ブルンナー（Heinrich Brunner）の封建制の論文をアダムズ教授からの勧めで読んだことにも触れる。「私は今日、一つの古典的な歴史学の文献を読んだ。それはハインリヒ・ブルンナーの騎士の奉仕に関する論文であり、ドイツ語で三八頁あるが、そこには深い学識と鋭い知性が感じられる。アダムズ教授がこの論文について、彼が知るかぎりで最高のものだと言ったのも当然である。この論文を読めば、自分がいかに歴史研究とは何かを知らずにいたことがわかる。それほどの論文である」

［一九〇二年五月十八日、D–29–74］。また、一八九九年の冬休みの読書として中世ヨーロッパ史の文献（Weizen, *Siedlungen und Agrarwesen*, Sohm, *Institutes of Roman Law*, Maitland, *Doomesday Book and Beyond*）を読む予定であることも述べている［一八九九年十二月二十二日、D–29–14］。さらには、メイトランド（Frederick W.Maitland）が翻訳したギールケ（Otto von Gierke）の『中世の政治思想（*Political Theories in the Middle Age*）』を購入して読み感激し、「この著者と翻訳者は近代国家システムを中世ヨーロッパから跡付けようと試みている。古代と近代との接続が説得的な仕方で提示されている。著者は中世の法学者と教会法学者によるラテン語史料の多くの参照を行っている」［一九〇一年七月十三日、D–29–66］と語っている。

三　「大化改新」に関する博士論文をめぐって

1　書簡での博士論文への言及

ところでダイモンド宛書簡では、執筆中の「大化改新」に関する博士論文のことは、ほとんど触れられない。おそらく、彼女に「大化改新」の内容を語っても理解を得られないと考えたからであろう。ダイモンド宛の書簡で博士論文の内容に言及するものはないが、ある書簡では、博士論文を簡潔にまとめる努力をしていると述べる。「私は今、博士論文を書いている。二〇〇頁以上は書き終えている。そして現在、第三章に取り組んでいる。さらに三つの章を書く予定だが、最も長い章は今、書き終えた。全体がどの程度の長さになるのかはわからない。しかし三〇〇頁は超えないようにするつもりだ」［一九〇二年三月十九日、D–29–73］。

イェール大学には当時、日本古代史専門の教授はいなかったので、朝河が独力で史料を分析し博士論文を執筆していたことは確かだろう。博士論文の執筆過程については不明な点が多いが、今回、発見された逍遙宛書簡からは、アメリカに滞在しながら、いかにして『日本書紀』などの基本史料を閲覧できたのかという問いは解明できた。というのは、朝河は博士論文を執筆するにあたり、自分が必要とする日本語図書の購入を定期的に逍遙に依頼し、国際為替を送金の上、郵送してもらっていた事実が判明したからである。英文で約三五〇頁に及ぶ博士論文を完成させるには、当時、刊行され始めていた日本古代史の史料集を閲覧することが必須であっただろうが、その図書の送付は、朝河の

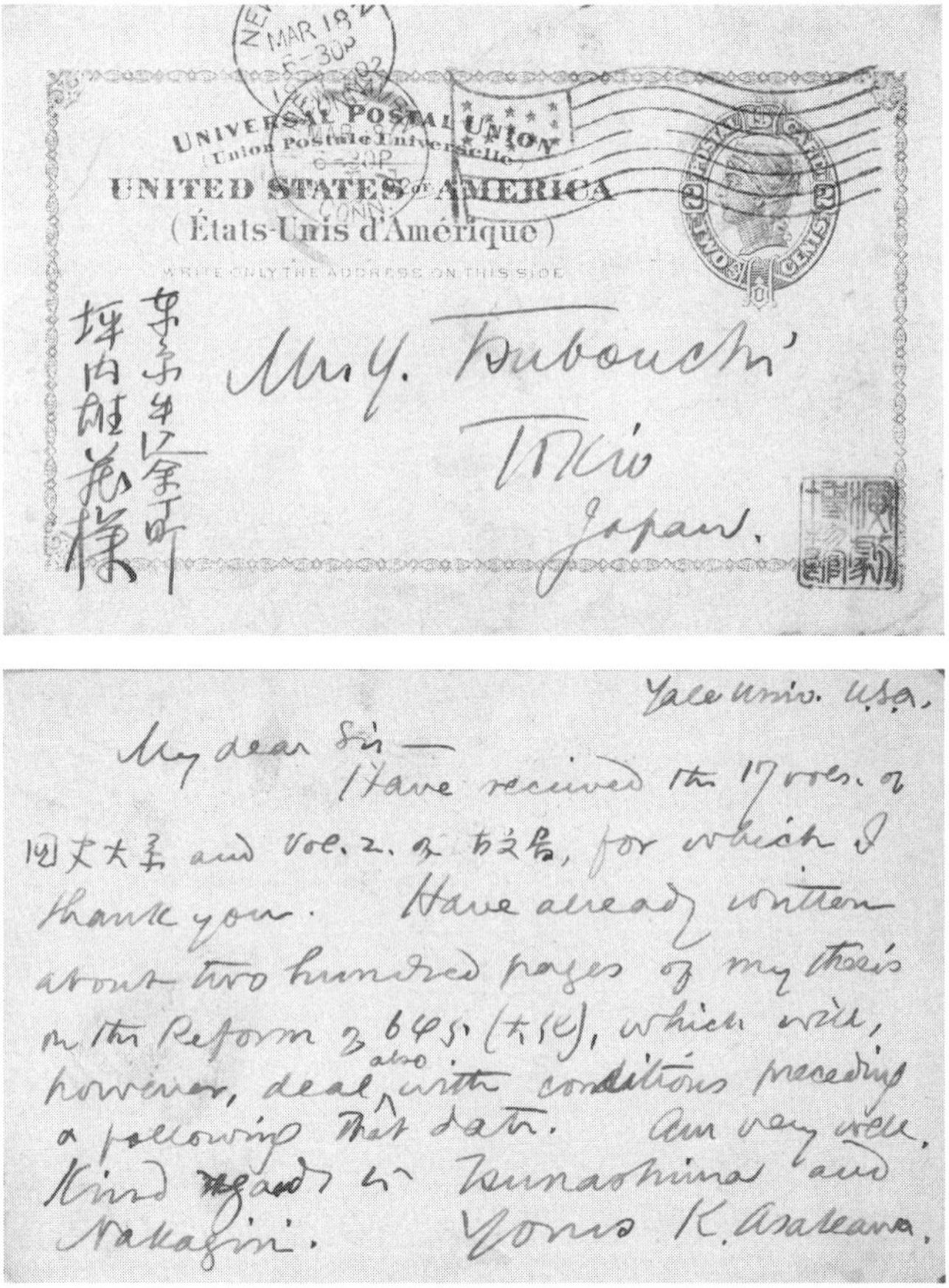

Yale Univ. U.S.A.

My dear Sir —
I have received the 17 vols. of 国史大系 and Vol. 2. of 古文書, for which I thank you. Have already written about two hundred pages of my thesis on the Reform of 645 (大化), which will, however, deal also with conditions preceding & following that date. Am very well. Kind regards to Tsunashima and Nakagiri.

Yours K. Asakawa.

図2　通番（13）1902年3月18日付坪内逍遙宛英文書簡（万国郵便連合葉書，早稲田大学演劇博物館所蔵）『国史大系』『古文書』の受領と博士論文の進捗状況を伝える．

指示に従い、逍遙が行っていた。

いくつか図書送付に言及する書簡を挙げれば、一九〇一年（明治三十四）十一月七日の逍遙宛英文書簡［TSY0032028、翻刻通番（11）］では、伊藤博文のイェール大学創立二〇〇周年記念式典への出席とその際の鳩山和夫の講演について述べられるが、同時に逍遙から送られた『大日本史料』と『大日本古文書』への感謝も記されている。一九〇一年十二月十七日の逍遙宛英文書簡［TSY0032024、翻刻通番（12）］では、国際為替を一〇ドル同封したので、それで『群書類従』『国史大系』『続国史大系』を購入してほしいと依頼している。一九〇二年三月十八日の逍遙宛英文書簡［TSY0031008、翻刻通番（13）］では、『国史大系』『大日本古文書』を受領したこと、博士論文を約二〇〇頁書いたことが述べられる。一九〇二年三月三十日の逍遙宛英文書簡［TSY0032030、翻刻通番（14）］では、五ドルの国際郵便為替を同封したので、それをこれまでの借用分に充ててほしいと述べる。

このように、朝河は逍遙に国際為替で代金を支払い、負債を負わないように気を付けながら図書の購入を依頼しているが、そこにはまた、彼の借金返済への厳格な感覚を見て取ることができる。この時期の逍遙宛英文書簡［一九〇〇年八月五日、TSY0032026、翻刻通番（6）］では、新島襄が創設した同志社の卒業生たちが外国人の返済不用の奨学金を利用し、留学していることを批判し、奨学金は借金として返済しないと国民は精神的に自立できないと述べ、自分はこれまで様々な形で借金したが、いずれは必ず返すつもりだ、と語っているからである。[18]

こうして朝河は一九〇二年六月、博士論文 The Reform of 645:An Introduction to the Study of the Origin of Feudalism in Japan を完成させ、博士号を取得する。一九〇二年七月三日の逍遙宛英文書簡［TSY0032029、翻刻通番（15）］では、博士論文の出版を教授たちから強く勧められたことを述べる。その理由は、この博士論文が二つの異なる民族の制度の融合を示し、歴史の進歩の重要な一例となるものとして、欧米の学者に注目されるだろうからである。そして、イェール大学からの補助金も期待できるので、可能であれば日本で刊行したい旨を述べる。日本で出版すれ

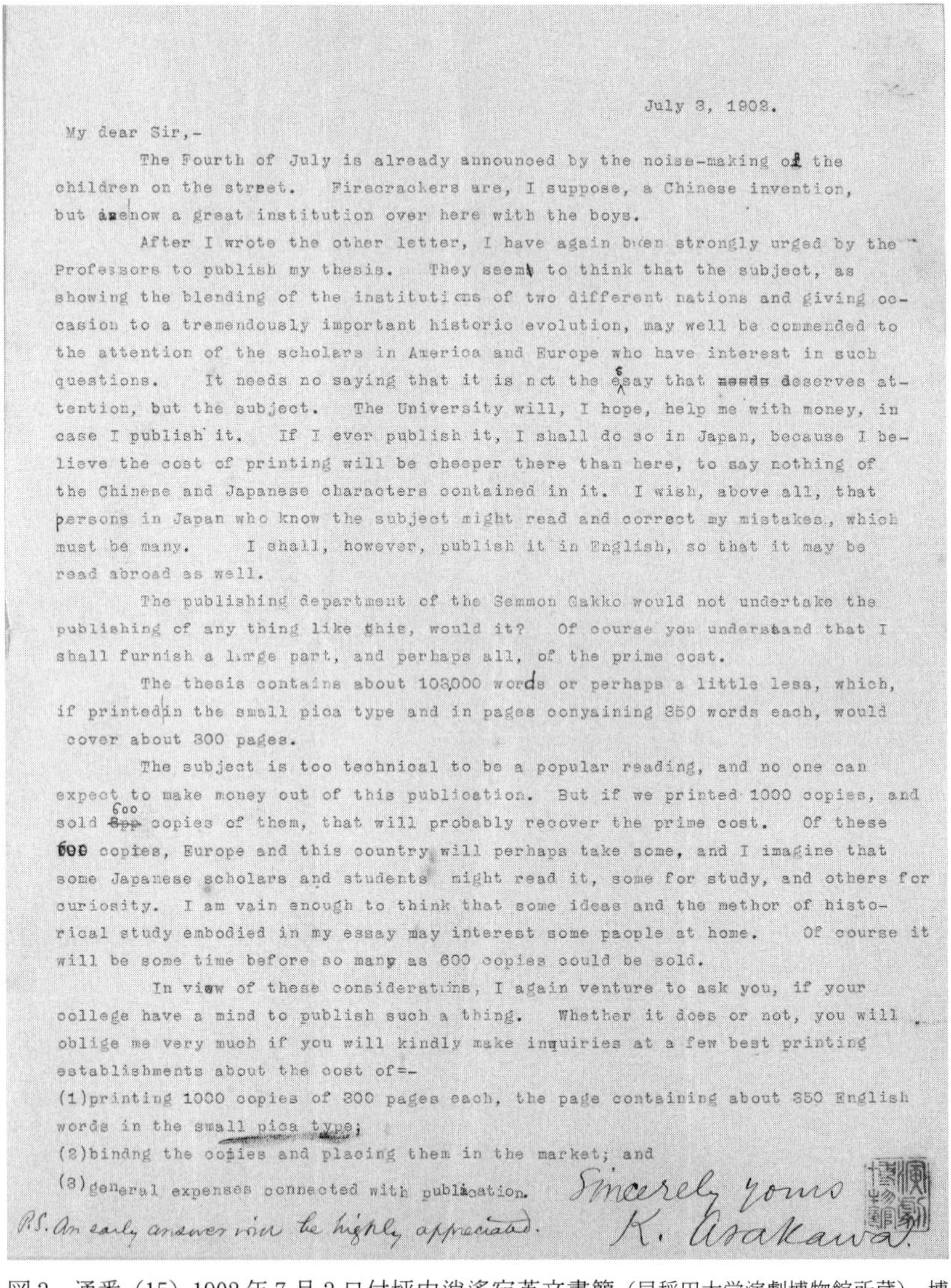

July 3, 1902.

My dear Sir,-

The Fourth of July is already announced by the noise-making of the children on the street. Firecrackers are, I suppose, a Chinese invention, but is now a great institution over here with the boys.

After I wrote the other letter, I have again been strongly urged by the Professors to publish my thesis. They seem to think that the subject, as showing the blending of the institutions of two different nations and giving occasion to a tremendously important historic evolution, may well be commended to the attention of the scholars in America and Europe who have interest in such questions. It needs no saying that it is not the essay that ~~needs~~ deserves attention, but the subject. The University will, I hope, help me with money, in case I publish it. If I ever publish it, I shall do so in Japan, because I believe the cost of printing will be cheeper there than here, to say nothing of the Chinese and Japanese characters contained in it. I wish, above all, that persons in Japan who know the subject might read and correct my mistakes, which must be many. I shall, however, publish it in English, so that it may be read abroad as well.

The publishing department of the Semmon Gakko would not undertake the publishing of any thing like this, would it? Of course you understand that I shall furnish a large part, and perhaps all, of the prime cost.

The thesis contains about 103,000 words or perhaps a little less, which, if printed in the small pica type and in pages conyaining 350 words each, would cover about 300 pages.

The subject is too technical to be a popular reading, and no one can expect to make money out of this publication. But if we printed 1000 copies, and sold 600 copies of them, that will probably recover the prime cost. Of these 600 copies, Europe and this country will perhaps take some, and I imagine that some Japanese scholars and students might read it, some for study, and others for curiosity. I am vain enough to think that some ideas and the methor of historical study embodied in my essay may interest some people at home. Of course it will be some time before so many as 600 copies could be sold.

In view of these considerations, I again venture to ask you, if your college have a mind to publish such a thing. Whether it does or not, you will oblige me very much if you will kindly make inquiries at a few best printing establishments about the cost of=-

(1)printing 1000 copies of 300 pages each, the page containing about 350 English words in the small pica type;

(2)binding the copies and placing them in the market; and

(3)general expenses connected with publication.

Sincerely yours

K. Asakawa.

P.S. An early answer will be highly appreciated.

図3　通番（15）1902年7月3日付坪内逍遙宛英文書簡（早稲田大学演劇博物館所蔵）　博士論文の東京専門学校出版部での刊行を依頼する.

ば、中国語、日本語の活字も含む博士論文の印刷費がアメリカよりも安くなり、英語で刊行すれば、日本だけでなく海外の研究者も読むことができるので、東京専門学校の出版部で刊行してもらえないか、と逍遙に尋ねている。

　結局、この出版は実現し、タイトルも *The Early Institutional Life of Japan: A Study in the Reform of 645 A.D.* に変えられ、早稲田大学出版部より刊行された。奥付に日本語で書かれた実際の刊行日は、明治三十七年（一九〇四）四月一日であるが、書物の英文タイトルの下の刊行年は一九〇三年となっている。それは、この博士論文が一九〇二～〇三年度の「ハドレー学者（Hadley Scholar）」に選ばれ、出版補助金を得て刊行されたからであろう。イェール大学が毎年、優秀な学生の研究に五〇〇〇ドルの出版助成金を授与する制度を作っていたが、その助成金が与えられた学生を「ハドレー学者」と呼んだ。ハドレー（Arthur T. Hadley, 1856–1930）はいうまでもなく、朝河もその授業に出ていた当時のイェール大学の総長で、彼の名前を冠した助成金であった。

　この時期の逍遙宛書簡からは、博士論文が出版に至るまでの過程の詳細もわかる。一九〇三年五月二十日の逍遙宛和文書簡［TSY0032025、翻刻通番（17）］では、出版する原稿を、当時、イェール大学留学から帰国しようとしていた宗教改革研究者の村田勤に委託したこと、および出版に関する様々な注意事項が述べられている。一九〇三年五月三十一日［TSY0031009、翻刻通番（18）］の逍遙宛和文書簡では、村田勤に託した原稿は七月初旬頃に逍遙のもとに到着するだろうと述べる。一九〇三年八月二日の逍遙宛和文書簡［TSY0032040、翻刻通番（21）］では、出版部長への送金など出版の細かな指示を行っている。さらに、一九〇四年七月二十三日付の逍遙宛和文書簡［TSY0032010、翻刻通番（22）］では、日本で刊行された博士論文がアメリカの自分のもとに届いたことが語られる。

2　比較史の成果としての博士論文

　このように今回発見された逍遙宛書簡から、博士論文の刊行に至る過程を詳しく知ることができるが、最後に、博士論文が朝河のアメリカ留学の成果として、どのような意義を持つのかについて触れておきたい。すでにみたように朝河は、ダートマスとイェールでの勉学のなかで、比較史の方法を用いながら日本史を世界史のなかに位置づけることを自身の大きな目標に定めていた。「大化改新」を博士論文のテーマに選んだ理由は、「大化改新」が「明治維新」と並んで日本史上の一大変革であり、古代日本が中国の文明を受容しつつ、いかにして天皇を中心とした国家を成立させたかを解明するための最重要のテーマとみなしたからであった。朝河は、逍遙から入手した最新の刊行史料集を利用しながら、六四五年の「改新の詔」から始まる「大化改新」の一連の改革の過程とその帰結を、改革の源泉となった中国の制度や政治思想と対比しつつ博士論文で論述した。(19)

朝河の博士論文は、「大化改新」という日本史上の大変革について、英文で欧米の歴史学界に詳細に論じた初めての試みとして貴重なものであるが、それだけでなく、規範となる中国文明の移入とその独自の改変から日本の新しい文明が誕生するという、比較文明史的な視点から論述されていることが重要であろう。朝河は「大化改新」とその後の展開を、中世ヨーロッパ世界が古代ローマ文明を継受し、改変しながら新たな中世文明を誕生させた過程と類似の事象とみなしているからである。

朝河の比較文明史的な視点は、博士論文の序章で明確に語られるが、そこではまず、日本とヨーロッパ世界との比較の重要性が指摘される。彼は次のようにいう。日本はなぜ、西洋世界と互いにすぐに理解できたのか。それは相互の類似点があるからだ。日本では「大化改新」の時期に中国の文化を移入し、それを人工的に日本文化に接合し、そこから予期し得ない形で完全に土着の封建制が育った。それは中世ヨーロッパ世界で、古代のキリスト教文明の受容とともに封建制が形成されたのと同じである。日本においても仏教が伝来し中国の律令制などの新しい政治制度が入り、中国の文明と日本土着の文明が出会い、変容が生じることで日本の封建社会は誕生した。

朝河は博士論文のなかで、中国の制度を受け入れながらも、その後に封建制が発展した日本と、封建制への歴史的変化が生じなかった中国との相違点について、両者の社会のあり方を比較して論じる。彼によれば、日本は中国と比べ、島国で人口が少なく、中国ほど政治的なライバルの闘争が生まれず、中国のような悪徳に対する美徳の革命（「易姓革命」）の理念は受け入れられなかった。それにより、天皇制という家長的な構造を持つ制度を永続させることができた。しかし、新しい土地の開墾が進むと荘園制が発達し、封建社会へと移行する。一方、中国では、集権化した官僚機構が形成され、一人の君主が野心家の諸侯を管理し、統治する方法が作り出され、封建契約の原則を国法に組み込むことはなかった。

以上、簡単に博士論文の比較史的な視点に触れてみたが、博士論文では一貫して、中国文明の移入とその日本での変容、さらに日本における天皇制の確立と封建社会への変容という大きな見取り図のもとで叙述がなされている。

おわりに

朝河は博士論文の完成後、タッカーの約束通り、母校ダートマス大学に招聘され、東西交渉史などを教える講師となった。その後、イェール大学の依頼による日本関係図書収集のため、一九〇六年（明治三十九）から翌年にかけ日本に帰国したが、再びアメリカに戻り、一九〇七年九月からはイェール大学の日本史講師となる。その時期から、日本の封建制や荘園の諸問題に関して、中世ヨーロッパとの比較を視野に入れた諸論文を発表し、比較封建制研究の専門家としての地位を築いていった。彼の歴史学上の業績は、ここで辿ったようなダートマスとイェールでの勉学が基盤となり、成し遂げられたといえる。ダートマス大学で日欧の比較史研究の意義に目覚め、イェール大学院では、アダムズのような中世ヨーロッパ史の専門家の指導を受け、比較史研究の視点から博士論文「大化改新」を書くに至ったことが、その後の歴史学者としての大成につながったのは確かである。

一方で朝河は、ダートマス大学講師の時期、一九〇四年二月に日露戦争が勃発するとアメリカ東部の各地で講演を行い、日本が関わる国際問題について積極的に発言するようになる。一九〇九年には、『日本の禍機』を刊行して日本の針路に対する警告を発し、その後、日本の大陸侵略については、日本の政治家や友人などへの書簡で痛烈な批判を行った。また、ナチズムが台頭すると、民主主義の維持のためには個々の市民の精神的な強さ、責任と義務の意識が必要不可欠であるとアメリカの友人への書簡で繰り返し述べた(20)。このような朝河の「平和の提唱者」としての側面には、何より、ダートマス時代の恩師タッカーから学んだ思想の影響を見て取ることができよう。タッカーは神学者として、また社会改革運動の実践者として、人間の理想がキリスト教的な道徳の実践、そして社会改善のための奉仕であると学生たちに教え、朝河も大きな影響を受けたからである。いずれにせよ、ダートマスとイェールで学んだ時代はまさに朝河の知的形成期であり、その後の様々な業績はこの時期の学びに基づいているといってよい。

注

（1）東京専門学校時代の受講ノートは、イェール大学スターリング記念図書館所蔵の「朝河貫一文書（Asakawa Papers）」（本稿では Asakawa Papers とのみ表記）の Box 46 にある。甚野尚志「朝河貫一の西洋中世史の研究と教育活動―イェール大学所蔵『朝河貫一文書（Asakawa Papers）』の分析から―」（『早稲田大学大学院文学研究科紀要』第六三輯、二〇一八年、五六〇頁）を参照。

（2）一九〇〇年の「年頭の自戒」の原文と翻訳は、『朝河貫一書簡集』（早稲田大学出版部、一九九〇年）、日本語の部の七三〇―七三一頁、英文の部の一七三―一七六頁。

（3）タッカーの神学とアンドーヴァー論争については以下を参照。"William Jewett Tucker & The Andover Controversy", *The Dartmouth Review*, November 24, 2010.（https://dartreview.com/william-jewett-tucker-the-andover-controversy/）、二〇二四年九月二十四日閲覧。タッカーと朝河の出会いについては、影山礼子「朝河貫一の恩人―ウィリアム・J・タッカー」（朝河貫一研究会編『甦る朝河貫一』国際文献印刷社、一九九八年、三―一四頁）参照。

（4）成瀬仁蔵との関係については、中嶌邦『成瀬仁蔵』吉川弘文館、二〇〇二年、七二―七六頁参照。片山潜との関係については、隅谷三喜男『片山潜』東京大学出版会、一九六〇年、新装版二〇〇七年、一七―三一頁参照。

（5）朝河は一九一四年六月二十二日、一八九九年卒業生の同窓会でタッカーについて講演した。その講演原稿 "William Jewett Tucker (Speech at the class dinner of 1899 at Hanover Inn, June 22,1914.)" は、Asakawa Papers の Box 7, Folder 62 にある。

（6）筆者が二〇一八年七月二十七日にダートマス大学を訪問した際に確認した。

（7）『国民新聞』の掲載記事の概略は、増井由紀美「青年朝河のアメリカ便り」（朝河貫一研究会編『朝河貫一の世界』早稲田大学出版部、一九九三年、二九―三九頁）を参照。

（8）形影生「米国書生」『国民新聞』第一八四七号、明治二十九年（一八九六）三月十八日。

（9）形影生「国民の自信及国民の声」『国民新聞』第一八九一号、明治二十九年（一八九六）五月十日。

（10）前掲注（1）甚野論文、五六〇―五六一頁参照。

（11）朝河の卒業論文は Asakawa Papers の Box 8, Folder 92 にある。

（12）卒業論文の内容については、甚野尚志「日本の近代歴史学を世界に開く―朝河貫一の「比較封建制論」の意義―」（甚野尚志・河野貴美子・陣野英則編『近代人文学はいかに成立したか』勉誠出版、二〇一九年、四四―四六頁）を参照。

（13）前掲注（2）『朝河貫一書簡集』、一二六―一二九頁。

（14）ここでのダイモンド宛書簡の内容紹介は、筆者が以前発表した論考（甚野尚志「歴史家・朝河貫一への旅（一）―イェール大学院時代について、Margaret Dimond 宛書簡から―」〈『エクフラシス―ヨーロッパ文化研究―』第八号、二〇一八年、一―一三頁〉）と内容が重複することをお断りしておく。また、朝河のイェール大学院時代については、オーシロ・ジョージ「日米史学のパイオニア朝河貫一の海外留学」（前掲注（7）『朝河貫一の世界』、四一―五三頁）、小川原正道「東京専門学校とイェール大学―朝河貫一を中心に―」（『早稲田大学史紀要』五四、二〇二三年、二七―四五頁）も参照。

（15）福島県立図書館所蔵「朝河貫一資料」については、甚野尚志・福島県立図書館編『福島県立図書館所蔵　朝河貫一資料目録（改訂版）』（福島県立図書館、二〇一九年）を参照。

（16）一九四五年十二月二十二日の日記は、Asakawa Papers の Box 6, Folder 55 にある。

（17）"Address-untitled to Church Missionary Society, Franklin, New Hampshire,1899," Asakawa Papers, Box 7, Folder

57. 翻刻と翻訳は甚野尚志訳「朝河貫一『ニューハンプシャー州フランクリンの伝道協会での講演草稿』」（『エクフラシス—ヨーロッパ文化研究—』第一〇号、二〇二〇年、六七—七八頁）。

（18）新島への批判は、ダイモンド宛書簡［一九〇〇年三月八日、D-29-25］でも書かれている。新島がアメリカの教会から多額の金銭を受け取り、周囲の批判を浴びたことについては、太田雄三『新島襄』ミネルヴァ書房、二〇〇五年、二三八—二四一頁を参照。

（19）朝河の本著作（*The Early Institutional Life of Japan: A Study in the Reform of 645 A.D.*）の翻訳として、矢吹晋訳『大化改新』（柏書房、二〇〇六年）がある。内容については、矢吹晋『天皇制と日本史—朝河貫一から学ぶ—』（集広舎、二〇二一年）の第一章を参照。また、「荘園制」との関連で論及したものとして、海老澤衷「『大化改新の研究』と近代日本史学の岐路」（海老澤衷・近藤成一・甚野尚志編『朝河貫一と人文学の形成』吉川弘文館、二〇一九年、二一—二五頁）がある。

（20）民主主義の維持と市民の精神の関係については、グレッチェン・ウォレン宛の書簡で何度も語られている。甚野尚志「朝河貫一とグレッチェン・ウォレン（Gretchen Warren）の文通—イェール大学バイネッケ図書館所蔵「朝河発グレッチェン宛書簡集」について—」（WASEDA RILAS JOURNAL, no.6, 二〇一八年、四〇三—四二一頁）を参照。

朝河貫一から坪内逍遙への書簡

――早稲田大学演劇博物館所蔵資料の紹介を中心に――

藤原秀之

はじめに

従来の朝河貫一研究は、彼の業績（日本中世史・封建制度史）に立脚し、その史学史上の位置づけを明らかにしてゆく試みに多くの成果をあげてきた。そうした研究は、彼の郷里である福島県立図書館や彼が研究活動の拠点としたイェール大学に残された伝記資料（原稿・メモ・書簡など）に基づいて幅広く行われている。[1] また朝河の生涯とその思想については彼自身の著作はもちろん、彼が友人、家族、他研究者に発した書簡によって明らかにされてきた部分が大きい。

当然のことであるが書簡は発信者ではなく受信者の手元に残ることが多いため、発信者側に残された資料からその全容をつかむのは容易なことではない。朝河の場合も同様であるが、ただ彼は送った書簡の控を自身の手元に残すことが多く、結果として原本の所在が明らかではないものについても、ある程度その内容を知ることができる。朝河からの書簡を広く調査し蒐集した『朝河貫一書簡集』[2]（以下、『朝河書簡集』とする）によれば、現在知られている朝河発信書簡は和文・英文あわせて一二〇六通にのぼるが、そのうち原本の所在が確認されているのは和文一一〇通のみだとしている。[3] 結果として朝河の書簡を用いた研究は、彼自身が残した控によっておこなわれることが多くならざるを得ない状況にあり、だからこそ書簡原本が発見された場合、控との比較検討が必要であることはもちろん、控が残されていないケースも含めて、可能な限りすみやかに公開されることが望ましい。『朝河書簡集』には一二〇〇通余の書簡のうち、和英あわせて二九八通が収載されており[4]、和文については原本所在が明らかなうちの八八通を含む一七二通が収められている。選択にあたっては「日本文のものは一定の方針によって取捨選択せず、年月日不明、宛先不明のものなどを省」いたほかは「努めて網羅」したというが、それでもまだ多くの書簡が未発見という状況が続いてきた。そうした中、二〇一八年に福島県立図書館で朝河の没後七〇年を記念し、「海を渡ったサムライ」展が開催され[5]、同展はその後一部内容を変更して二〇二〇年一月に早稲田大学歴史館でも開かれた[6]。その際、同大学が所蔵する資料が追加して展示されたが、そのうち、同大学演劇博物館が所蔵する朝河が坪内逍遙に宛てた書簡四通は、従来の朝河研究では取り上げられたことがない新出資料であった。その内容については以前別稿で紹介したが[7]、その後さらに多くの未紹介の朝河貫一書簡（坪内逍遙宛）が同館に所蔵されていることが判明した。

ここでは本書各論考において重要な役割を果たし、また本書刊行のきっかけとなったシンポジウム[8]開催の主要テーマであった「早稲田大学演劇博物館所蔵朝河貫一書簡（坪内逍遙宛）」（以下、本資料）について、その全容を紹介するとともに、そこからみえてくる両者の関係について言及する。書簡全文の翻刻は本書の第Ⅱ部にまとめたのであわせて参照されたい[9]。

一　朝河貫一と坪内逍遙の間で交わされた書簡

前述のように朝河貫一発信の書簡の多くは『朝河書簡集』として和文・英文ともに翻刻紹介されており、これまでの朝河研究もそれによるところが大きい。ただ、朝河の生涯とその業績に思いを馳せるとき、彼の師である坪内逍遙との関係を抜きに考えることはできない。そこで両者の関係を現存する書簡から確認してみると、『朝河書簡集』に収載された坪内逍遙宛書簡は一二通であり、収載年代は一九一二年（明治四十五）三月十二日から一九二六年（大正十五）八月以前ということでほぼ大正年間に限られている。この時期の朝河といえば、一九〇九年の『日本之禍機』刊行から第二回の帰国（一九一七〜一九年）、さらには『入来文書』の刊行（一九二九年〈昭和四〉）へと続く時期にあたる。

一方、坪内逍遙が発信した書簡については逍遙研究を長く続けている逍遙協会によって『逍遙新集　坪内逍遙書簡集』一〜六（以下『逍遙書簡集』とする）としてまとめられているが、その中に朝河宛のものは五四通収められている。[10]こちらの収載年代は一九〇六年六月十四日から一九三三年九月二十五日ということで、[11]朝河が第一回帰国（一九〇六〜〇七年）を終え帰米した頃から一九三七年にイェール大学教授となる前までの時期となる。もちろん二人の交流は書簡を通じてのみなされたものではない。ただアメリカに生活・研究の拠点を置く朝河と逍遙の交流が書簡を中心におこなわれたと考えることは可能であろう。そうした状況にあって、新たに確認できた演劇博物館所蔵書簡は、両者の関係についての理解を再構築するための重要な資料であることは間違いない。本資料の内容は一八九六年の朝河の渡米直後から、一九三一年に朝河がダートマス大学から名誉博士号を贈られた頃までのものである。前述のように逍遙から朝河宛の書簡は一九三三年までのものが知られているので、[12]それに重なる時期の朝河発信書簡が本資料により確認できたことになる。さらに逍遙が一九三五年に死去していることを考えれば、ほぼ生涯を通じての交流が朝河から逍遙へ、さらには逍遙から朝河へ宛てた書簡により確認できることになろう。そこで本稿では、逍遙から朝河に宛てた書簡にも注目しつつ本資料の概要を紹介することで、今後の朝河貫一研究に新たな情報を提供する。

二　本資料の概要

本資料は全七二点であり、そのうち一点は新聞切抜のみ（48。以下、朝河の書簡を引用する場合は後掲翻刻の書簡通番を付す）、一点は封筒のみ（68）、一一点が英文書簡（6〜15、20。詳細は本書第Ⅱ部英文書簡翻刻参照）である。残る五九点のうち四点についてはすでに演劇博物館で整理が完了しており、前述の早稲田大学歴史館での展示にも出陳され、全文の紹介も済んでいる。(13)

英文書簡も含めた未整理書簡の現状は、個別に中性紙の多套に挟み、三〜五点ずつまとめて封筒（中性紙）に入れてある。保存状態は良好で、保存にあたって封筒のあるものも封筒から取り出し、便箋は開いた状態で、継紙は元の折り目とは無関係に一三〜一五㌢幅で折りたたんで収納されている。個別に資料整理番号（TSY003〜）が付されており、現在は正式な整理作業を待っている状態である。(14)

それぞれの書簡の内容は本書第Ⅱ部の翻刻を参照していただくこととし、ここでは全体の概要を書簡翻刻の引用を交えながら紹介することとする。

『朝河書簡集』では朝河の生涯を五期に分けて書簡を紹介している。(15) すなわち、

①修養期（一八八九年〈明治二十二〉十月〜一九〇二年八月）

福島尋常中学校在学中から著書『大化改新（邦題）』により学位を取得するまで。

②世界にはばたく（一九〇二年九月〜一九一六年〈大正五〉十二月）

ダートマス大学講師となった頃から第一回帰国、『日本之禍機』出版、さらには第一次大戦下の欧州（伊・仏・英）に調査旅行をした頃まで。

③巨星の歩み（一九一七年一月～一九三〇年〈昭和五〉十二月）

第二回帰国から『入来文書』の刊行、さらにはイェール大学「歴史学準教授」[16]に昇任した頃まで。

④故国を憂う（一九三一年一月～一九四二年八月）

ダートマス大学から名誉文学博士号を贈られた頃からイェール大学で定年を迎えるまで。

⑤晩年（一九四二年八月～一九四八年八月）

一九四八年八月十一日に死去するまで。

である。『朝河書簡集』に収載された坪内逍遙宛書簡一二通を年代別にみると②四通、③八通であり、それは朝河がアメリカに渡り、研究者としての地歩を確実なものとしてゆく過程で発信されたものであった。試みに『逍遙書簡集』収載の逍遙から朝河宛の書簡五四通について、右の時代区分で分けてみると、②三六通、③一五通、④三通であり[17]、朝河からの書簡と時期的にはほぼ一致する。ただ、いかんせん朝河→逍遙が一二通、かたや逍遙→朝河が五四通と、その差は大きい。その結果、これまでの朝河研究において逍遙との関係について書簡を通じて検討することは、物理的に困難であった。だからこそ和文・英文あわせて七〇点を超える本資料はその状況に大きな変化をもたらす可能性がある資料といえる。

あらためて本資料について発信年に限った一覧を示したものが第Ⅱ部末尾に掲載した付表である。このうち元番号の項のA～Dが、すでに整理済公開中のものである。和英あわせて七二点、新聞切抜のみ（48）、封筒のみ（68）を除くと和文だけで五九通、元番号を太字で示した『朝河書簡集』収載の書簡の原本である八通を除いたとしても五一通がこれまで知られていなかった内容ということになる[18]。さらに付表に『朝河書簡集』にのみみえるもの、『逍遙書簡集』により存在が確認できる朝河貫一書簡（坪内逍遙宛）[19]、「逍遙日記」[20]や、イェール大学所蔵朝河貫一資料（Asakawa Papers、以下APとする）所収の坪内逍遙書簡（朝河宛）により確認できる朝河の書簡を追加したものを表1（本稿末尾に掲載）としてまとめた。正確な日付がわからないもの、封筒のみ、切抜のみのものも含めて、朝河から逍遙に宛てた書簡一〇五通が確認できたことになる。これらの書簡と、逍遙から朝河に宛てた書簡をあわせて考えることで、両者の関係をより具体的に検証することが可能になる。

そこで表1に『逍遙書簡集』収載の朝河宛書簡[21]、福島県立図書館の朝河貫一資料に含まれる朝河宛逍遙書簡、さらには「逍遙日記」により発信が確認できるものや、ＡＰ所収の朝河宛の逍遙書簡を加え、それぞれの内容を略述したものが表2（本稿末尾に掲載）である。これらの表と後述の翻刻を主な材料として両者の関係をみてゆくことにしよう。

三　朝河発信書簡の主な内容

最初に注意しなくてはならないのが、少なくとも現在確認できた書簡原本が朝河の渡米後のものだということである。創設間もない東京専門学校文学科にあって、逍遙は朝河の卒業論文を「堂々たるもの」と評しており[22]、渡米前から両者の交流はあったと考えられる。ただ朝河の研究活動が本格化し、彼自身の歴史観、世界観が構築されてゆくのはやはり渡米後の生活の中であったろう。渡米直後から朝河はたびたび師である逍遙に手紙を書いている。ここからは『朝河書簡集』の時代区分を参考にその内容をみてゆくことにしよう。

①修養期（一八八九年十月～一九〇二年八月）一七通

この時期の朝河書簡は一七通[23]、そのうち一〇通は英文であり、英文書簡はほぼすべてこの時期に集中している。英文書簡の詳細については本書第Ⅱ部英文書簡翻刻に譲ることとし、ここでは和文書簡を中心にみてゆく。

原本が確認できる最初の書簡は一八九六年（明治二十九）七月（1）、ダートマス大学入学から程ない時期のものである。日本の友人や東京専門学校の人々について朝河は逍遙宛書簡の中で生涯にわたりたびたび触れているが、特にこの時期の書簡には学友たちの動向を気遣う言葉が多い。「金子、島村諸兄は如何御様子ニ候哉、綱島君、今猶倫理の類をゴツ〳〵（同君の用語）致居られ候哉、研究科諸君よりも右諸君よりも少しも音信無之、呆れ果て候、如何なる御心掛ニて御無音を重んぜらるゝにやと存候」（1）とあるが、渡米から半年[24]、あるいは朝河の中で故国を思う気持ちが強くなっていたのかもしれない。

逍遙宛の書簡では読書、資料調査といった研究活動の概要を述べていることも多い。最初の書簡ではゲーテ、トルストイなど日々の読書の内容を詳述し、ゲーテについては「ゲーテのマイステルを読居り、感服致居候」「非常に susceptible にて、当代の気運を一身に体し候、其上遂には当代の上に超脱して不朽のものとなり候」「ゲーテは矢張稀代の大天才にて十九世紀初代の光明ニ存候」（1）と高く評価し、これに対し逍遙からは「マイステルの評全く同感」（AP2）と、返書が送られている。この後しばらく朝河の関心はゲーテに注がれ、「ファウストの次にも此夏中は飽迄ゲーテ研究を致可申候」（2）とし、さらに、ファウストを「始終独逸語と引合せて読み候、之ニつき固より御深慮被為在候事と存じ候故申上候も失礼の至ニ候へども、独逸語だけも（少くとも）御研究被遊候様御祈申上候」（2）と、師である逍遙に進言している。

また自身の学業については「私は何分政治史を落付きて読む能はず、古代史ニて切り上げ、再び哲学史の研究に戻り候、其内に何にても読めるやうに相成可申候」（1）、「当校ニては（私の研究科目は西洋史と相定め候故）今までは準備として諸国語、並ニ人種学、政治法律、原初文明、インスティテューションの歴史等を研究いたし候、右等は歴史の本体にはあらず候へども、歴史の源とも、基とも申すべく、歴史をして確実ならしめ威あらしむるものと思ひて、聊か研究いたし候」（3）と述べている。さらに日々の学びの中で感じた歴史研究の現状について、「歴史全体ニつきても私の思想、今日甚だ前日と異り候、当地ニ参りて最初は東洋文明と西洋文明との差の目前著しきニ一時動かされ、歴史ニ関する思想も之を標準として形成いたし候ひしが、其後幾多の変遷の後、今日にては著しく異りたるものと相成候」「歴史の本質はむしろ常ニ変化するニあり、其の変化は大体上西洋ニては進歩たり、東洋ニては退歩たり、進化の史を世界史と呼ふコトいと当れるコトなるべく候間、西洋文明の発達史ニして世界史の名を得るも当然なるべけれ、然れども更ニ溯りて人類の史的進歩は如何ニして今日ニ及びたるや、と問いたく候、史家は従来其の如何ニ進歩したるやを語るのみニして、其の「如何ニして」は深く問はず」「是れ惟ふに発達進歩の史のみを眼中ニ置きて退歩停滞の史を多く顧みざるの罪ニあらず候哉」（3）と述べ、日本では知り得なかった多くの情報に触れ、「私が果して史学ニ適せりや、又果して史学を一生の専門とすべきや否やをも、当分は措きて問はず、只々専心に之を学ぶを任といたし候」としている。

またアメリカでの学業を終えた後の進路についてもこの頃すでに逍遙に考えを伝えている。ダートマス大学卒業後はハーヴァード大学大学院進学も視野に入れつつ（3）、「帰朝後の位地の如きは少しも定まらず候、随分狼狽すべしと存居候、もし専門学校のためニ少く力をいたし、御傍ニ在ることを得候はゝ望外の幸なるべく候」（4）と東京専門学校への就職希望ともとれる記述があり、こうした思いが後の積極的な早稲田大学への求職活動につながってゆくのであろう。一方でタッカーから卒業後もアメリカに残り、研究・教育を続けることを提案され、両親や逍遙に相談しながら自らの進路を考えている（『朝河書簡集』21・23・AP3など）。

その後、一〇通の英文書簡を挟んで、和文書簡は第二期へと進んでゆく。

②世界にはばたく（一九〇二年九月～一九一六年十二月）四〇通

この時期の朝河にとって大きな出来事といえば二つの著作、すなわち学位論文が『*The Early Institutional Life of Japan*』（邦題『大化改新』、早稲田大学出版部、一九〇四年）として刊行されたこと、さらには日露戦争後の日本を憂

図1　『大化改新』出版広告（『早稲田学報』99〈1904年〉，早稲田大学歴史館「『早稲田学報』記事データベース」より）

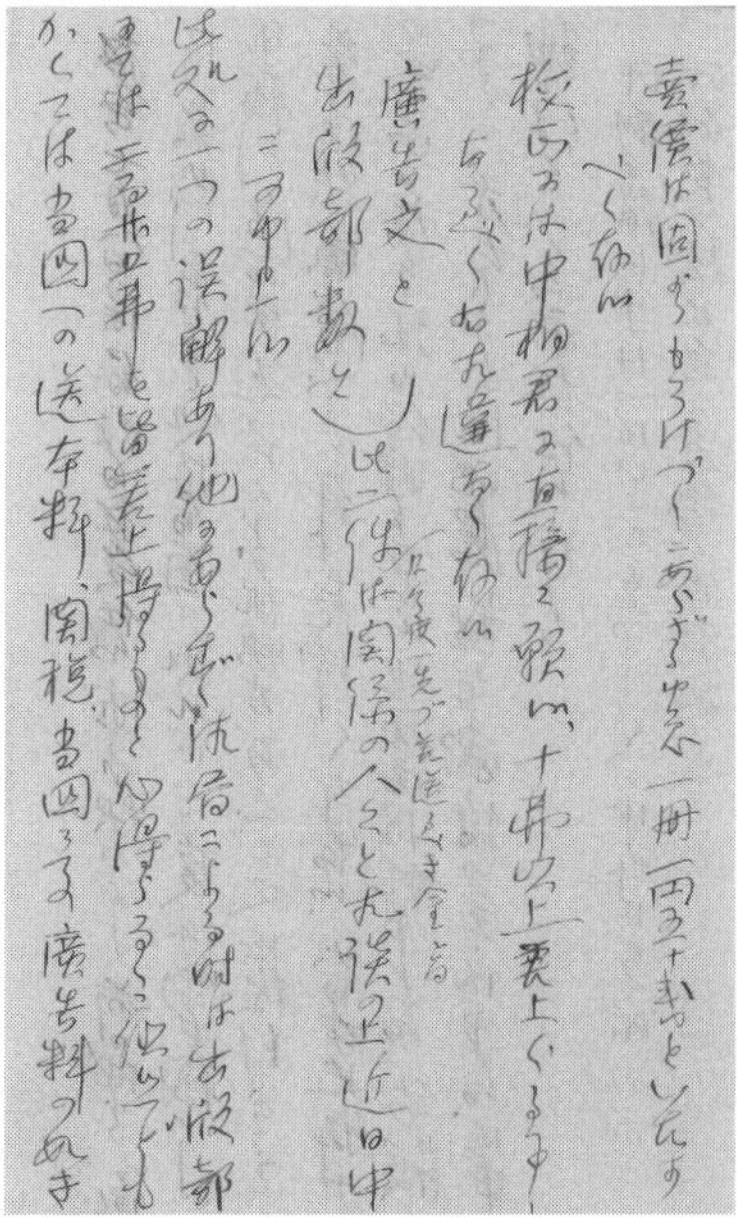

図2　通番（21）1903年8月2日付坪内逍遥宛書簡（早稲田大学演劇博物館所蔵）『大化改新』出版計画について記す．

う『日本之禍機』の出版であろう。また図書館のための図書収集を目的とした第一回帰国を果たしたことも、この期間の重要事項である。はじめに二冊の著作出版についてみてゆこう。

朝河は教授たちの勧めで『大化改新』の出版を決意、内容に漢字、日本語が含まれていることから出版費用が安価で済むと考え、日本、具体的には東京専門学校出版部（一九〇二年〈明治三十五〉に早稲田大学と改称）での出版を希望し、その旨を逍遥に書簡（英文）で伝えている（15）。翌年になり原稿が逍遥のもとに届けられ（17）、その後は印刷費・売価・校正のことなどを具体的に伝えるとともに、進捗状況についてもたびたび問い合わせている（16〜20）。度重なる書簡からは海を隔てての作業に対する朝河のもどかしさ

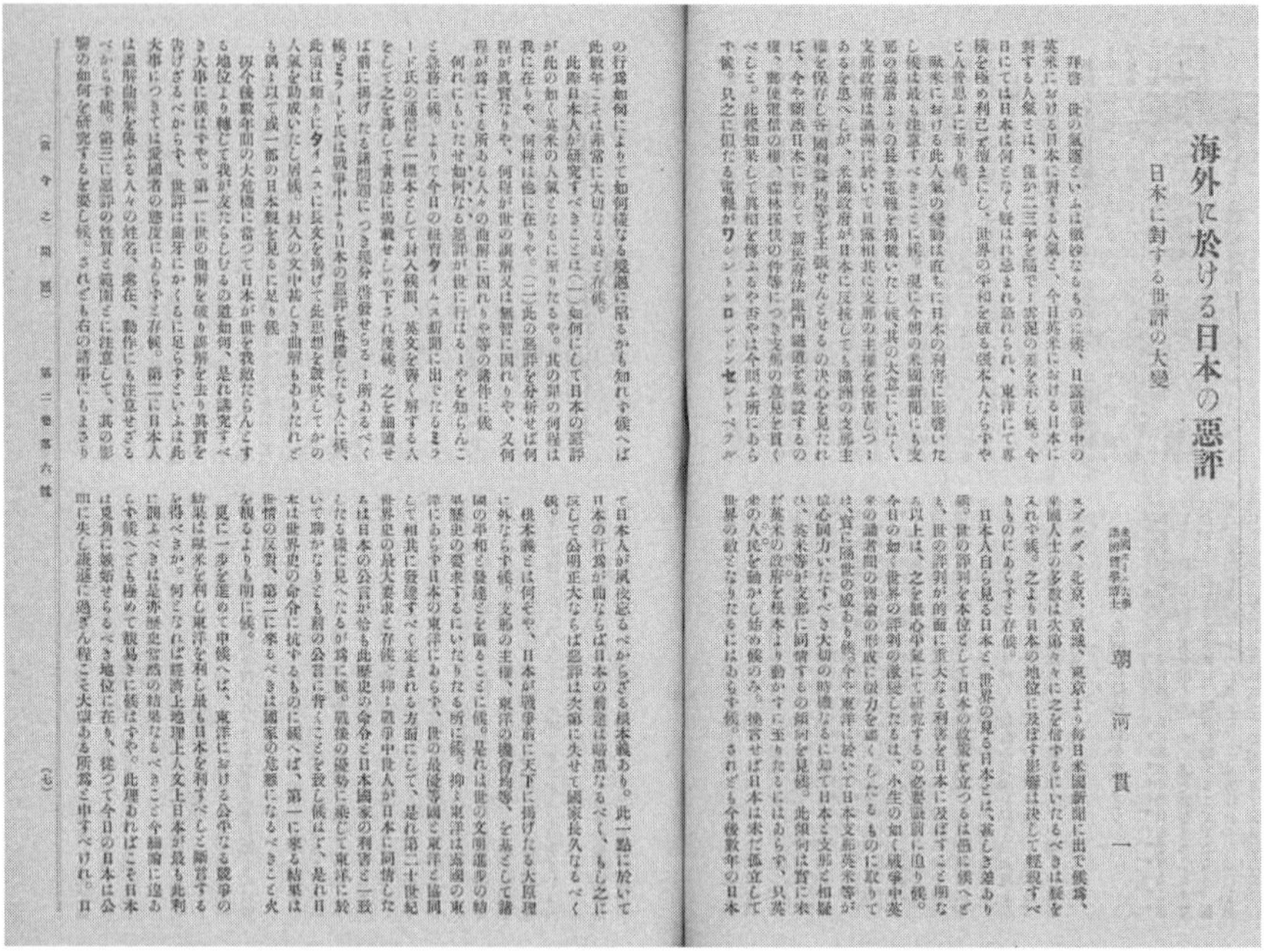
海外に於ける日本の悪評
日本に對する世評の大變
朝河貫一

図3　「海外に於ける日本の悪評」（『東西南北』2—6〈1908年〉，国会図書館デジタルコレクションより）

を感じることができる。

『日本之禍機』（実業之日本社、一九〇九年刊）は日露戦争後の日本の外交、とくに満洲をめぐる対清国政策を憂うものとして出版された。

一九〇四年に日露戦争が始まると朝河は「時事問題は私の本分ニあらす、只他人之を充分ニ為さぬゆゑ、分を揣らす之ニ触れ候」（22）と、同年『*The Russo-Japanese conflict: its Causes and Issues*』[25]を刊行して自説を展開、各地での講演の機会などを通じて「多くの人士に触れて其の意見を承はり、日本ニ関する外人のあらゆる思想に接」することとなる（22）。同書を含む日露戦争中の著述について「現時の問題（政治経済）に手を触るゝコトはあまり好まず候へども、戦争中の論著ハ他ニ同様のコトを為す人なかりし為ニいたし候」としつつも、「之が為ニ一方には現時問題の研究に縁を結び、当国諸大学の識者の如きも主として其方面ニて私に期待し、又一方には自分の趣味此方面にも之が為ニ加はり候」（33）と周囲の期待と自身の関心が高まる中で、満洲問題に関する日本の対応への危機感を募らせてゆく。その背景として「近頃ボストンにて教授及実業家記者等の多数ニ触れ、世の日本に対する態度の一変せんといたし」（32）たことがあった。この変化の具体的な内容について、一九〇八年四月十九日付の逍遙宛の書簡（32）では触れていないが、ほぼ同時期に雑誌『東西南北』（有楽社刊）に掲載された一文で詳しく述べている。「海外に於ける日本の悪評」と題する一文は同年四月五日付で朝河から「東西南北」宛に送られた書簡をそのまま引用したもののようである（26）。この書簡は『朝河書簡集』に掲載されておらず、同書収載の「朝河貫一著作目録」にもみえない。新たに存在が確認できた書簡と考えてよいだろう。『日本之禍機』執筆の動機にもつながる内容なので、その一部を引用し、朝河が直面した欧米の対日感情と、それに対して朝河がどうすべきと考えたか、みてゆくことにしよう。

「世の気運といふは微妙なるものに候、日露戦争中の英米における日本に対する人気と、今日英米における日本に対する人気とは、僅か二三年を隔でゝ（ママ）雲泥の差を示し候。今日にては日本は何となく疑はれ忌まれ恐れられ、東洋にて専横を極め利己を擅まにし、世界の平和を破る張本人ならずやと人皆思ふに至り候」

「日本人自ら見る日本と、世界の見る日本とは、甚しき差あり候」

「今や東洋に於いて日本支那英米等が協心同力いたすべき大切の時機なるに却て日本と支那と相疑ひ、英米等が支那に同情するの傾向を見候」

「日本は未だ孤立して世界の敵となりたるにはあらず候。されども今後数年の日本の行為如何によりて如何様なる境遇に陥るかも知れず候へば此数年こそは非常に大切なる時と存候」

「扨今後数年間の大危機に当って日本が世を我敵たらんとする地位より転じて我が友たらしむるの道如何、是れ講究すべき大事に候はずや。第一に世の曲解を破り誤解を去り真実を告げざるべからず、世評は歯牙にかくるに足らずといふは此大事につきては愛国者の態度にあらずと存候。第二に日本人は誤解曲解を伝ふる人々の姓名、処在、動作にも注意せざるべからず候。第三に悪評の性質と範囲とに注意して、其の影響の如何を研究するを要し候。されども右の諸事にもまさりて日本人が夙夜忘るべからざる根本義あり」

「根本義とは何ぞや、日本が戦争前に天下に掲げたる大原理に外ならず候。支那の主権、東洋の機会均等、を基として諸国の平和と発達とを図ることに候」

こうした内容は『日本之禍機』の前篇「日本に関する世情の変遷」に通じるものである。書簡は最後に十数年前の勝海舟の言葉を引用して終えており、それに続けて「紐育タイムス特派通信員ミラードの論文（梗概）」が掲載されている。これは朝河の書簡文中に「今日の紐育タイムス新聞に出でたるミラード氏の通信を一標本として封入」とあるので紙面そのものか、朝河が梗概を翻訳したものを同封したのであろう。(27) 梗概によれば、日本の外交、対清国政策の問題点を指摘し、「日本が其対清関係に於いて米国を疎外せんとする計画は身事に失敗に終りて自ら却って疎外せらるゝに至りしなり」「斯くて日本は極東に於ける平和の維持者たらん代りに東洋平和の攪乱者として目せらるるに至れり」と米国から見た日本の状況を厳しく指摘する内容となっている。

そうした状況にあって朝河は「過ぐる数ヶ月間は一己の研究を暫く措きて満洲問題を研究し思考いたし候」「同時ニ日本ニて、政府及国民の対満態度ニつき私の疑ふところ、憂ふるところを世ニ発表いたしたく存候、之ニつきては誤解も不平も憤怒もあるべきか。只私は日本の危機を認むるが故ニ沈黙いたしがたく」（33）新たな著書の刊行を決意する。『日本之禍機』出版に向けた具体的な作業が逍遙との間で進められたことが両者の書簡を通してわかってくる。(28) 朝河は仕上がり次第原稿を逍遙に送ることを伝え、「高田氏と御相談の上、何か政府と民間とニ勢力ある新聞紙ニて発表せしめ下され候様願度、又掲載済の後ハ一小冊子として殆ど無代価同様ニ広く上下の人々の眼ニ触るゝやう取計願上候、之ニよつて私が怨まるゝは固より厭はず、論の誤を正す人も出来、又全体ニ世論を喚び起せばよろしく候」（33）とし、より多くの日本人に現状の問題点に気づいてもらうことが著書刊行の大きな目的だとしている。これに対し逍遙は「御脱稿次第お送被下度、或は「大陽《（ママ）》」へ一時に全部出すコトいかゞ」と、雑誌『太陽』への一括掲載を勧めている（『逍遙書簡集』朝河貫一宛書簡7。以下、同書の朝河宛書簡を参照した場合「逍7」のように記す）。原稿は同年末までに逍遙に送付され、年明け早々に逍遙は出版への協力と高田への相談を約束している（逍8）。さらに同年（一九〇九年）二月の書簡で逍遙は、版元について早稲田大学出版部を候補としたが、より広く売るのであれば実業之日本社がよいのではないかという高田の意見があり、高田を通じて同社の増田義一[29]に相談、そちらから出版することに決まった旨朝河に伝えている（逍9）。さらに同じ書簡に「増田氏は「危機」という語少々穏かならず、何とか改めたしとの事、小生もまだ何とも不思付、同氏と相談の上相定め可申候」とあり、朝河の原案では書名は『日本之危機』であったものを増田と相談して変更したいとある。結果として「危機」が「禍機」となって刊行されることとなったが、書名変更は事後承諾という形になった（逍11）。

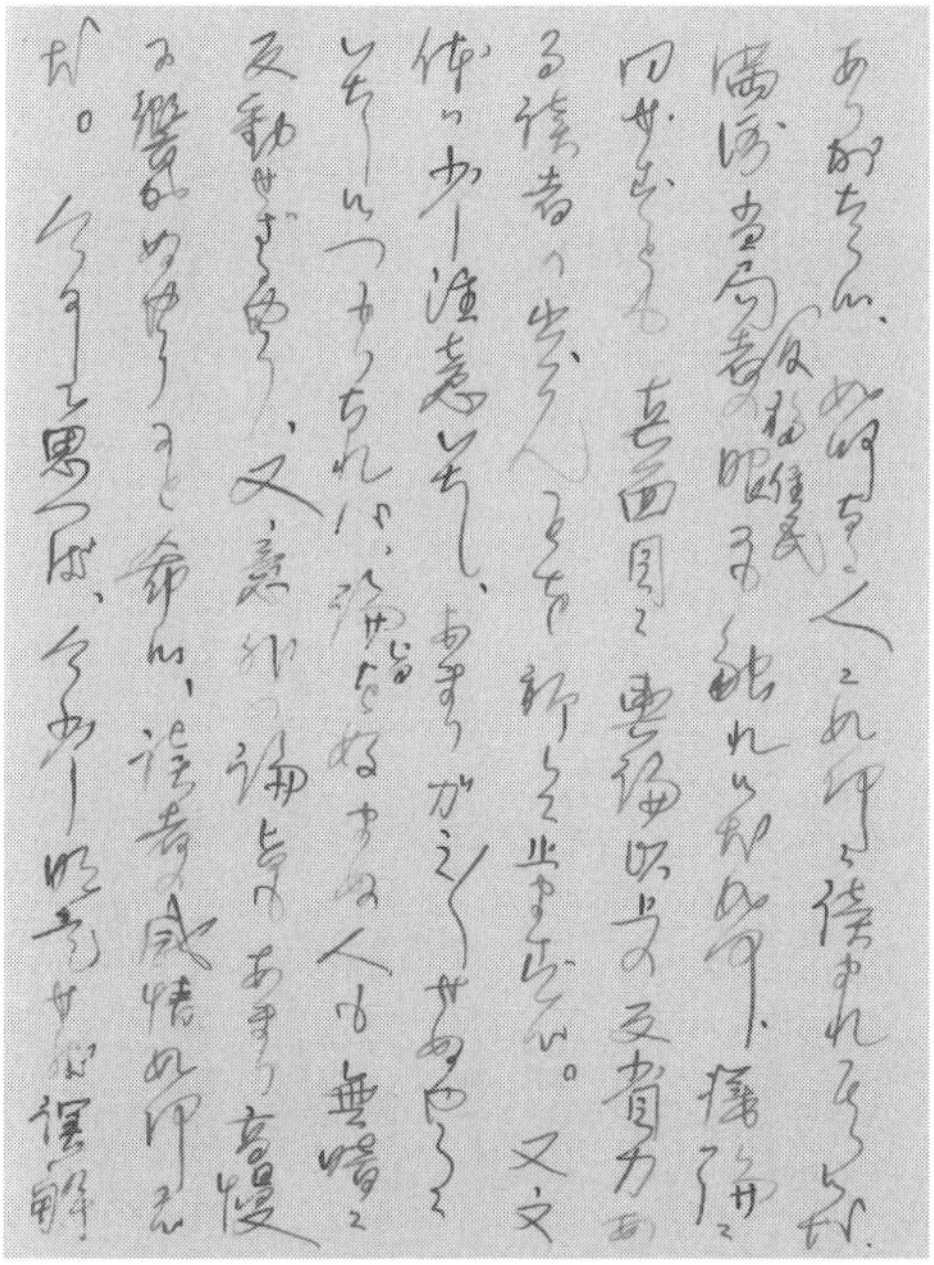

図4　通番（34）1909年8月23日付坪内逍遙宛書簡（早稲田大学演劇博物館所蔵）『日本之禍機』の読者について記す.

本書の刊行によって「私が怨まるゝは固より厭はず、論の誤を正す人も出来、又全体ニ世論を喚び起せばよろしく候。物には観やうが一通りにあらざるコト、又愛国心といふは反省の分子を排すべきものニあらざるコトを事実上証」（33）することができれば、朝河にとって『日本之禍機』を刊行することの目的は達せられるはずであった。校了後の書簡でも「如何なる人ニ如何ニ読まれ居り候哉、満洲当局者及移住民の眼にも触れ候哉、如何、議論ニ同ぜずとも真面目ニ輿論以上の反省力ある読者の出でんコトを祈りて止まず候」(34)と、自身の声が日本の人々に届くことを期待している。朝河が日本人に求めた「反省力」については『日本之禍機』の中でも「今日日本の要する所は実に反省力ある愛国心也。先づ明快に国家前途の問題を意識して、次に之に処するに非常なる猛省を以てするにあらざれば、国情日に月に危かるべし」[30](三頁)、「国民の智力反省力を統合して感情の惰性を矯めつゝ始めて国の機関を運転するを得べし」(一七二頁)、「此機関ありといへども、之を運転する国民と議士とが反省の力幼くば、只之あるのみにて国家の危難を悉く防ぎ得べきものにあらず」(二三八頁)とたびたび言及している。ただ、その後の日本の満洲政策が朝河の望むような形で進まなかったことは、誰もが知るところである。

第一回帰国時の図書収集についてはこれまでにも多くの論考がある。[31] それによれば、まず朝河は一九〇六年一月、イェール大学図書館長のシュワブ(J. C. Schwab)に日本語図書収集の必要性を訴える書簡を送り、そうした活動が受け入れられ、イェール大学およびアメリカ議会図書館(以下LCとする)から日本での日本資料収集を委託され、同年二月、第一回目の帰国を果たし、翌年八月までの間、日本語図書収集活動を続けることとなる。ちなみに、この時の成果はLCに対し三一六〇種四万五〇〇〇冊(洋装再製本九〇七二冊)、イェール大学には八一二〇種二万一五二〇冊(洋装再製本三五七八冊)などであった。

ここで図書収集にかかわる朝河の動静を逍遙宛の書簡を通じてみてゆくことにしよう。朝河は帰国するとすぐに福島に帰郷しているが、その時期からすでに逍遙に手紙を送っている(24)。在米時には便箋にペン書きだったものが、帰国中は継紙に墨書という体裁になっている。あえてそうする必然性は感じられないが、朝河なりのけじめのようなものがあったのかもしれない。

以前別稿で朝河の図書収集に早稲田大学図書館と同館館長である市島謙吉(春城)が重要な役割を果たしていたこ

とを指摘したが、[32]同じ早稲田大学の高田早苗の助力を得ようとしていたことが逍遙宛の書簡からみえてくる。朝河は帰国直後の二月十九日、さらに三月二十日に市島のもとを訪れ図書収集について相談しているが、[33]四月の逍遙宛書簡には「高田氏ニ彼件話し候処、至極御賛成の様子ニ候」「多分高田氏より他諸氏にも御相談あるべく」（25）、と高田の支援に期待を寄せている。具体的には「何れ第一の問題ハ多少の金を集むるコトニ候間、其方法を同氏ニ考へて貰ふコトニいたし候、同氏の賛成の模様には私も大分安心いたし候」（25）と資金調達の方法を相談していたようで「高田氏ニ御序の時彼件何となく御助勢且つ御促し被下候はゞ幸甚ニ候」（26）と逍遙に依頼している。当時高田は、早稲田大学学監として、実質的に大学経営の中心にあり、朝河が日本における活動拠点として早稲田大学を確保するためには高田の協力はどうしても必要であった。[34]この時期早稲田大学では第二期計画として理工科新設などを目指した基金募集が展開され、その中心にあったのも高田と市島であった。[35]逍遙から計画と基金募集について知らされた朝河は（逍6）、寄付に関しては「気だけハはやり候へども第二次寄附の余裕なく候」（33）としている。

図書収集にあたっては日本政府の協力も必須であり、「政府の方ハ米国公使館よりの丁寧なる紹介書の西園寺侯ニ宛てたるものあり候間、之を内閣書記官長より各省次官ニまわすべく、又同官長より直接ニ諸次官ニ（次官会議の節）話し置かれ候、されば数日中ニ各省巡礼を始むべく、其心構いたし居候」（25）と、時の首相である西園寺公望宛の紹介状を用意していたことがわかる。また東京帝国大学については「昨日私ニ関してエール大学より帝国大学へ鄭重なる正式の交渉書参り候」「つまり大学にては正式にエールに返書の義務生じ候、もし先例なしといひて先方の意を拒まば、（大学が）重々恩を受けたるエールに対してすまず、又文明国大学間の礼義を蹂躙するコト、ならん」（27）と強い口調で述べている。

この時期、二人の日本人がアメリカに留学している。いずれも逍遙、早稲田大学とつながりのある坪内士行と毛利宮彦である。

逍遙の甥にして幼い頃にその養子となった士行は、早稲田大学卒業後、演劇研究のため渡米する。[36] ただ、その留学は必ずしも順調でなかったことが逍遙・朝河間の書簡からうかがうことができる。一九〇九年十月の逍遙から朝河に送られた書簡（逍12）に「此度伜士行御地へ参り候ニついては直接間接ニ何かと御厄介に相成候事出来可仕と存候」「参上之折々は万事につき御斟酌なく厳訓を賜はりたく候」と依頼しているが、翌年の朝河からの手紙には「先月中新聞ニ士行様渡米のコト一寸見え候へども、例の虚聞と存じ信ぜず候」（35）とあり、士行の到着を新聞で読んだ朝河だったが、最初は信じなかったようである。その後士行本人からの手紙で到着を知らされ、士行を自宅に泊めたり（37）、逍遙から預かった金を手渡す（38）こともあったが、綿密な連絡を取り合っていたわけではなく、朝河からの問いかけに士行の返事がなく、様子がつかめないこともあった（38）。こうした士行の不安定な行動の背景には、士行の自伝[37]にも書かれているとおり彼自身が結婚に関する悩みを抱えて渡米していたことがある。さらに米英滞在中にもさまざまな問題が発生し、朝河は時に自身の意見を交えながら詳細に士行の様子を逍遙に伝えている（39〜42）。逍遙もそうした朝河の心遣いに対し「お心ニかけられ御深切之御心添忝く候」（逍28）と感謝している。[38]

一方、毛利宮彦は母方が逍遙と姻戚関係にあり、その縁で早稲田大学に学び卒業後は同大学図書館に勤務する。[39] 一九一五年（大正四）一月二十四日、逍遙から朝河に宛てた書簡には「早稲田大学文科校友ニシテ目下同大学図書館員勤務中之毛利宮彦と申す仁、此度図書館学問一わたり修めしむるため御地へ一年間留学せしむること丶相成候、同人はまだ年も若く学殖とても尚浅く候へども勤勉にして真面目なる性質に候故、行々は館長市島氏の主なる補弼となるべき仁と存候」（逍26）と毛利の人柄と渡米の目的が示され、さらにこの後の文章では留学中の要望がより具体的に記されている。これに対する朝河の対応は「逍遙日記」の中に確認できる。すなわち、同年四月十六日の日記に「朝河よりLibraryに関する件くはしく知らせが来る、夜大造[40]に托して毛利に渡す」とある。この「知らせ」がこの日届いたものであれば、朝河が発信したのは三月後半頃であろう。逍遙からの問い合わせに丁寧な対応をしているようだが、残念ながら書簡の現物は確認できていない。「逍遙日記」の同十八日条には毛利が逍遙を訪問、逍遙から朝河の回答について詳しい説明を受けたことが記されており、逍遙は朝河に対して「御懇切なる御返書、早速当人ニ回送いたし候結果大喜びにて万事大抵御指図通りニ相運び候筈」「此上も御指導切に願入候」（逍28）と返信している。アメリカ滞在中の毛利に対する朝河の支援については毛利自身が朝河の追悼文で詳しく述べているが[41]、朝河は逍遙宛書簡の中で、毛利ら留学生に対する支援の少なさも気にかけている（43）（44）。単身渡米した点では朝河も同様であり、その苦労を身をもって知る朝河であればこそ、留学生の窮状を切実なものとして逍遙に訴えたのであろう。

③巨星の歩み（一九一七年一月～一九三〇年十二月）四一通

一九一七年（大正六）七月に第二回の帰国を果たし、資料調査の過程で注目した「入来院文書」を主要な素材として、その後一〇年以上の歳月をかけて『*The Documents of Iriki*』として刊行する頃までの時期である。

一九一七年四月、朝河は帰国に先だちその目的を逍遙に伝えている。今回は「日本ニて此度の一年ハ主として史料編纂掛及帝大図書館ニ腰を据へん計画」で「大学の所蔵文書、影写文書、日記等の材料を渉猟」することが第一の目的であり、「多少和漢図書蒐集の依頼もあるべく候へども、其の方ハ第二と」し、「此度ハ研究事項に集中するコトを主眼と可致候」としている（46）。さらに各方面の人々、中でも久米邦武[42]と吉田東伍[43]に会いたいと希望を述べている。日本古文書学の基礎を築いた久米邦武は、一八九五年（明治二十八）以降は早稲田大学に籍を置き、研究を続けていた。また歴史地理学者である吉田東伍は『大日本地名辞書』を独力で完成させ、その功をもって一九〇九年、文学博士となっていた。それぞれに成果を上げていた二人であり、当時の日本で歴史資料の調査研究をするのであれば、まずは彼らと会って話がしたいと考えたのであろう。

帰国した朝河は研究活動に先だち会津若松出身の実業家・政治家の白井新太郎[44]の小田原にある別荘に滞在している。

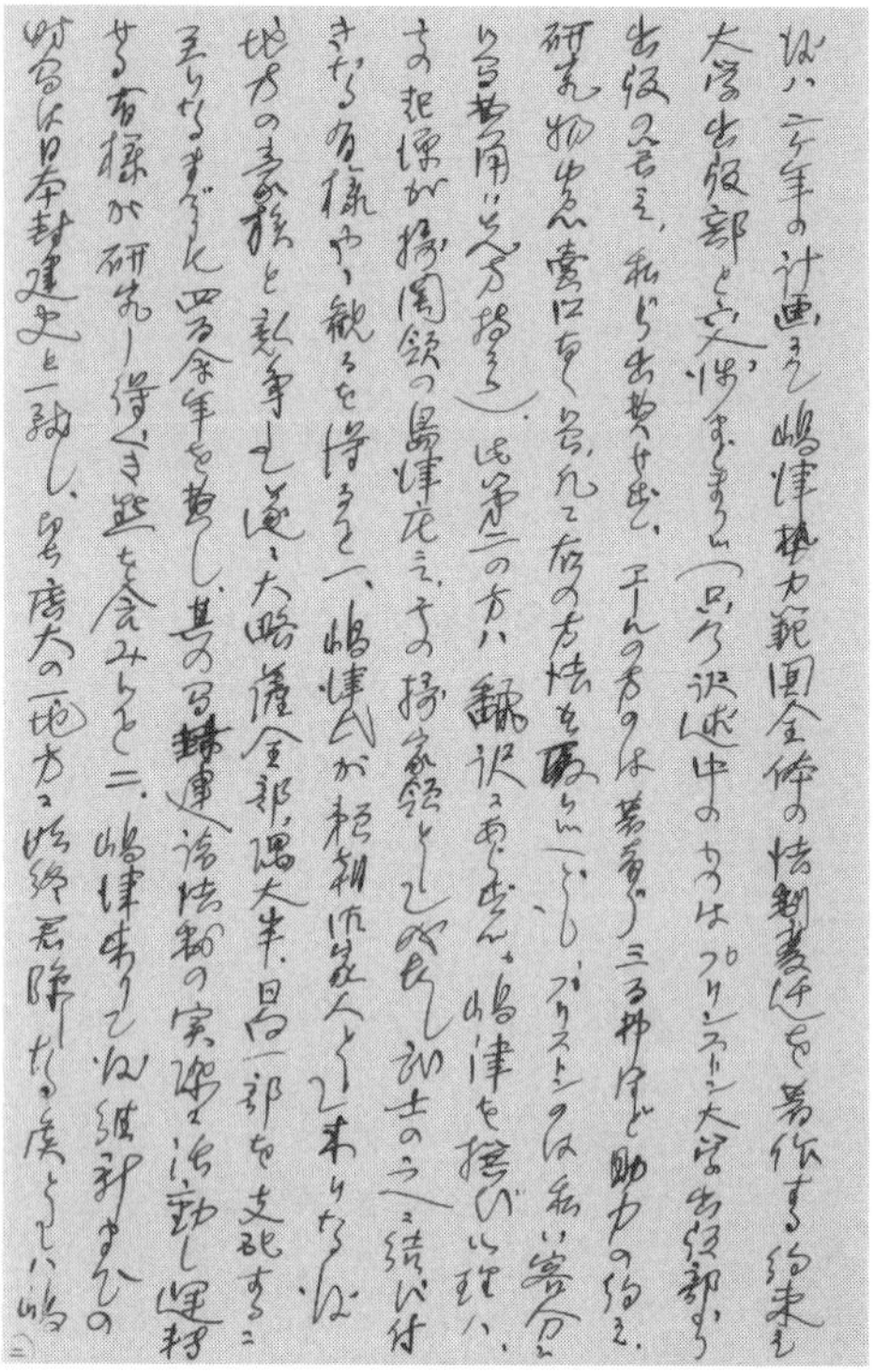

図5　通番（57）1920年6月20日付坪内逍遙宛書簡（早稲田大学演劇博物館所蔵）島津氏研究の理由を記す．

居心地の良い別荘で、読書の日々を送っていることを逍遙への書簡で述べている（A）が、その中で津田左右吉の『文学に現はれたる我が国民思想の研究』「貴族文学の時代」（洛陽堂、一九一六年刊）[45]に言及し、津田の著作について、着眼は素晴らしいが、「訓練を欠ける独学者の弊到る処ニ見」えていると厳しく指摘している。朝河と逍遙が津田をどのように評価したかについては別稿にまとめたのでそちらを参照されたい[46]。

九月、東京に戻った朝河は東京帝国大学史料編纂掛での史料調査を開始（51）（52）、翌年の夏には東大寺・醍醐寺三宝院などの奈良・京都の寺々の古文書調査を暑さに耐えながら行い、その後は京都帝大や伊勢神宮の古文書も調査したいと述べている（53）。「入来院文書」の調査はさらに翌年、一九一九年の六月であり、七月に帰京、九月には帰米の途に就くことになる[47]。残念ながら「入来院文書」調査について詳述する書簡は見あたらないが、帰米後の書簡では入来院文書、さらには島津を研究対象とした理由を以下のように述べている（57）。

「只今薩州入来院氏の四百通の文書の中より代表的のものを撰び、註を加へて訳述中ニ候」

「二ヶ年の計画にて嶋津勢力範囲全体の法制変遷を著作する約束ニて大学出版部と交渉まとまり候」

「嶋津を撰び候理ハ、その起源が摂関領の島津庄ニて、その摂家領として成長し、武士の之ニ結び付きたる有様や〻観るを得るコト一、嶋津氏が頼朝御家人として成りたる後、地方の豪族と競争して遂ニ大略薩全部、隅大半、日向一部を支配するニ至りたるまでには四百余年を費し、其の間、封建諸法制の実際ニ活動し運転せる有様が研究し得べき点を含み候コト二、嶋津来りて後、維新までの時間は日本封建史と一致し、即ち広大の一地方に始終君臨したる侯としてハ嶋津が最大にて、且つ封建を倒す原動力となり候コト三、此等の理ニて、一地方のコトなれども日本封建法制史の代表として見るニ適当なりと存候」

渡米直後から日欧の封建制に関心を寄せ、関連する論考を発表してきた朝河であったが（3）（4）、「入来院文書」という材料を得、この後は『入来文書』出版準備と、日欧の比較封建法制史研究を大きなテーマとし、大学ではフランス封建制に関する講座も担当するようになる（62）（63）。

この時期の書簡の特徴としてもう一点あげるとすれば、それは「早稲田騒動」関連記事の多さであろう。

一九〇七年から学長であった高田早苗が第二次大隈重信内閣に文部大臣として入閣したことで学長を辞し、新たな学長には天野為之が就任した。その後、一九一六年十月に大隈内閣が瓦解すると、翌年八月に任期切れとなる天野の後任に再度高田を学長に推す声があがった。一方で引き続き天野に学長をという声もあり、これにその前から問題となっていた大隈重信夫人綾子の銅像建設の話も重なり、教職員だけでなく学生をも巻き込んだ対立となり、さらには新聞紙上でも大きく取り上げられる一大騒動となった[48]。このいわゆる「早稲田騒動」は、その後、当時学生として渦中にあった尾崎士郎が著書の中で触れたことでも知られている[49]。その実態については残された資料によって明らかになってきているが、研究の根拠となっているのは大学当局も含めて騒動の当事者たちによるものが多い。そうした中で、朝河は校友ではあり、ある時期に大学講師[50]として教授会に名を連ねたこともあったが[51]、本属はイェール大学であり、いわば学外者である。騒動の当事者でもある逍遙[52]からの書簡が大きな情報源であったとしても、常に逍遙に近い立場で発言しているわけではない。そのことは逍遙にとっても特別な存在であったであろう大隈に対して、大隈が主宰する雑誌『新日本』が「未だ此大事、此大時機ニおいて透徹の見識を示さず、明なる教訓を国民ニ与へつゝありと見る不能候」(43)と批判し、さらに大隈本人についても「大隈伯ハ局ニ当つて見れバ左程の政治家とも見へず、当国のウィルソン氏と同じく世界の大勢の趨く所を観て日本国民を指導するコトハ致さず、百歳の好機を逸しつゝある責ハ免るまじく存ぜられ候」(44)と厳しく指摘していることからも明らかであろう。騒動に関する大学からの通知、逍遙からの情報をもとに朝河なりに意見を述べ、改革案を示している。

まず七月の帰国直後の朝河に対する逍遙の書簡には「再応之御書面之趣それ〴〵御尤之儀、まことに一言もなき吾々の不敏不徳に愧入申候」(逍32)とあり、これ以前にすでに朝河から騒動について何らかの意見が送られていることがわかる。さらに「新聞紙上ニテほゞ御察知と存候が——其新聞の記事は妙な色が付き候故、真相には候はぬに拘らず——大学事件今尚未解決のまゝにして形勢甚だ妙ならず候、小生も過般辞表を呈せざるを得ざる仕宜となり、其後は観望の体、併し可成早く解決せざるべからず、而して此際高田天野二氏共引退勿論と存候」(逍33)という逍遙からの状況説明に対し、「学校事件も高田氏辞退以後、一応ハ自然の落着ニ達し候様相見え相感居候、此上ハ校規を制定し、適当の人材を適処ニ置く様ニ着々運び候はんコトを待望仕候、六名[53]の人々を見れバ総じて信用すべき方々と見受候、之ニて一先づ安心すべきコト、存居候」(49)としたが、逍遙からの「大学の紜糾まだ安定とは参りがたかるべく候」(逍34)との書簡を受け、さらに高田派主導の理事選出と天野派処分という対応を強引な対応と感じた教授団の批判を受けて理事会が退陣を決める[54]と、「学校の方ハ局外の私より評せば第一ニ理事等当局者の責任と存候、其の今日となりたるも、其の処置の当を得ざりしニよるコト少からずと存候、然るニ学生全体を代表したるコトの明ならざる一部の暴動ニ遇ひて狼狽し、総辞職を為すが如きは更ニ無責任の所為と存候」(51)と大学当局の対応を批判、「かく面倒と相成候上ハ、早稲田以外の人ニてもよろしく、少し大なる人物を仰ぎて長とし、大淘汰を行ひ、数量を断然削減し、品質を改良し候様ニ致すがよろしかるべく候」（51）と学外者の登用を提案し、さらに「学校のコトハ憂慮すべきコトのみ生じ、痛嘆罷在候、学校の良き方のコトハ表面ニ出でず、悪き方のみ暴露せられ面目なく、日本教育界の恥と存候、先日拙書差上候後、教授団といふもの丶コトを承り、一層ニ呆れ候」（52）と強く批判している。

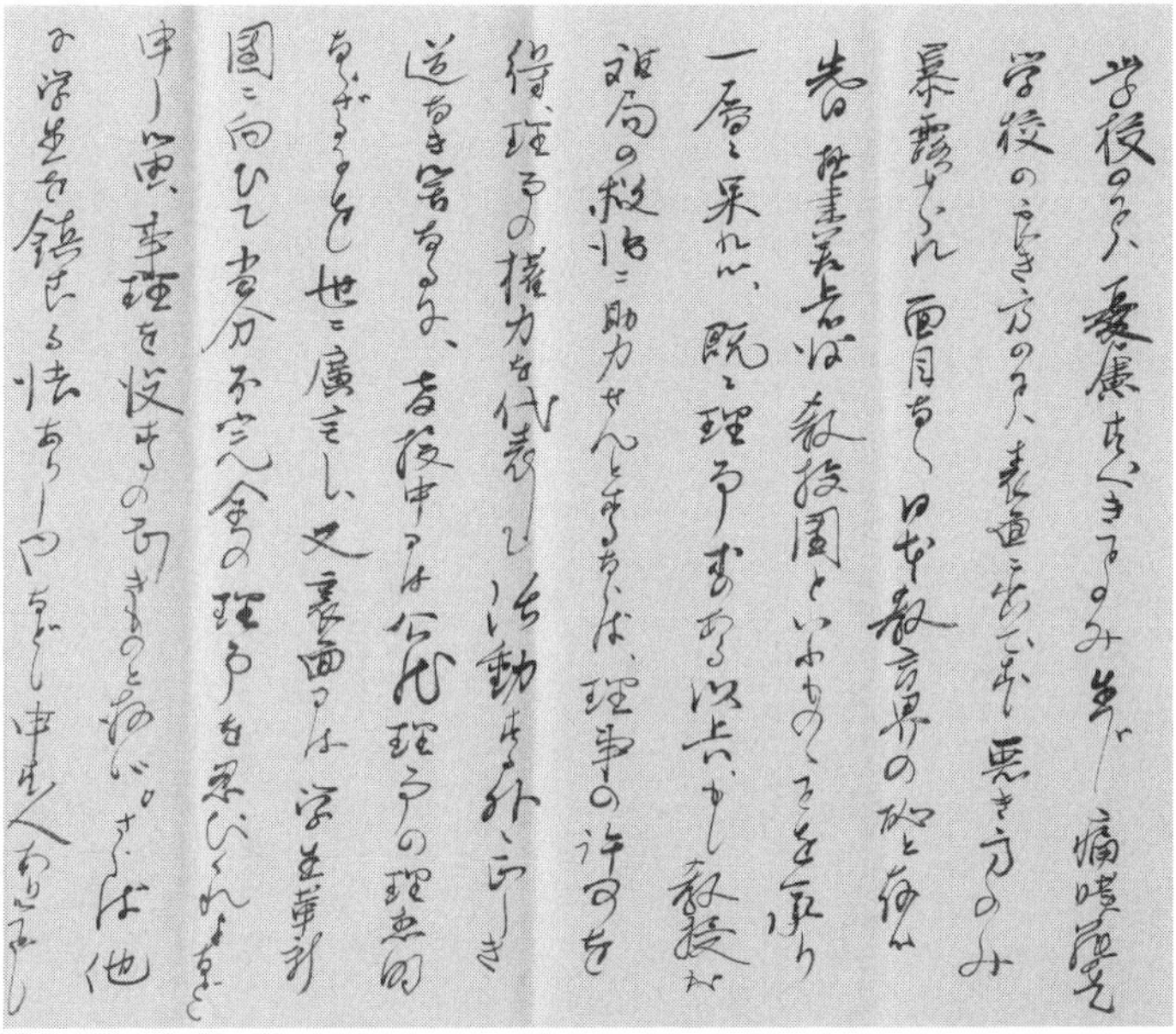

図6　通番（52）1917年9月16日付坪内逍遥宛書簡（早稲田大学演劇博物館所蔵）　早稲田騒動への私見を記す.

こうした批判、提案をするに至った背景として、朝河に早稲田大学への就職を希望する思いが強くあったことを考える必要がある。そのことが朝河をして早稲田大学が如何にあるべきかということを熱く語らせることになったのであろう。朝河の早稲田大学就職の可能性を探る書簡が帰米後の朝河と逍遥の間でたびたび交わされるが、最終的にその思いはかなわず、朝河はイェールに残る道を選ぶことになる[55]。この頃から朝河は改めて自身の学問研究に思いを致し、書簡の中で「東洋人にて殊に困難なる欧史の一方面を米人に教へんと致すコト、少しおかしき取り合はせニ候へども」「比較の地盤あるコトは、小生の独地歩と存候。著述ハ問題の性質上、研究の分量ニ比して言ふべきコト多からず」「只休暇中に少しく執筆し得るのみニ候。是れ遺憾にたへず候、一方には比較の材料日と共に加はり、深さも加はり候間、著作の量ハ少くとも質において得る所あるべき筈ニ候。実は近年ニ至りて始めて真の学問なるものを味ひ始め候如く感じ居候」(66)と、厳しい状況の中でやりがいを感じている様子を伝えている。これに対し逍遙は「去八月廿二日お認めの貴墨拝見いたし候」「世界の史学のために御貢献の詳細御書中にて想像いたし、御苦心もさこそと推察いたしつゝもまことに名誉あるお骨折と貴下のためわが国のために賀し愉快に存じ候」(逍43)と喜んでいる。朝河の早稲田就職を実現できなかったことは、間に入って奔走した逍遙にとっても残念な結果であったろう。だからこそ朝河がイェール大学での研究に生きる道を見つけたことは嬉しく、また安堵する気持ちもあったのではないか。

④故国を憂う（一九三一年一月〜一九四二年八月）七通

逍遙が一九三五年(昭和十)に死去しているので、書簡はこの時期が最後となる。この時期、朝河からの書簡で現物が確認できているものはDのみである。そこでは冒頭で日々の生活について述べた後、執筆中の論文二点について詳述している。一つが「鎌倉時代の武士(就中御家人)の知行に関する原則を欧(殊に独と仏と)の相応原則と対比する」もので、もう一つが「欧洲法制のみニ関し候。フランク時代の奇なる王権の本体を、その立法権の方面より考へて従来の欧洲学者の諸説と私見とを対比するもの」(D)だという。

後半では、創立五〇年を前にした早稲田大学について、その創立と発展に尽力した逍遙・高田・市島の三人に対する慰労の言葉が綴られている。特にこの年総長を辞した高田については「この間の学校の保持と成長と考へて、之に根本的に常に関係し貢献せられたる同氏の長き過去を想ひ候はゞ、誰人もその功業の大なるに感ぜさるものあるまじく候」と、その功績を讃えている。加えて学校運営、教育の難しさについても言及し、そうした状況を乗り越えるための「必要人材の絶ゆるコトなからしめられんコトを希ひ候」(D)との言葉で終えている。[56]

その他に「逍遙日記」、『逍遙書簡集』によってその存在が確認できる朝河の書簡が数通ある。たとえば「逍遙日記」の一九三二年二月三日条に「朝河より日本対支態度を難じたる書来る」とあるが、これは逍遙から朝河に宛てた同年七月一日の書簡に「本年一月の芳翰に対して御返事と念じつゝ」（逍50）とあるのがそれではないか。前年九月の柳条湖事件を直接のきっかけとして始まったいわゆる満洲事変に対し、朝河が強い批判の気持ちを持っていたことはこの時期の他者宛の書簡からも明らかであり(57)、逍遙にも同様の趣旨で書簡を発したのであろう。逍遙からは国内外ともに「前例なき大危機、噴火山上の比喩も余所ならず思はれ」るが、しかし政界にこれに対応できる「偉傑」はおらず、「国を挙げて人心頽化」している、と国情を憂う内容の返信が朝河に送られている（逍50）。

この時期、逍遙からは新たに刊行を始めた『新修シェークスピヤ全集』（中央公論社刊）が配本のたびごとに送付されている。逍遙のシェークスピア研究、中でもベーコン論に関する情報提供と関連するブースの著作を送付したこと（B）（C）については別稿で触れたので詳述しないが(58)、逍遙への情報提供は朝河が初めてアメリカに渡った頃から始められており、欧米の演劇、シェークスピアに関連する雑誌・新聞・図書がしばしば逍遙に送られている（逍4）（逍22）（逍30）（う〈表1・2参照〉）（逍40）（逍48）。もちろん逍遙から朝河への情報提供、図書送付も全期間を通じて行われており、その内容も日本史関連の史料集（『大日本史料』『群書類従』など）や雑誌（18）（22）（40）、そして逍遙の編著がたびたび送られている（45）（47）。逍遙にとって、朝河からの情報は欧米の新しい研究成果に触れる重要な機会であった。いっぽう朝河にとって逍遙から得られる情報、主に図書は彼の研究に必須の資料であり、研究を支えてくれるものだったのであろう。

おわりに

早稲田大学演劇博物館が所蔵する朝河貫一書簡（坪内逍遙宛）を主な材料として、渡米後の朝河の行動を坪内逍遙との関係を軸にみてきた。詳細は本書第Ⅱ部の翻刻を参照していただくこととし、ここでは本資料全体の概要を紹介するにとどめたい。

これまで述べてきたように本資料には朝河の渡米間もない時期から一九三〇年代までの書簡がほぼ途切れることなく収められている。そこには彼自身の身の回りの出来事や著作刊行についての打ち合わせ、さらには逍遙の家族に関する問題といった私的なことから、「早稲田騒動」や日本の外交政策に関する提言に至るまで多岐にわたる内容が書かれている。これまである程度は周辺諸資料から判明する部分もあったかもしれないが、本資料により彼自身の言葉で多くが語られることとなった。今後、詳細な検討を加えることで明らかになることも多いだろう。本資料が朝河貫一研究に新たな展開の可能性を提示することができるとすれば幸いである。本稿執筆、および本資料翻刻にあたり、特別に紹介の機会を与えてくださった早稲田大学演劇博物館にあらためて御礼申し上げる。

注

（1）東京大学史料編纂所編『イェール大学所蔵日本関連資料研究と目録』勉誠出版、二〇一六年、海老澤衷・近藤成一・甚野尚志編『朝河貫一と日欧中世史研究』吉川弘文館、二〇一七年、同編『朝河貫一と人文学の形成』吉川弘文館、二〇一九年など。

（2）朝河貫一書簡編集委員会編『朝河貫一書簡集』早稲田大学出版部、一九九〇年。

（3）金井圓「朝河貫一、その受発信書簡について」（『朝河書簡集』）。なお朝河の書簡は、前述の福島県立図書館やイェール大学などに所蔵され研究に供されており、そのうち福島県立図書館には、控も含めて和文書簡六二六点（朝河発信六六点、受信五四八点、その他一二点）、欧文書簡一九二九点（朝河発信四六七点、受信一四二四点〈夫人受信含む〉、その他三八点）が所蔵されている（甚野尚志・福島県立図書館編『福島県立図書館所蔵　朝河貫一資料目録（改訂版）』同館、二〇一九年）。また、イェール大学所蔵の朝河貫一資料（Asakawa Papers、以下ＡＰ）については、山岡道雄ほか『朝河貫一資料―早稲田大学・福島県立図書館・イェール大学他所蔵―』（早稲田大学アジア太平洋研究センター、二〇一五年）を参照した。

（4）ほかに和文書簡の英文要約三通。

（5）福島県立図書館「海を渡ったサムライ　朝河貫一没後70年記念展」二〇一八年六月八日〜九月五日。同館ホームページ展示一覧参照。

（6）早稲田大学歴史館「海を渡ったサムライ〜朝河貫一」展、二〇二〇年一月十一日〜二月二十八日、同館ホームページ参照。

（7）甚野尚志・藤原秀之「早稲田大学歴史館「海を渡ったサムライ〜朝河貫一展」によせて―新発見資料の紹介―」（『早稲田大学大学院文学研究科紀要』六六、二〇二一年）、藤原秀之「坪内逍遙と朝河貫一―書簡を通じて見た学問上の交流―」（『日本史攷究』四四、二〇二〇年）。本稿の一部は特に後者の藤原論文により執筆した部分がある。

（8）朝河貫一生誕一五〇年記念シンポジウム「朝河貫一の時代と学問―福島・早稲田・アメリカ―」（早稲田大学総合人文科学研究センター二〇二三年度年次フォーラム、二〇二三年十二月十六日、早稲田大学総合人文科学研究センター・角田柳作記念国際日本学研究所主催）。

（9）本稿は書簡翻刻と資料番号、注記で連動している部分がある。

（10）早稲田大学出版部、二〇一三年刊。なお、現在福島県立図書館所蔵の「朝河貫一資料」には、逍遙から朝河宛の書簡が四通含まれている。ほかに逍遙が送った書簡七〇通について、朝河が一九三九年十二月に早稲田大学演劇博物館に寄贈した際の礼状が含まれているが、その全容は未詳である。前掲注（3）文献参照。

（11）『坪内逍遙書簡集』朝河貫一宛書簡35。同書簡は年月を欠き、同書では一九一七〜一九年のものとするが、内容から一九〇六年六月と推定した。詳しくは本書第Ⅱ部和文書簡翻刻注（19）参照。

（12）以下、本稿では朝河貫一については「朝河」、坪内逍遙は「逍遙」と称する。本来なら「朝河」「坪内」とすべきかもしれないが、坪内逍遙については「逍遙協会」「逍遙日記」など、単に「逍遙」と称されることが多いのでそのようにした。

（13）前掲注（6）および前掲注（7）藤原論文。

（14）今後の整理・公開については未定で、早稲田大学演劇博物館において検討中とのことである。二〇二三年のシンポジウム、および本書刊行の趣旨をご理解いただき、今回は特に資料紹介を許可してくださった。
（15）前掲注（3）金井論文参照。
（16）「歴史学準教授」の表記は『朝河書簡集』によった。
（17）『逍遙書簡集』収載書簡のうち、五通（19・35・41・53・54）については内容から発信年を修正した。表2参照。
（18）『朝河書簡集』収載のものを比較すると、同書には全文が収録されていなかったり、文章、語句に相違があったりするものが多いので、今回書簡現物が確認できたことで、それらについて情報を追加することが可能である。
（19）逍遙から朝河に宛てた書簡の中には朝河からの書簡への返信も多く、時に日付入でそのことに触れているものもある。
（20）「逍遙日記」大正五年～昭和十年（逍遙協会編『未刊・坪内逍遙資料集』一～六、同会、一九九九～二〇〇三年）。
（21）『逍遙書簡集』に収載されている五四通はいずれも演劇博物館所蔵資料である（資料番号四〇六九七）。朝河は逍遙の死後、坪内逍遙書簡七〇通と逍遙の養子である坪内士行書簡三四通を演劇博物館に寄贈している。福島県立図書館所蔵「朝河貫一資料」には朝河宛の書簡が多数収蔵されており、一九三九年十二月四日に演劇博物館から朝河に宛てた礼状（資料番号B―二三一）がある。前掲注（3）『福島県立図書館所蔵　朝河貫一資料目録（改訂版）』を参照。なお『朝河書簡集』収載の大西幾宛書簡（書簡番号27、一九〇〇年十二月三日）に大西祝の病状について数日前に逍遙から手紙で知らされたとあるので、それを加えれば朝河宛の逍遙書簡は五五通となる。
（22）「金子（馬治）、水谷（弓彦）……などいふ面々は皆第一期生で、島村（瀧太郎）、後藤（寅之助）、中島（半次郎）が第二期、五十嵐（力）、綱島（栄一郎）、朝河（貫一）三氏などが第三期生である。……当時卒業の場合には卒業論文を課したが、流石に其の頃の論文は立派なもので、金子、朝河、島村の卒業論文の如きはいづれも堂々たるものであったと坪内君は語られた」。市島春城「数年にして文界の一名物」（『随筆早稲田』翰墨同好会・南有書院、一九三五年）、引用中の……は中略、（　）は原文のママ。なお、卒業（得業）にあたっての論文提出が市島の発案であったことが朝河宛の逍遙書簡（AP1）からわかる。
（23）以下、表1に示した朝河から逍遙宛書簡の点数である。英文書簡や新聞切抜封筒のみのものも含む。
（24）朝河は一八九五年七月に東京専門学校を卒業、大隈重信・勝海舟らの援助を受け同年十二月に渡米、翌月現地に到着している。中村直美「朝河貫一略伝」、阿部善雄原編「朝河貫一年譜」（いずれも『朝河書簡集』）。

（25）*The Russo-Japanese Conflict: its causes and issues*, Houghton Mifflin, 1904。

（26）朝河貫一「海外に於ける日本の悪評　日本に対する世評の大変」（『東西南北』二―六、一九〇八年）。「拝啓」で始まり「東西南北御中」で終わる一文は、おそらく書簡そのものと考えてよいだろう。ちなみに、この時期の『実業之日本』には朝河の二本の論考が掲載されている。「米国の大学に留学せんとする青年に告ぐ」（一一巻六号、一九〇八年三月）、「カーネギーの鼓吹せる実業界の新精神」（一一巻七号、一九〇八年四月）。

（27）一九〇八年四月五日付のニューヨークタイムズ紙にThomas F. Millardによる"THE CRISIS IN JAPAN'S FOREIGN RELATIONS"と題する記事がある。紙面一面を使って、日本軍が占領する満洲の家並や、林董外務大臣（"Tadasu Hayashi 19th March 1906"の署名入）の写真とともに日本外交、対清国政策の失敗を詳細に論じている。"ProQuest Historical Newspapers"参照。

（28）前掲注(7)甚野・藤原論文参照。

（29）増田義一（一八六九―一九四九）は新潟生まれ、一八九三年に東京専門学校邦語政治科を卒業、読売新聞に入社、その後一九〇〇年に実業之日本社を創設した（金子宏二「増田義一」〈『エピソード稲門の群像125話』早稲田大学出版部、一九九二年〉）。

（30）引用は『日本之禍機』（実業之日本社、一九〇九年）による。

（31）藤原秀之「朝河貫一の図書収集と早稲田大学図書館―市島春城への書簡を参考として―」（『早稲田大学図書館紀要』六八、二〇二一年）、近藤成一「イェール大学の所蔵する日本語関連資料について」（東京大学史料編纂所編『イェール大学所蔵日本関連資料　研究と目録』勉誠出版、二〇一六年）、松谷有美子「朝河貫一によるイェール大学図書館および米国議会図書館のための日本資料の収集」（『Library and Information Science』七二、二〇一四年）、Yale University, "REPORT OF THE LIBRARIAN, July 1, 1907–June 30, 1908, 1907–1908", *BULLETIN OF YALE UNIVERSITY*, 4th Series, No.9, 1908.（なお、本書の早稲田大学図書館所蔵本は朝河から寄贈されたものである）。

（32）前掲注(31)藤原論文。

（33）「春城日誌　明治三十九年第一月以降」（早稲田大学図書館所蔵市島春城資料、五四四）。

（34）当時の早稲田大学は校長に鳩山和夫が就いていたが、実質的な学校経営は校長の補佐役である学監高田早苗によっていた。翌年（一九〇七年）の組織改編で校長・学監制度から学長制度へと移行すると、高田が初代学長となった。早稲田大学出版部編『半世紀の早稲田』（一九三二年）、市島春城『随筆早稲田』（翰墨同好会・南有書院、一九三五年）を参照。

（35）本書第Ⅱ部和文書簡翻刻注（27）参照。
（36）本書第Ⅱ部和文書簡翻刻注（28）参照。
（37）坪内士行『越しかた九十年』（青蛙房、一九七七年）。
（38）士行の行状についての朝河なりの意見は士行の帰国後も続いており、士行がイギリスで親しくなった女性（マッヂ＝マッグラルト・ホームズ）との間で問題が生じたときにも、自身の把握している情報を細かく逍遙に伝えている（44）。
（39）本書第Ⅱ部和文書簡翻刻注（37）参照。
（40）本書第Ⅱ部和文書簡翻刻注（23）参照。
（41）本書第Ⅱ部和文書簡翻刻注（37）参照。
（42）本書第Ⅱ部和文書簡翻刻注（43）参照。
（43）本書第Ⅱ部和文書簡翻刻注（44）参照。
（44）本書第Ⅱ部和文書簡翻刻注（46）参照。
（45）逍遙は、津田の求めに応じて同書に序文を寄せており、その中で「此著によつて国文学史の研究上に一の新道路が開かれかけたことを祝福する」と高い評価を与えるとともに、市島春城にもその内容を紹介している。前掲注（7）藤原論文参照。
（46）前掲注（7）藤原論文参照。
（47）前掲注（3）参照。
（48）『早稲田大学百五十年史』第一巻第二部第三章「早稲田騒動とその時代」（早稲田大学、二〇二二年）、河野昭昌「早稲田騒動」（『早稲田大学史記要』一三、一九七六年）、早稲田大学大学史編集所編『早稲田大学百年史』第二巻第五編「早稲田騒動」（早稲田大学出版部、一九八一年）、京口元吉『高田早苗伝』早稲田大学、一九六二年、浅川栄次郎・西田長寿『天野為之』実業之日本社、一九五〇年などを参照。
（49）尾崎士郎（一八九八―一九六四）「学校騒動」（『早稲田大学』岩波現代文庫文芸二五一、岩波書店、二〇一五年。初出『別冊文芸春秋』一九五三年三月）。
（50）『早稲田学報』一三七（一九〇六年八月）の「早稲田記事」次年度嘱託講師の項に「英語　ドクトル、オヴ、フイロソフイー　朝河貫一」とある。また早稲田大学図書館に残された当時の事務記録である「要件録」（図書館庶務掛）には「明治三十九年九月十四日　左ノ通リ本部ヨリ通牒（中略）本学年嘱託講師左ノ通リ（中略）実際英語　ドクトル　オフ　フィロ

ソフィー　朝河貫一」とある。

(51)『早稲田学報』一四八（一九〇七年六月）に掲げられた同年五月制定の「早稲田大学定款」によれば教授会は各部の講師から総長・学長により嘱任されることとなっていた。通常任期は三年で第一回教授会は五月十六日に開催され、朝河も出席している。

(52)「早稲田騒動」について逍遙自身がその立場や意見を語った資料としてまとまったものに「自分の観たる我校の紛擾顚末」（「早大紛擾秘史」第六冊のうち。原本は早稲田大学図書館所蔵）がある。河野昭昌「坪内逍遙手稿「自分の観たる我校の紛擾顚末」」（『早稲田大学史記要』一三、一九七六年）に全文が翻刻紹介されている。

(53)本書第Ⅱ部和文書簡翻刻注(49)参照。

(54)前掲注(48)「早稲田騒動とその時代」参照。

(55)朝河の早稲田就職希望と逍遙の尽力については、両者の間で交わされた書簡の内容とともに前掲注(7)甚野・藤原論文参照。

(56)前掲注(7)参照。

(57)大久保利武宛書簡・一九三二年二月十四日、同宛書簡案・同月二一日（いずれも『朝河書簡集』一八一、一八二）。

(58)前掲注(7)甚野・藤原論文、藤原論文参照。

表1　坪内逍遙宛朝河貫一書簡

通番	元番	年月日(西暦)
1	あ	[1894年8月以前]
2	1	[1896年]7月下旬
3	2	1896年8月5日
4	3	[1898年]9月中旬
5	4	1899年3月下旬
6	い	[1899年5月31日]
7	5	1899年11月18日
8	6	1900年8月5日
9	7	1900年9月11日
10	8	1900年12月19日
11	9	1901年5月4日
12	10	1901年6月23日
13	11	1901年11月7日
14	12	1901年12月17日
15	13	1902年3月18日
16	14	1902年3月30日
17	15	1902年7月3日
18	16	1903年4月6日
19	17	[1903年]5月20日
20	18	1903年5月31日
21	19	[1903年]6月15日
22	20	1903年7月29日
23	21	1903年8月2日
24	22	1904年7月23日
25	23	1905年10月5日
26	24	1906年2月27日
27	25	1906年4月12日
28	26	1906年4月16日
29	27	1906年6月30日
30	28	1907年8月21日
31	29	1907年9月16日
32	う	[1907年12月以前]
33	え	[1907年12月以前]
34	30	1908年1月5日
35	31	1908年1月26日
36	32	1908年4月19日
37	お	[1908年6月以前]
38	33	1908年7月26日
39	か	[1908年後半]
40	き	[1909年1月14日]
41	34	1909年8月23日
42	35	1910年1月14日
43	36	1910年7月17日
44	37	1910年9月25日
45	38	1911年3月1日
46	く	[1911年7月頃]
47	39	1911年8月27日
48	**52**	1912年3月12日
49	け	[1913年前半]
50	40	1913年4月27日
51	こ	[1913年6月29日]
52	**65**	1913年12月21日
53	さ	[1915年3月頃]
54	41	1915年8月8日
55	42 **75**	1915年8月26日
56	43	1916年2月17日
57	44 **78**	1916年6月4日
58	45	1917年1月21日
59	46	1917年4月8日
60	47	1917年6月3日
61	し	[1917年7月上旬?]
62	A	[1917年]7月24日
63	48	1917年8月27日
64	49	1917年8月30日
65	50	1917年9月2日
66	51	1917年9月13日
67	52	1917年9月16日
68	す	[1918年3月]
69	53	1918年8月28日
70	54	1919年3月4日
71	55	1919年9月10日
72	56	1919年9月24日
73	57 **102**	1920年6月20日
74	58 **104**	1921年1月13日
75	59 **107**	1921年5月22日
76	せ	[1922年4月頃]
77	60 **116**	1922年8月20日
78	61 **119**	1923年4月15日
79	**121**	1923年8月12日
80	62	1923年9月16日
81	そ	[1924年6月頃]
82	63	1924年7月10日
83	64 **127**	1924年8月25日
84	65	1924年12月6日
85	た	[1925年12月頃]
86	**137**	[1926年8月以前]
87	66	1926年8月22日
88	ち	[1926年年末頃]
89	つ	1927年7月3日
90	て	[1927年11月頃]
91	67	1928年5月19日
92	と	[1928年7月頃]
93	B	1929年1月13日
94	な	[1929年1～2月]
95	C	1929年7月20日
96	に	[1930年3月頃]
97	ぬ	[1930年6月頃]
98	ね	[1930年7､8月頃]
99	D	1931年9月20日
100	の	[1932年1月]
101	は	1932年6月7日
102	ひ	[1933年春頃]
103	ふ	[1933年8月頃]
104	へ	[1934年2,3月頃]
105	68	[発信年月日未詳]

・本表は早稲田大学演劇博物館が所蔵する朝河貫一書簡（坪内逍遙宛）に，『朝河書簡集』収載の坪内逍遙宛書簡を加えたものである．さらに参考として『朝河書簡集』『逍遙書簡集』収載の書簡，「逍遙日記」により存在が推測できるものについても収載した．

・元番は本書第Ⅱ部収載翻刻の番号であり，太字は『朝河書簡集』の番号である．「あ」～「へ」で示した書簡は，現物は確認できていないが『逍遙書簡集』,「逍遙日記」，イェール大学所蔵朝河貫一資料（Asakawa Papers）所収の逍遙書簡により存在が推測できるものである．

・発信の年月日は，書簡本体にある日付とし，記載がない場合は封筒，さらには消印から採用したものがある．いずれにも記載がない場合は［　］でおぎなった．アメリカ→日本では1ヶ月程度，国内であれば数日で届いているので，そこから推測したものもある．

・全体を書簡の発信年月日順とした．

表2　朝河貫一・坪内逍遙の書簡往復状況

通番	発信→受信	年月日(西暦)	内容・備考
あ	朝河→逍遙	[1894年8月以前]	AP1書簡による．東京専門学校得業に向けた論文試験についての質問と思われる．
AP1	逍遙→朝河	[1894年]8月10日	AP所収書簡．得業のための再試験は12月に決定．論文だけなので及第できるはず．試験は高田早苗の容喙によるものではなく，幹事である市島春城の発案．通常の試験だけではない証として，80点以上は製本して「ライブラリー」に収蔵する予定とのこと．「洋行資金不出来」，「我慢して其事成就するまで御注意肝要と存候」．APは1905年とするが，内容から東京専門学校卒業前，渡米に向けた準備期間のものと推定した．
1	朝河→逍遙	[1896年]7月下旬	渡米後の研究活動について．ゲーテとトルストイを比較．書簡2に「マイステル」から「ファウスト」に取りかかる旨記載があり，横井時雄帰国の記事があるので，発信年は1896年と考えられる．
2	朝河→逍遙	1896年8月5日	『早稲田文学』はとりわけ「彙報欄」に注目．「ファウスト」読解中．「独逸語だけも（少くとも）御研究被遊候様御祈申上候」．
3	朝河→逍遙	[1898年]9月中旬	ハーヴァード大学大学院への給費生としての入学を希望．願書記載のため「東京専門学校」他の英文表記を確認．東西の歴史観の違いや自らの将来について．東京専門学校の史学科設置に言及しているので，1898年とした．
AP2	逍遙→朝河	[1896年10月]25日	AP所収書簡．朝河書簡1，2への返信．綱島梁川は結核治療のため逗子で療養．先月から五十嵐力が綱島に代わって『早稲田文学』に入社．「マイステルの評全く同感」，「アンナカレンナ」は筋は知っているが読んだことがないので何とも言えない．五十嵐の早稲田文学入社時期や内容から年月を推定，APは1899年の徳富蘇峰書簡とするが，内容から逍遙書簡と判断．
*	逍遙→朝河	1899年2月28日	葉書。朝河書簡4に記載あり。
4	朝河→逍遙	1899年3月下旬	日本の封建制度の論文執筆中．ダートマス大学卒業後は「他の立派なる学校」の「給費生となる」ことを希望．さらに将来の希望として東京専門学校への就職について言及している．
い	朝河→逍遙	[1899年5月31日]	AP3書簡にあり．
AP3	逍遙→朝河	[1899年7月7日]	AP所収書簡．日付はAPの書入と内容による．「去五月末日御認メ芳墨拝見」．御相談の件は「断然御承諾，全力を傾けて担当あらんこと尤も願はしき義」，「タッカー先生の如き先輩の引立あるこそ何よりの幸ひ，奮つて其の事に当られたく候」．帰国して日本のために尽くしてほしいとも思うが「内外の間に立ちて」働くことも重要，とする．米国で研究・教育を続けるようタッカーから提案されたことについて，朝河から相談されたことへの回答．
5	朝河→逍遙	1899年11月18日	大西祝の病気による帰国を惜しみ，健康の大事さとそのための体育の重要性を力説．欧米の人間教育のありかたを述べ，「私の独りの語」として「control one's own mindの句」を挙げている．イェール在学の他の日本人学生の様子を批判．
6	朝河→逍遙	1900年8月5日	英文書簡
7	朝河→逍遙	1900年9月11日	英文書簡

通番	発信→受信	年月日(西暦)	内容・備考
AP4	逍遙→朝河	[1900年]10月11日	AP所収書簡.「大西祝氏の病気の事は御承知には如何，同君帰朝の早まりしは病気ゆゑなり」「過日渋谷劉氏なくなりしは御存じか」. これらは1899年のことだが，金子筑水のドイツ留学，五十嵐力の東京専門学校講師嘱任にも触れているので1900年と判断.
8	朝河→逍遙	1900年12月19日	英文書簡
9	朝河→逍遙	1901年5月4日	英文書簡
10	朝河→逍遙	1901年6月23日	英文書簡
11	朝河→逍遙	1901年11月7日	英文書簡
12	朝河→逍遙	1901年12月17日	英文書簡
13	朝河→逍遙	1902年3月18日	英文書簡
14	朝河→逍遙	1902年3月30日	英文書簡
15	朝河→逍遙	1902年7月3日	英文書簡
16	朝河→逍遙	1903年4月6日	先に送った書簡15で相談した出版費用の件の返事を待つ. さらに近況を報告.
17	朝河→逍遙	[1903年]5月20日	村田勤に『大化改新』原稿を託し逍遙のもとへ届ける. 出版社・広告料・出版費用・印刷など，出版にかかる計画を示す. 書簡16・18との関連で1903年とした.
18	朝河→逍遙	1903年5月31日	村田勤への原稿付託など，書簡17に通じる内容を葉書で端的に示す. ほかに『大日本古文書』『大日本史料』到着報告など.
19	朝河→逍遙	[1903年]6月15日	村田に託した原稿は届いたかという確認. 朝河肖像写真2葉同封，逍遙の写真を希望. 封筒が無く年次を欠くが，書簡16〜18の内容から同じく1903年とした.
20	朝河→逍遙	1903年7月29日	英文書簡
*	逍遙→朝河	[1903年7月8日]	朝河書簡21に記載あり. 逍遙自身の体調不良のことに加え，『大化改新』印刷の日程・費用・売価などについて.
21	朝河→逍遙	1903年8月2日	7月8日書簡拝受.『大日本史料』12（4）落手. 印刷費の類は出版部長へ. 売価は1円50銭に. その他出版に関する詳細をあらためて確認.
*	逍遙→朝河	[1904年6月19日]	朝河書簡22に記載あり.
*	逍遙→朝河	[1904年7月25日]	朝河書簡22に記載あり.「逍遙日記」同月23日条に朝河へ返書のこと記載あり，同一か.
22	朝河→逍遙	1904年7月23日	6月19日書簡，25日葉書拝見.『史籍集覧』『群書類従』など，史料刊本の送本について各種依頼. 日露戦争に関する著書出版の意向.
23	朝河→逍遙	1905年10月5日	来年2月頃に帰国の予定. 日本研究の海外への発信に便があれば「永く日本に留まるも辞せず」，でなければ「日本よりも広き天地ニ立ちて静ニ日本を研究したく候」.
24	朝河→逍遙	1906年2月27日	これ以後第1回帰国中の書簡. いずれも墨書，継紙を使用. 郷里での親類その他による歓待について.「今度の事業ハ父快く承認」とは，各地からの書籍収集などの活動を指すか.

通番	発信→受信	年月日(西暦)	内容・備考
25	朝河→逍遙	1906年4月12日	書籍収集計画について高田早苗と懇談，賛意を得る．日本政府へも米国公使館経由で働きかけを行う．
26	朝河→逍遙	1906年4月16日	村井勇太郎の人柄と留学先の神学校選定について．「実物採集」について高田の助勢をあらためて乞う．『逍遙書簡集』35参照．ただし『逍遙書簡集』では1917〜19年と推定するが，内容から1906年の誤りであろう．
35	逍遙→朝河	※1906年6月14日	高田との話し合いの結果を聞いた．学校が尽力してくれるのが望ましい．「書籍にて交換の件，成程けっこうさうにも候，尚可考候」．村井勇太郎渡米につき，NYあたりの知人に紹介してくれないか．朝河書簡26の内容から判断し変更。
27	朝河→逍遙	1906年6月30日	『逍遙書簡集』35への返信．村井君の人物について．今回の訪問についてイェール大学より帝国大学に「正式の交渉書」持参，帝国大学からも正式な返書を乞う．そうでなければ「文明国大学間の礼儀を蹂躙するコトとならん」．
1	逍遙→朝河	1907年8月14日	無事米国帰着を祝す．
28	朝河→逍遙	1907年8月21日	帰米報告．
29	朝河→逍遙	1907年9月16日	『逍遙書簡集』1の返信．帰米前に挨拶できず残念．滞日中の厚情に感謝．9月14日に結婚した．本件については滞日中は父の命により誰にも言わなかった（新婚旅行の新聞切抜同封）．
2	逍遙→朝河	1907年9月20日	綱島梁川訃報．
3	逍遙→朝河	1907年11月18日	結婚祝．早稲田は25周年でお祭り騒ぎ．
う	朝河→逍遙	［1907年12月以前］	逍遙にシェークスピア関連書籍を送付（『逍遙書簡集』4，1907年12月5日「過日はシエークスピヤに関する珍しき刊行物沢山御贈付厚く御礼申上候」による）．
え	朝河→逍遙	［1907年12月以前］	欧米の対日感情についての意見を送付したか（『逍遙書簡集』5，1908年1月2日「縷々御紙面拝見，御注意忝く候」）．
4	逍遙→朝河	1907年12月5日	シェークスピア関連刊行物恵贈御礼．こちらでできることがあったら言ってくれ．
5	逍遙→朝河	1908年1月2日	年賀状「縷々御紙面拝見，御注意忝く候」「日本に対する外国感情の反動もおひおひ著く」なっている．
30	朝河→逍遙	1908年1月5日	12月5日書簡（『逍遙書簡集』4「何か此方へご注文はなく候哉」）への返信．送付希望の書籍・雑誌について．ニューヨークの校友会のこと．
31	朝河→逍遙	1908年1月26日	年賀状への返信．ニューヨーク校友会のこと．黒板勝美来訪予定，姉崎正治来訪．
32	朝河→逍遙	1908年4月19日	黒板勝美来訪．『実業之日本』掲載文のこと（同誌11巻6号〈同年3月刊〉に朝河の「米国の大学に留学せんとする青年に告ぐ」と題する一文が掲載されている）．米国社会の日本に対する態度について．
お	朝河→逍遙	［1908年6月以前］	著作掲載誌の送付（『逍遙書簡集』6による）．

通番	発信→受信	年月日(西暦)	内容・備考
6	逍遙→朝河	1908年6月27日	早稲田大学第二期計画の基金募集の件．日本国内の文学風潮．
33	朝河→逍遙	1908年7月26日	『逍遙書簡集』6への返信．早大第二期計画と高田早苗の学校経営に対する感想．満洲問題について英文で研究発表．さらに邦文でも原稿執筆，日本での発表を希望．高田と相談を乞う（のち『日本之禍機』となる）．
7	逍遙→朝河	1908年9月12日	7月26日書面拝見．日本についての著述は『太陽』か新聞掲載がいいのではないか．日本文学について近時流行の書を3部送る．二葉亭は少し古い，花袋・白鳥（校友）この二人は「up to date」している．漱石が一方の旗頭である．
か	朝河→逍遙	[1908年後半]	『逍遙書簡集』8（1909年1月1日）に「「日本之危機」御封入の一信正に入手」とあり，年末までに原稿を送付したことがわかる．
8	逍遙→朝河	1909年1月1日	「日本之危機」（原稿）封入の一信入手．出版に尽力を約束．高田学長にも相談する．
き	朝河→逍遙	[1909年1月14日]	『逍遙書簡集』10（1909年3月3日）に「一月十四日出之御書面拝見」とあり．
9	逍遙→朝河	1909年2月11日	版元について逍遙は早大出版部を候補とするも，高田の勧めで(販売を考慮)，実業之日本社（増田義一）へ変更．増田から「危機」という書名はちょっと穏やかならず，自分（逍遙）もそう思う(のちに「禍機」に変更)．
10	逍遙→朝河	1909年3月3日	息子（士行）が渡米中に訪問すると思うのでよろしく．何かあったら連絡してほしい．国書刊行会第二期開始．目録送る．
11	逍遙→朝河	1909年5月25日	「危機」は増田の異議をいれ「禍機」とした．事後承諾ですまない．「逍遙日記」同日条に「朝河へ「日本の禍機」出版の事報ず」とあり．
34	朝河→逍遙	1909年8月23日	『日本之禍機』15部到着，「厚情拝謝」．クラーク大学創立20周年記念講演会に参加，パンフレット同封．
*	逍遙→朝河	[1910年3月3日]	「逍遙日記」同日条に「士行，朝河へ返書」とあり．
12	逍遙→朝河	1909年10月25日	士行留学中は世話になると思うがよろしく．『日本之禍機』の国内評判はさまざま．
35	朝河→逍遙	1910年1月14日	士行より来書，無事に到着したのは何より．ニューヨーク・シカゴで欧米の研究者と交流し刺激を受けた．
13	逍遙→朝河	1910年1月	年賀状．
36	朝河→逍遙	1910年7月17日	早稲田の件．①文科・宗教科の件，②校友会と『早稲田学報』の在り方について．イェール大学で助教授に昇任．イェール大学教員の給与，昇任手続に関する詳細．
37	朝河→逍遙	1910年9月25日	士行が朝河宅に宿泊，ニューヨークへ．士行との連名．
14	逍遙→朝河	1910年10月18日	書簡36への返信．祖国のための尽力喜ばしい．早大第二期計画の進捗状況．ロミオとジュリエットの翻訳（『沙翁傑作集』第2編，早大出版部）を送る．

通番	発信→受信	年月日(西暦)	内容・備考
54	逍遙→朝河	※[1910年頃か]	日本文明に関する研鑽進捗と拝察「(Village Sovereign）の御論正に落掌，精到なる御調敬服之至ニ候」．論文の内容と「かるた取」絵葉書から推測（13＝1910年1月の年賀状で「かるた会」絵葉書使用．一連のものか）．
15	逍遙→朝河	1911年1月25日	士行がいろいろ面倒をかけて申し訳ない．NYに移ったみたいだが，いい下宿がないと言ったきり，連絡が途切れている．
38	朝河→逍遙	1911年3月1日	逍遙よりしばしば来信あるも，無沙汰を詫びる．士行の現況について報告．
16	逍遙→朝河	1911年4月2日	書簡拝見．士行のこと，迷惑をかけてすまない，よく叱ってほしい．「オセロー」(『沙翁傑作集』第3編）を送る．
く	朝河→逍遙	[1911年7月頃]	『逍遙書簡集』16に対する返信．
17	逍遙→朝河	1911年7月31日	士行の件配慮感謝．「Village Government」研究受領．金子（筑水〈馬治〉）は早大文科長，嶋村は図書館長候補に決定．ゆくゆく2氏は科長を交代予定．
39	朝河→逍遙	1911年8月27日	『逍遙書簡集』7への返信．「去月私少しく病気候」(5月に腸チフスとなり9月まで保養所暮らし，「書簡集年譜」より)．士行のこと．早稲田大学改良についての私見を具体的詳細に記述．
18	逍遙→朝河	1911年10月13日	「早稲田大学に関する御忠言如何にも剴切」．高田・金子にも伝える．高田はこのごろ体調不良．文芸協会の事業はまだ言う程の発展はない．
19	逍遙→朝河	※1912年1月	『新日本』を今年から送る．重複したら連絡してほしい．Nation受領と『新日本』送付の年次から判断．
52	朝河→逍遙	1912年3月12日	『朝河書簡集』52収録．現今の満洲問題など近時の政治事情と，自身の研究スタイルについて．
20	逍遙→朝河	1912年8月21日	雑誌「ネーション」寄贈感謝．新著小冊子を昨日入手．ファウストの日本語訳について．「逍遙日記」同日条にあり．
け	朝河→逍遙	[1913年前半]	『逍遙書簡集』21に「御書面拝見いたし候」とあり．この年前半に出したものか．逍遙書簡に『ファウスト』の日本語訳について「未だ一冊も信頼すべき立派な訳書はあらず候」とする．
291	逍遙→朝河	[1913年3月12日]	夫人死去につき，哀悼の意を表す．4月に朝河から返信しているので（書簡40)，3月の発信とした（B-117-2)．
21	逍遙→朝河	1913年4月11日	高橋五郎訳「ファウスト」(第1部のみ)，生硬な役で文学的価値は低い．「ファウスト物語」(新渡戸)，一高生用の概説書．鷗外訳が出版予定．早稲田大学は依然たるありさま，「学風といふ点は何とも申しかね候」．
40	朝河→逍遙	1913年4月27日	死亡した妻ミリアムへの追悼拝謝．最難関の第二期助教授となる(書簡36参照)．前大統領タフト，教授となるも「教授としてハ存外冷淡」．

通番	発信→受信	年月日(西暦)	内容・備考
こ	朝河→逍遙	[1913年6月29日]	『逍遙書簡集』22に「六月廿九日付御書面拝見いたし候」とあり.「ネーション（The Nation)」, Poet Loveなどの送付への礼があるのでそれを送ったのだろう.『逍遙書簡集』22では文芸協会解散，再興に触れている.
22	逍遙→朝河	1913年7月27日	書面（6月29日）拝見.「ネーション」寄贈感謝. 早大は延期していた30周年式典挙行の準備中，高田・市島は忙しそう. 文芸協会に関するgossipは見当違いだが紛紜なきにあらず.
23	逍遙→朝河	1913年12月20日	年賀状.「ネーション」毎号感謝. 本年中に高田が渡欧米，何かとよろしく.
65	朝河→逍遙	1913年12月21日	『朝河書簡集』65収録. 早稲田の学科編成について.『逍遙書簡集』24に「昨年末以来屢々御細書且つ引続きThe Nationを御贈与」とあり.
24	逍遙→朝河	1914年5月15日	Nation寄贈感謝. 洋行中の高田がいずれそちらへも行くので日本の政治情勢などを直接聞いてくれ. 自分は今年限りで教授を辞し，著作に集中する予定.「逍遙日記」同日条にあり.
25	逍遙→朝河	1914年12月27日	Nation寄贈感謝. 高田訪問に際しては「懇篤の御案内」「同氏大満足」. 相変わらず「日本法制史の御研究御発表御精励敬服之至」. 小生病気全快.
26	逍遙→朝河	1915年1月24日	早大図書館員毛利宮彦の渡米について. 毛利は若いが「勤勉にして真面目」「行々は館長市島氏の主なる輔弼となるべき仁」. 短期留学だが，いい形で勉強させてやってくれ.
27	逍遙→朝河	1915年1月29日	士行の件で迷惑をかけたことへの謝罪と士行の近況.
さ	朝河→逍遙	[1915年3月頃]	『逍遙書簡集』26への対応.「逍遙日記」同年4月16日条「朝河よりLibraryに関する件くはしく知らせが来る，夜大造に托して毛利に渡す」，4月18日「毛利来訪，朝河来書の件」. 毛利は5月18日に渡米.
28	逍遙→朝河	1915年4月29日	毛利の件で懇切な返書感謝. 当人に回送，大喜び. 士行の件もかたじけなし.
41	朝河→逍遙	1915年8月8日	伊仏英調査旅行途上からの絵葉書.
42 75	朝河→逍遙	1915年8月26日	『早稲田学報』249号掲載,『朝河貫一書簡集』75収録. 掲載に関し『逍遙書簡集』29に逍遙の事後承諾の一文あり. 今回の渡欧は「交戦中の諸国民の特質及文化的素養の如何を観察」するためで「危険を冒して来りし効果あり」.
29	逍遙→朝河	1916年1月9日	欧州旅行について. 特にイタリア観察は詳細，有益.「小生独り拝見して埋没も残惜しさに，早稲田学報に掲載を許し候」. 毛利の件への謝意.
43	朝河→逍遙	1916年2月17日	『逍遙書簡集』29への返信. 沙翁関連の情報，イェール大学エリザベザン倶楽部所蔵資料について. 同大所蔵ゲーテ資料のこと. 欧州旅行の成果. 第一次大戦における日本の態度について.「逍遙日記」同年3月21日条に「米国の毛利及朝河より来書」とあり.

通番	発信→受信	年月日(西暦)	内容・備考
*	逍遙→朝河	[1916年5月6日]	書簡44より.「逍遙日記」では同月5日条に「朝河，毛利へ返書」とあり.
44 78	朝河→逍遙	1916年6月4日	『朝河貫一書簡集』78収録. 士行，毛利の件.「大隈伯ハ局ニ当つて見れバ，左程の政治家とも見へず」と厳しい指摘. ほか日本の対外政策を批判. 自身の法制史研究と第二回帰国予定について.
30	逍遙→朝河	1917年1月5日	第二回帰国日程について問い合わせ. いつも雑誌を送ってくれるのでそのお礼に『絵入文庫』第一期を送る.『新日本』は送付を中止.「逍遙日記」同日条にあり.
45	朝河→逍遙	1917年1月21日	『絵入文庫』1-14寄贈への謝辞. 6月からの帰国について.「欧洲戦争ハ」「日本の前途と離れぬ関係あり」.「逍遙日記」2月18日条に「朝河より来書」とあり.
46	朝河→逍遙	1917年4月8日	『逍遙書簡集』30の返信が遅れたことへの謝罪.『絵入文庫』送付拝謝. 7月帰国. 今回は史料編纂掛，帝大図書館の調査を中心に. 久米邦武・吉田東伍との面談を希望. 滞日中の住居に関する相談.
31	逍遙→朝河	1917年5月5日	4月8日付書簡拝見. 帰国日程了解. 住居に関する詳細を知りたい.「逍遙日記」同日条に「朝河，片上，吉江へ返信，「役ノ行者」と「孤城落月」を贈る」とあり.
47	朝河→逍遙	1917年6月3日	『逍遙書簡集』31の返信.『沓手鳥孤城落月』『役行者』恵送御礼，早速『落月』を拝読，『役行者』も読むつもり. 帰国時の住居についての希望.
し	朝河→逍遙	[1917年7月上旬?]	『逍遙書簡集』32に「再応之御書面之趣それぞれ御尤之儀」とあることによる. 朝河は7月5日横浜に到着，早々に早稲田騒動についての提言をしたか.
32	逍遙→朝河	1917年7月17日	「再応之御書面之趣それぞれ御尤之儀，まことに一言もなき吾々の不敏不徳に愧入申候」，ただ事情は新聞紙上にあるのとはちょっと違う.「教授団の宣言も強ち非難すべからざる深き理由有之候」，詳細は会ったときに話す.
A	朝河→逍遙	[1917年]7月24日	白井の別荘は快適.「小右記」や「香取文書纂」，さらには津田左右吉の著書を読む.「着眼の新らしきは喜ばしく存候，只訓練を欠ける独学者の弊到る処ニ見へ候は惜むべく候，猶第二巻も持参候間玩読可仕候」.
33	逍遙→朝河	1917年8月8日	早稲田騒動について新聞記事には「妙な色が付き居候故，真相には候はぬ」「大学事件今尚未解決」「形勢甚だ妙ならず」「小生も過般辞表を呈せざるを得ざる仕宜となり」「此際高田天野二氏共引退勿論と存候」.
48	朝河→逍遙	1917年8月27日	朝河貫一「欧州戦争の意義は何ぞ」(1〜3)『福音新聞』1154〜1156号（大正6年8月9日・16日・23日）掲載分切抜のみ.
49	朝河→逍遙	1917年8月30日	逍遙からの書簡（日付なし）への謝辞. 早稲田騒動も一応決着か？　今後の対応について提言.「此度の争ハ却つて雨降つて地固まるの例と存候」. 士行夫妻のこと.

通番	発信→受信	年月日(西暦)	内容・備考
50	朝河→逍遙	1917年9月2日	士行夫妻について「御措置ニつきては善意的にも他人の申すべきコトにあらず」. 早稲田騒動について大学からの「弁明の小冊子」着.「最後の宣明書ハ理屈はよろしきも文句好ましからず」.
34	逍遙→朝河	1917年9月3日	再応の懇書ありがたく受領. 帰京したときに直接会って話す.「大学之紜糾まだ安定とは参りがたかるべく候」「始末書は多忙之間起草印刷, 小生は無論其局ニは当らず, 強ひて其前部三分の二だけゲラ」をとりよせ不穏当な文言を修正した.
51	朝河→逍遙	1917年9月13日	10日に帰京. 早稲田騒動についての私見. 学外者の登用を提案.
52	朝河→逍遙	1917年9月16日	早稲田騒動についての私見と今後の対応.「学校のコトは憂慮すべきコトのみ生じ, 痛嘆罷在候」,「日本教育界の恥と存候」「六人理事制度（又ハ之と大差なきもの）を行ひ通すコト, 即ち今日の材料ニよりて最前の改新を行ふコト」.
36	逍遙→朝河	1918年3月11日	体調が万全ではないが, 寝込むことはない.「義時之死」を脱稿した（「義時之最期」『中央公論』5月1日発表）.
す	朝河→逍遙	［1918年3月］	『逍遙書簡集』36（1918年3月11日）「芳墨拝見致候, 此方よりこそおわび申すべき大御無沙汰」. 同月発信であろう.
53	朝河→逍遙	1918年8月28日	秋の古文書調査予定. 東大寺, 醍醐三宝院, 高野山, 紀伊熊野, 東大寺再訪, 京都帝大, 伊勢神宮.「古き日本紙を繙くは如何ニも柔き仕事ニて, 割合ニ疲れざるものと見え候」.
54	朝河→逍遙	1919年3月4日	久々に対面. 藤沢附近の史料踏査は極めて有益.「逍遙日記」3月5日条に朝河から「礼状来」とあり.
55	朝河→逍遙	1919年9月10日	帰米前の暇乞い. 直接会って挨拶したかったが果たせず. ただし「逍遙日記」9月11日条に「朝河より, 告別ニ来り得ざる由断り来る, 夜に入りて一日延びたりとて告別ニ来訪」とあり, 実際には訪問したことがわかる.
56	朝河→逍遙	1919年9月24日	帰米途上, あふりか丸の船上からの挨拶. 26日頃シアトル着予定. 船上の日本人客は無作法. J. Booth の新聞記事同封.『逍遙書簡集』41（1919年10月21日）に本書簡に対する返書あり.
41	逍遙→朝河	※1919年10月21日	「あふりか丸よりの芳書正ニ入手」, 無事着米祝賀. NY の三菱に呉文炳というのがいるが, 文聡の息子. 日付はあふりか丸乗船時期から判断し変更.
37	逍遙→朝河	1920年1月1日	帰米後の様子と自身の近況.「逍遙日記」1919年12月31日条に年賀状発信の記事あり.
57 102	朝河→逍遙	1920年6月20日	『朝河貫一書簡集』102収録. 逍遙の養女国子の結婚を祝う. 法制史研究は長時間を必要とするが効果は少量. 現在は薩州入来院文書の代表的なものを訳述中. 早稲田とりわけ文科について. 早大就職を希望する.「逍遙日記」7月24日条に朝河他から消息ありとする.
38	逍遙→朝河	1920年6月30日	著書送付について. 早稲田大学と朝河学友の近況.「逍遙日記」同日条にあり. 同月28日条日記に朝河に「「豊国」及び As You Like It を送る」とある.

通番	発信→受信	年月日(西暦)	内容・備考
58 104	朝河→逍遙	1921年1月13日	『朝河書簡集』104収録，ただし一部文章に相違，省略がある．6月20日書簡の追伸．井芹経平（済々中学校長）宛書簡（『朝河書簡集』103）を引用．自身の言葉としては早稲田就職を熱望．『朝河書簡集』は同年7月頃とするが，本書簡により正確な日付が確認できた．なお『朝河書簡集』注によれば本書簡の内容は自筆日記の1921年2月あたりに綴じ込まれている．
*	逍遙→朝河	1921年1月19日	「逍遙日記」に「朝河へ返書」とあり．
39	逍遙→朝河	1921年4月15日	早大就職についての返信．早大の現状を詳細に説明し，朝河の早大就職が困難であることを述べる．「逍遙日記」同日条に「朝河へ返書を送る」とある．
59 107	朝河→逍遙	1921年5月22日	『朝河書簡集』107収録．『朝河書簡集』は自筆日記により5月15日とし，大意は変わらないが文章に省略がある．『逍遙書簡集』39への返信．早稲田就職について尽力への謝意と自身が担当可能な内容について．「逍遙日記」6月16日に「朝河ヨリ来書」とあり．
*	逍遙→朝河	1921年12月31日	「逍遙日記」同日条に朝河へ年賀状送付の記事あり．
せ	朝河→逍遙	［1922年4月頃］	「逍遙日記」5月23日条に朝河より来信の記事あり．4月頃送付か．
40	逍遙→朝河	1922年5月22日	「Literary Supplement」送付お礼と大隈没後の近況．近刊2種送付．「逍遙日記」5月23日条に「朝河へ新浦島とページェントとを贈る」とあり，さらに朝河からの書簡（60）から送付書名が確認できる．
60 116	朝河→逍遙	1922年8月20日	『朝河書簡集』116に収録．『逍遙書簡集』40の返信．手紙と著書拝受『わがページェント劇』（国本社，1921年），『長生新浦島』（実業之日本社，1922年）．米国演劇事情．早大就職について重ねて希望を述べる．
61 119	朝河→逍遙	1923年4月15日	『朝河貫一書簡集』119に一部省略して収録．2月5日書簡（「逍遙日記」同日条）への返信．早稲田就職不可への落胆と逍遙の尽力への謝意．そのうえでさらに早稲田就職への強い意志を示す．
121	朝河→逍遙	1923年8月12日	『朝河書簡集』121収録．6月末の書簡への返信（「逍遙日記」6月17日条に「此頃，朝河へ通信？」とあり）．早稲田で就職する場合の待遇について．古文書ではなく法制史であれば刊行書での授業が可能．
62	朝河→逍遙	1923年9月16日	関東大震災への見舞．「此度の日本の災難ハ深き同情を当国ニて刺戟致候」．アメリカでは早々に募金が始まっている．ニューヨークでは1時間で100万ドル，2,3日で200万に達す．「逍遙日記」10月12日条に「米の朝河より見舞状来」とあり．
292	逍遙→朝河	1923年10月6日	震災の被害状況について．当方は無事．早大の被害額は200万円ほどか（B-117-3）．「逍遙日記」の10月7日条に「朝河と桑港の上山へ書信」とあり．

通番	発信→受信	年月日(西暦)	内容・備考
そ	朝河→逍遙	[1924年6月頃]	「逍遙日記」同日条に「朝河より Literary Review 久しぶりにて送り越す」とあり．さらに同月10日に「朝河より Literary Review を陸続送り越す，昨年来より溜りをりしものらし」とあり．書簡同封か不明．
63	朝河→逍遙	1924年7月10日	北イタリア，南仏見学旅行の船中，ナポリからの手紙．フランス封建制度史に関する講座について．「逍遙日記」8月23日条に「七月十日附にて朝河欧州への航海中より一信，予の手紙と行違ひたる也」とあり．
293	逍遙→朝河	1924年7月15日	日米間国交円満を欠く．金子は元気恢復．片上は金子の後任として文科長となったが，辞してロシヤへ．早大の事情．帰朝の意志はあるか（B-117-4).「逍遙日記」同日条に「朝河へ一書」とあり．
64 127	朝河→逍遙	1924年8月25日	『朝河書簡集』127に早大関連部分を収録（8月24日とする）．同年7月15日逍遙書簡（『逍遙書簡集』になし）に対するイタリア滞在中の返信．米国の排日法について，米国議会と一般市民の意識の違いを解説．さらに早大就職について尽力感謝，自分の希望は変わらないとする．
65	朝河→逍遙	1924年12月6日	イタリア旅行後の近況．寄贈された逍遙訳沙翁劇本はすべて大学図書館に収蔵している．別紙として収蔵済の書籍リストを同封．
*	逍遙→朝河	1925年1月11日	「逍遙日記」同日条に「諸方へ返書」「朝河などへ」とあり．
た	朝河→逍遙	[1925年12月頃]	『逍遙書簡集』42（1926年1月16日）に「新年のお消息入掌」とあり．発信は年末であろう．
42	逍遙→朝河	1926年1月16日	賀状拝受．Shakespeare 研究の近況．早稲田の文科の近況「逍遙日記」同日条にあり．
137	朝河→逍遙	[1926年8月以前]	『朝河書簡集』137収録，『早稲田学報』378収載．先月受信の書簡に対する返信．「比較の眼を以て欧洲中世法制を研究する時は随処に独創の貢献を為し得」る．
66	朝河→逍遙	1926年8月22日	イェール大学演劇学科の近況．自身の夏季休暇中の研究内容と近年の教育の成果について．『逍遙書簡集』43「去八月廿二日お認めの貴墨拝見いたし候」．
43	逍遙→朝河	1926年10月4日	「八月廿二日お認めの貴墨拝見」．朝河の研究について．震災後の自身と早大の近況．「逍遙日記」同日条に「絵葉書を送る」とあり．
ち	朝河→逍遙	[1926年年末頃]	『逍遙書簡集』44（1927年1月15日）「お葉書幷ニ Antonie 劇場に関する新著お送りにあづかりありがたく候」とあり．
44	逍遙→朝河	1927年1月15日	「お葉書幷ニ Antonie 劇場に関する新著」送付御礼．今年は諒闇ということで，新年になっても都鄙ともに不景気．
つ	朝河→逍遙	1927年7月3日	『逍遙書簡集』45（1927年8月1日）「七月三日付の御書面によりてますます御壮栄の近状委曲承り安心欣賀」
45	逍遙→朝河	1927年8月1日	7月3日付書簡への返信．自身と早稲田の近況．

通番	発信→受信	年月日(西暦)	内容・備考
て	朝河→逍遙	[1927年11月頃]	『逍遙書簡集』47に「例の如く多くのキリヌキ御封入下され候華墨拝見いたし候」とあり．この頃発信か．
46	逍遙→朝河	1927年12月23日	たびたびの来信への謝意．早大演劇博物館への寄付に対し感謝．「逍遙日記」同日条にあり．
47	逍遙→朝河	1927年12月25日	近時の地震について．熱海としては「去十二年度のよりも強震，被害多き方に候」．
*	逍遙→朝河	1928年3月25日	「逍遙日記」同月26日条「昨日，上山草人，朝河貫一へ最終講演の写真を贈る」とあり．
67	朝河→逍遙	1928年5月19日	シェークスピア翻訳，最終講義写真受領．自身は大学の試験や論文閲読などの仕事が多く，「夏の休のみが自分の研究及び著作をなし得る時ニ候」．
と	朝河→逍遙	[1928年7月頃]	「逍遙日記」8月11日条に「朝河より来信」とあり．この頃発信か．
*	逍遙→朝河	1928年11月8日	「逍遙日記」同日条に「朝河へ返書」とあり．
*	逍遙→朝河	1928年11月23日	「逍遙日記」同日条に「エールの朝河へ verplanck の事を聞きにやる」とあり．
B	朝河→逍遙	1929年1月13日	沙翁研究栞受領．ブースのベーコン論について，いずれ関連書籍を送る．
な	朝河→逍遙	[1929年1～2月]	この頃，ブースの著作を送付．『逍遙書簡集』48による．
48	逍遙→朝河	1929年3月3日	ブース著作送付への礼状．一読後，演劇博物館に寄贈する．「逍遙日記」同日条にあり．
C	朝河→逍遙	1929年7月20日	『逍遙書簡集』48の返書．先に送ったブース著作は彼の主著ではない．『入来文書』出版報告．「先度早稲田大学の図書館に一部呈上」(同館に朝河寄贈本現存)．「逍遙日記」8月11日条に「朝河より一信，エールの朝河より信書」とあり．
294	逍遙→朝河	1929年9月1日	震災から7年，最近の消息（B-117-5)．「逍遙日記」同日条に「朝河へ返書，「良寛と子守」再版「研究栞」送る」とあり．
49	逍遙→朝河	1929年12月23日	2著拝受．Chewey の今回のものは「簡潔に要を摘みて集大成したるもの」．いい意味でアメリカ流で「調法なる好著」．隠居生活の句5句収載．「逍遙日記」同日条にあり．
に	朝河→逍遙	[1930年3月頃]	「逍遙日記」4月5日条に「朝河より感化を得たり云々の懇信」とあり．
ぬ	朝河→逍遙	[1930年6月頃]	「逍遙日記」7月12日条に「朝河より信書」とあり．
*	逍遙→朝河	1930年7月14日	「逍遙日記」同日条に「エールの朝河へ返書」とあり．
ね	朝河→逍遙	[1930年7,8月頃]	『逍遙書簡集』53にブース著書受領の礼状．これは前年3月に逍遙のもとに届いたものとは別で，おそらく後追いで送った「大著」のほうであろう（“Some acrostic signatures on Francis Bacon”)．演劇博物館に逍遙から1930年10月に寄贈されている．

通番	発信→受信	年月日(西暦)	内容・備考
53	逍遙→朝河	※1930年9月6日	「Both《(ママ)》氏の著ありがたく頂戴いたし候」．書簡集では「年未詳」とするが，ブース著作寄贈時期から判断．
*	逍遙→朝河	1930年10月27日	「逍遙日記」同日条に「朝河へ返書」とあり．
*	逍遙→朝河	1930年12月25日	「逍遙日記」同日条に「朝河へ返信，辞書支払済の件」とあり．
D	朝河→逍遙	1931年9月20日	研究の近況．1つが日本中世武士の生活と司法の根本についての原史料による研究．もう1つは欧洲法制史に関するもの．フランク時代の王権を立法権の視点から検討，既存の諸学者の意見と対比する．学校の近況を聞かせてくれて感謝．
の	朝河→逍遙	[1932年1月]	「逍遙日記」2月3日条に「朝河より日本対支態度を難じたる書来る」とあり．さらに『逍遙書簡集』50「本年一月の芳翰に対して御返事と念じつつ何かと目前の事にかまけて延引然る処へ当六月七日付の御信書恐縮々々，おそろしく失礼いたし候」
は	朝河→逍遙	1932年6月7日	『逍遙書簡集』50「本年一月の芳翰に対して御返事と念じつつ何かと目前の事にかまけて延引然る処へ当六月七日付の御信書恐縮々々，おそろしく失礼いたし候」．「逍遙日記」6月25日条に「アメリカの朝河より信書」とあり．
50	逍遙→朝河	1932年7月1日	1月6月の書簡への返書．課題の多い日本の国情について．「逍遙日記」同日条にあり．
ひ	朝河→逍遙	[1933年春頃]	『逍遙書簡集』51（1933年6月28日）「再度の御書面に対してとうに御返事申入るべく存じ候」．
51	逍遙→朝河	1933年6月28日	沙翁全集の廉価版を送るので図書館に入れてくれ．「逍遙日記」同日条に「柿の蔕十部とゞく」「朝河へ送る」「朝河へ写真を入れて返信す」とあり．
ふ	朝河→逍遙	[1933年8月頃]	『逍遙書簡集』52「先般は御写真と共に御懇書ありがたくいただき候」とあり．
52	逍遙→朝河	1933年9月25日	写真と書簡への礼状．新沙翁全集第1回分送付．「逍遙日記」9月24日条に「中央公論より第一回配本とゞく，五部，朝河，大賀，武岡，會津，生田へ分配す」とあり．
*	逍遙→朝河	1933年11月1日	「逍遙日記」同日条に新修沙翁集（ロミオ　十二夜）送付の事あり．
*	逍遙→朝河	1933年12月25日	「逍遙日記」同日条に第4回配本分送付の事あり．
*	逍遙→朝河	1934年2月3日	「逍遙日記」同日条に第5回配本分送付の事あり．
へ	朝河→逍遙	[1934年2,3月頃]	「逍遙日記」3月28日条に朝河より切抜着の記事あり．
*	逍遙→朝河	1934年9月3日	「逍遙日記」同日条に『芸術殿』送付の事あり．
*	逍遙→朝河	1934年9月12日	「逍遙日記」同日条に「阿難と鬼子母」送付の事あり．
68	朝河→逍遙	[発信年月日未詳]	封筒のみ．表に逍遙の朱書で「星月夜」(封筒再利用か．不明)．

・朝河発信の通番は表1の元番（太字は『朝河書簡集』の番号）である．
・逍遙発信は網掛けとした．通番は『逍遙書簡集』朝河貫一宛書簡の番号である．イェール大学所蔵朝河貫一資料（Asakawa Papers）に含まれる逍遙書簡4通についてはAP1〜AP4とした．福島県立図書館朝河貫一資料に含まれる逍遙から朝河宛の書簡は，同資料の目録（56頁注（3））の朝河受信書簡のIDを通番（太字）とし，内容も同目録を参照した．（　）は同目録の整理番号．朝河からの書簡や「逍遙日記」から判明したものは＊とした．
・全体を書簡の発信年月日順とした．逍遙発信書簡について『逍遙書簡集』の年月日を内容から修正したものがある．それについては日付の前に※を付した．書簡の内容と発信日付の推定について「内容・備考」欄に記した．

朝河貫一と東京専門学校

真辺将之

はじめに

朝河貫一は、一八九二年（明治二十五）に上京して東京専門学校文学科に入学し、一八九五年に卒業した。多感な青春時代を過ごした東京専門学校は、朝河の人間形成にとってどのような意味を持っていたのであろうか。

朝河の東京専門学校時代に関しては、山内晴子『朝河貫一論―その学問形成と実践―』(1)が、詳細に事実関係を究明しており、特に同校のカリキュラムや、キリスト教への関心を中心に当該期の朝河について論じている。本稿も同書に多くを学んだが、しかし、同書においては、東京専門学校の持っていた学風や学生たちの織りなしていた雰囲気にはあまり多くを言及しておらず、また世代論的なアプローチも取られていない。本稿では、当時の東京専門学校が持っていた学風や、朝河の時代の青年たちについての世代論的なアプローチを加えて考察することによって、東京専門学校が朝河にとってどのような意味を持ったのか、朝河のどの部分を形づくり、また、その後の朝河にとってどのような跳躍台の役割を果たしたのかを考えてみたい。

当該期の東京専門学校、特にその学風や卒業生の進路については、すでに筆者は『東京専門学校の研究』(2)（早稲田大学出版部、二〇一〇年）において論じており、本書においてもその成果を活用していく。他方、世代論的なアプローチということでは、古典的な研究として、岡和田常忠「青年論と世代論」[3]が、徳富蘇峰による著名な「明治の青年」と「天保の老人」という議論などに代表される、青年による自己主張としての青年論・世代論を扱っており、また中野目徹『政教社の研究』[4]は、明治十年代の「書生社会」のあり方が、政教社などの明治二十年前後の思想界の新しい潮流を生んだことを指摘している。また木村直恵『〈青年〉の誕生』[5]が、明治二十年代における政治的実践のあり方の変化を論じ、青年たちが壮士的実践から青年的実践へと移行していく様を論じている。本稿でもそうした成果に学びつつも、当該期における一般的な世代論とは別に、特に東京専門学校という場が持っていた意味・果たしていた役割が、時代状況や学科の設立などによりどう変化していったのかという、東京専門学校内部における世代や学部の多様性という視座から考察を行う。そのことによって、朝河の世代にとって、東京専門学校、特にその文学科という場が持っていた意味を考え、朝河という人物の基盤がどのように形成されたのかを考えていきたい。

一　一八九一〜九五年の東京専門学校文学科

本節では、考察の前提として、東京専門学校という学校がどのような学校として創設され、そして創設から約一〇年を経た朝河在学時にそれがどう変容していたのかを考えてみる。前述した世代論にかかわる先行研究では、明治十年代が政治の時代であり、そこから明治二十年代以降、次第に個人の内面的な問題へと青年たちの関心が移行し、文学や宗教に熱中していくことが論じられる。そのことは東京専門学校にもある程度当てはまる。

もともと一八八二年（明治十五）に設立された東京専門学校は、明治十四年の政変で下野した政治家大隈重信が設立した学校であり、政治性を強く帯びた学校であった。そもそも、明治十四年の政変は、大隈の政党内閣制度の主張を骨子とする憲法意見書が急進的だとして政府部内で批判されたことに加え、開拓使官有物払い下げ批判の火元が大隈だと目されたことにより、大隈が政府を追放されるにいたったものであったが(6)、しかし大隈は下野によって政党政治実現の夢を諦めることなく、一方で立憲改進党を創設するとともに、政治経済科・法律科・理工科の三学科からなる東京専門学校を一八八二年に創設したのであった。当時、私立法律学校はすでに都下に複数存在したが、「政治」を学科名に掲げて政治学を中核に据える学校はなかった。その意味で、東京専門学校の他校との相違点は「政治」にこそあったのであった。そしてそれは自由民権運動の隆盛を受け、帝国議会の開設を控えた「政治の時代」のなかで、多くの青年たちを惹きつけることになったのである(7)。

その東京専門学校が創設期から掲げていた建学の理念が「学問の独立」である。これは東京専門学校の開校式において、小野梓が宣言したものであるが(8)、そこで明確に説明されているように、第一には、西洋の学問からの日本の学問の独立、すなわち、日本語による速成教育を意味するものであったが、それと同時に、あらゆる政治権力からの学問の独立をも意味するものであった。この時期まで、大学・専門学校では、講師が英語を用いて授業を行うか、あるいは日本語で講義する場合であってもテキストは洋書を用いる学校ばかりであった。一方、東京専門学校では、英語を必要としない、日本語による専門的な学問の教授ということが特色としてアピールされた。しかしその後、日本語による高等教育が普及することにより、こうした意味での「学問の独立」は、東京専門学校の特徴とはいえなくなる。それに対して、東京専門学校の多くの学生が政治活動に熱中する傾向はその後も長らく続き、政治権力からの独立という意味における「学問の独立」というイメージのほうが、学生や世間には膾炙していくことになる。

以上のように政治性の強い学校として東京専門学校は誕生した。特に、創設期において教壇に立ったのは、高田早苗・天野為之ら、東京大学を卒業したばかりの若手教員であった。他方、初期の学生には年長者も多く、「私共が学園に在つた時分は全く過渡期で、学生も十五六才から四十才までの者が有り、従つて学力の程度も一様でない、少年、青年、壮年が一同に聚つて学ぶといふ状態であつた」[9]というように、年齢は必ずしも教員が上であったわけではなく、世代の近さもあって、学生と講師たちの関係は非常に親密であった。「学生の数も今日に比すれば極めて少数であるからでもあつたらうが、当時の先生方と吾れ〳〵学生の間は極めて親密な情誼に繋がれて居つた」[10]「生徒も少ない代りには先生方との間の親みは誠に深く義は師弟であり情は兄弟の如くであつた。此の情誼は恐くは他校に見る事が出来まい」[11]というように、初期の卒業生たちが例外なく口をそろえて述べている事実である。

しかし、開校から一〇年を経ると、そうした状況に多少の変化も芽生えてくる。朝河が入学するのはちょうどそうした変化の兆してきた時期であった。ひとつは、教員たちが中年期に差し掛かることで、学生との距離が少し開いてくる。兄弟的な親しみの対象であった教員から、年長の教員として、学生との距離が少しずつ開いてくるのである（とはいえ、それでも長らく他校に比べれば教員と学生の距離は近いとされていた）。またそれ以上に学校の雰囲気に変化を及ぼしたのは、一八九〇年九月に、文学科が創設されたことである。東京専門学校の場合、政治経済学科が存在することもあり、その後も長らく政治性の強い学生が多いことで知られたとはいえ、それとは別に文学科ができたことによって、従来とは異なるタイプの学生が増えてくるのである。

実際、朝河も在学中に政治活動に熱中した気配はなく、入学した動機としても、学校の持つ政治性に惹かれたわけではなかったようである。もともと中学進学前に、父正澄は息子の貫一を師範学校に入れようと考えていたが、貫一自身の懇願により、中学に入ったという経緯があった。その後、父は貫一を高等中学の医学部に入れようとするが、自分の性質に適していないと考えた貫一は、これを拒否した。一八八九年の秋に朝河貫一が朝倉鉄蔵（県会議長を務めた豪農で、朝河父子の後援者であった）に宛てた手紙では、「愚の欲する所何ぞ。文学にあらず、法律にあらず、政事も適せず、工農亦能はず、医と兵とは最も遠し。只一途あるのみ、商業是なり」「内地雑居の秋に及び、首尾能く外人の侮辱を禦ぎ得るに足るか。此亦天下識者の保証せざる所、是時に当り、数多善美の商業家あるにあらざれば、到底我邦の商権、遂に外人に左右せられ、従て清浄無垢の国体に、幾分の汚点を附するを免れざるなり」と述べている(12)。この時点で、朝河は「商業家」への志望を持っていたのである。

しかしその朝河がなぜ東京専門学校の文学科に入学したのかはいまひとつわからない。先行研究では、縁故関係者に東京専門学校出身者が多かったためとされるが、しかしそれでも、商業家志望であったとすれば、政治経済学科をなぜ選ばなかったのかが疑問として浮上する。ひとつには、文学科が英語系学科であったのに対し、政治経済学科は日本語学科であったためという理由は考えられる。とはいえ、当時は英語政治科という英語系の学科も設置されており、そこで経済学も併せて学ぶことができたので、やはりなぜ文学科を選んだのかはよくわからず、推測に頼るほかない。政治経済学科が主として学生の政治活動によりその名を知られた一方で、創設間もない文学科は、後述する通り、初年度から優れた学生が集い、学問や文筆の世界において輝かしい業績を残す兆しを感じさせる、新たな土壌を育んでいた。朝河がこうした新風に自らの未来の希望を見出した可能性は高いであろう。また、当時の学校を代表する看板講師は、近代文学の開拓者坪内逍遙と哲学者大西祝であり、その名声は政治経済科の高田早苗や天野為之をも凌駕するものであった。ゆえに、朝河もまた、彼らの卓越した名声に惹かれた部分があったのかもしれない。特に朝河は政治に対して大きな関心を持っていたわけではなく、大隈重信や、立憲改進党に関わる政治活動で知られた高田ら政治経済学科の講師陣には、それほどの魅力を感じていなかったように思われる。

さらには、前に引いた手紙の一八八九年秋から、実際に入学する一八九一年秋までの間に、朝河に、商業とは異なる、より精神的なものへの探求の意識が芽生えていた可能性もある。折しも、朝河が入学した一八九二年前後は、東京の私立学校の学生数が増加したうえに、景気は思わしくなく、「学士、得業士、卒業生など云へる者の相場益々下落せりと言ひ囃すものあり(13)」「所謂供給多きに過ぎて需用不足、此に於てか卒業生の安売始まれりと嘲笑せらるゝに至る、当世卒業生の不運不幸とや云はんか(14)」という嘆きの声が聞かれる状況になっていた。こうした状況のなかで、朝河が「商業家」よりも、人間精神の追求を目指すようになったとしても不思議ではない。実際、この少し前（一八九〇年）に、政治への関心もあって政治経済科に入学した津田左右吉は、在学中に国木田独歩を中心とする「青年文学会」に参加するなど、文学・芸術・思想への関心を深めていった。(15) 前述の通りこの時期は青年世代の関心が、政治から文学や哲学といった精神的・文化的領域へと移り変わっていく時代であった。朝河もまたそうした時代の空気のなかに身を置き、その潮流と共鳴していた。

朝河の二学年上の文学科の先輩にあたる金子馬治は、当時の自分が感じた、東京専門学校が持つ魅力について、次のように語っている。

精神的な意味で、其の当時の東京専門学校が、少くとも他の私学に較べて、特殊な引力――学生に取っての引力を具へてゐたことは争はれない。（中略）東京専門学校が、最初から「自由の学園」として、（中略）官学がすべて官権乃至権力の上に立つ学校であるに対して、此の学校が最初から自由を標榜して立つたことは、天下の学生に言ひがたい不思議な魔力をもつた所以であつたと思ふ。（中略）大西祝氏をはじめ、今日の浮田和民氏及び安部磯雄氏等が早稲田に来られたことや、同時に同志社の一部学生が一時こゝに転学したことなど、すべて此の学校の自由と新精神との力に因つたものと解釈された。自由の学園、官権反対の学園、学問の独立を標榜する学園、自由な活気と勢力とに満ちた学園、何となく新しく活気ある学園――これが甚だ抽象的ではあつたが、何となく当時の学生に特殊な力を鼓吹する所以の本源であつた。(16)

入学前の朝河が、ここで金子が述べるような雰囲気に惹かれるものを感じていたかどうかを証明する材料は今手元にはない。しかし、入学後に朝河が間違いなくそうした雰囲気に共鳴していたことは彼が在学中に郷里の親友高橋春吉に宛てた手紙から窺える。そこには、例えば「師範学校の卑屈極まる教員生徒に対して満腹の不平あり。実は世界を知らぬ彼ら、むしろ憫んでよろしかるべきもの、中には其小天地に立ちて威張る馬鹿もあり」(17)という言葉が綴られている。官立の師範学校の卑屈を批判するこうした発言からは、金子のいう「自由の学園、官権反対の学園、学問の独立を標榜する学園、自由な活気と勢力とに満ちた学園、何となく新しく活気ある学園」という言葉に通じる意気の強さを感じることができる。

また高橋に宛てた別の書簡のなかで朝河は、「小生貴兄に向てヒポクリシーに陥る勿れと云ふ、是世を厭へと云ふに等し。ソクラテスを学べと云ふ、是れ天理を楽めと云ふに等し。之を併せ云ふは、厭世、楽天の境を兼て、其上に超然たれと云ふ也。天理流通して、貴兄が眼前の空中、須臾も其迅速の流転を止めず、貴兄が脳中の目録は、天理其者の目より見れば、玻丸の如く明瞭にして、一点も被ふこと能はず」「人生最大の快事は理想の天地を作るにあり。人は理想の動物也。理想と共に進化し行く生物也[18]」と述べており、こうした言葉からは、朝河が何よりも人間の精神性を重んじ、理想主義的な人生観を抱いていたことが窺える。文学部への入学と前後して、朝河は人間精神の問題に目覚め、理想を追い求めようという強い意志を抱くようになっており、そこから人文系の学問に対する熱意と献身を芽生えさせていたのである。

二　東京専門学校のカリキュラムと進路

それでは東京専門学校の文学科のカリキュラムは、果たしてそうした朝河の求めに応えるようなものであったろうか。朝河が学んだカリキュラムについても、個別的事実については、既に山内晴子『朝河貫一論』が詳細に明らかにしている。本稿ではそれが朝河にとって持っていた意味についてより踏み込んで考察を加えたい。

文学科のカリキュラムは、大きく分けて「哲学」「史学」「英文学」「国文学」「漢文学」「体操」「参考科目」に分かれていたが、第一学年から最終学年である第三学年まで、均しくこれらの学問が配当されており、若い学年で広く浅く、そして学年が進み深い専門へと分かれるという形にはなっていなかった。学科目の詳しい内容については、前述した山内著を参看願いたいが、カリキュラム上は、哲学系科目としては一年目に論理学を、二年目に哲学史・心理学・社会学を、三年目に哲学史・倫理学・美学を学び、史学系科目としては一年目に列国史・日本文学史・英文学史を、二年目に英文学史と支那文学史を、三年目に美術史を学び、また英文学で一年目のみ朗読があるほかは、一年目から三年目まですべて作文・述義・評釈が課されていた。また国文学系・漢文学系科目は、前者が歌集・古文、後者が述義・評釈を一・二年目を通じて学び、そして三年目はこの両系統科目が合わさって翻訳、創作、そして卒業論文が課された。つまり、当時の東京専門学校のカリキュラムは、特定分野の専門性を養うものではなく、幅広い学問を学ぶ、一種の教養課程的なものであったということである。したがってのちに歴史学者となる朝河も、ここで歴史学の深い専門性を磨いたわけでは全くなく、むしろ朝河の関心は、宗教や哲学にあり（この時期の宗教、特にキリスト教と朝河のかかわりは前掲山内著書に詳しいためここでは省略する）、卒業論文のタイトルも、「宗教的生命を論じて究竟の疑に及ぶ」というものであった。

なお、朝河の成績は大変優秀で、例えば第二学年の成績は平均点九一・九一点であり、第二位と総点で七九点、一課目平均七・一八の差をつけるほどのずば抜けた成績であった。特に近世史九六、哲学史九八、カーライル九八、バイロン九七、社会学九八など、ほとんど満点に近く、哲学・歴史・文学いずれも成績優秀であったことがわかる。これは三年生になっても変わらず、全科目九〇点以上を取得した。ただし、「倫理」においては九〇点でやはり優秀な成績を収めつつも、綱島栄一郎（梁川）の九三点に遅れを取っている(19)。なぜ倫理のみ、トップではなかったのかが気にかかるが、それについての考察は後述する。

それでは、以上のようなカリキュラムを持っていた文学科を卒業した人物は、卒業後、どのような分野へと進んだのであろうか。まずは朝河の前後に卒業した人物のなかで、後年社会に広く知られるようになった人材から考えてみたい。まず、朝河の二学年上で、文学科の第一期生にあたる人々のなかで著名な人物としては、金子馬治（筑水、文学科第一期の首席卒業。のち早大教授で文学部哲学科の祖）、中桐確太郎（朝河の親友で、のち早大教授。専門は教育史・倫理学）、紀淑雄（のち早大教授。専門は美学・美術史）、種村荘八（のち早大出版部理事）、永井一孝（のち早大教授。専門は国文学）、土肥庸元（春曙。新派俳優・劇作家）、水谷弓彦（不倒。小説家・近世文学研究者）などの名が挙げられる。『早稲田大学百年史』が「後年本学苑の講師として教壇に立ち、出でては文壇にその名を謳われた、錚々たる人達が机を並べて競学していた[20]」と述べるように、第一期生には非常に優秀な人材が集い、文学科の名を高からしめるにあたって大きく寄与したということができる。

ついで、朝河の一学年上には、島村滝太郎（抱月、文学科首席卒業。のち早大教授。専門は文学・修辞学。また小説家・評論家・新劇運動家としても活動）、後藤寅之助（宙外。小説家・評論家）、中島半次郎（のち早大教授。専門は教育学）、藤戸達吾（松月。高知新聞幹部・高知県会議員）、竹内松治（日本医大教授・立正大学教授を歴任）、大久保常正（早大教授〈英語〉）、浮岳暁文（深大寺住職・天台宗大学学長）などの名が挙げられる。やはりこの学年も優秀でのちに教員になる人物や文筆の世界で名をなす人物を輩出している。そして朝河の同学年には、先述した綱島栄一郎（梁川。宗教思想家・評論家）、五十嵐力（のち早大教授。専門は国文学で、早大国文科の祖）、水口鹿太郎（薇陽。中退。新派俳優）の名が挙げられるが、第一期・第二期の卒業生に比べると、後年名をなした人物が少ないという印象を受ける。これがなぜそうなのか、ということは現在明らかにする材料を持たないが、開校間もない第一期・第二期には、それまで文学を学ぶ場を得なかった若者がある程度年齢を超えて多く集まってきたのに対し、第三期以降はほぼ決まった学齢の人物が集ったということがあろう（例えば朝河の二学年上〈第一期生〉であっても必ずしも歳は二つ上ではなく、金子は三歳上、土肥は四歳上、水谷にいたっては一五歳の年長であった。そして一学年上でも、島村は二歳上、後藤は六歳の年長である）。さらに初期の優秀な学生が、卒業後も学校に近い場所で活動を続けて後年母校の教員になることができたのに対し、それ以降の学生は同じ分野では学校に残ることが難しいということもあったのではないかと思われる。だいぶのちのことであるが、朝河も、母校の教員になりたいという志望を持つようになるが、それは結局叶わなかった。朝河ほどの優秀な頭脳を持っていても、すでにその席が誰かに占められていれば、そこに座ることは叶わないのである。

なお参考までに朝河の一学年下の人物としては、丹生宝栄（文学科首席卒業。真言宗僧侶・長楽寺住職）、中山準蔵（のちハワイ中央学院長）、角田柳作（のちコロンビア大学教授。日本文化研究）、土屋詮教（極東。仏教学者・『早稲田大学講義録』編集主任・早稲田大学主事）、林田源太郎（春潮。都新聞記者・美術評論家）、小林（木元）鐘吉（洋画家・白馬会発起人）、本多文雄（いばらき新聞社長）、正木新（浄土真宗僧侶・長崎光永寺住職）、疋田運猷（真言宗僧侶・福島県立白石高校創設者。青山葬儀所や刈田十三札所を設立）などの人名が挙げられる。面白いのは、この学年には仏教関係で後年名をなした人物が多いことである。のちにコロンビア大学で教鞭を執り、アメリカにおける日本研究の祖となった角田柳作も、もともと仏教布教のためにハワイに渡ったことからアメリカでの活動が始まったのであった。宗教や人間精神の探求という点では共通しつつ、しかしその向かう先はこの学年の場合には仏教であったのであるが、朝河の場合も、東京専門学校に入ってほどなく、友人の紹介でキリスト教に入信するにいたったのであり、友人との交わりがいかにその人生を大きく左右したかという一端を窺うことができるであろう。

それでは、文学科以外の同時期の東京専門学校の人物にはどのような人材がいたのであろうか。前後および同学年の人物で後年、その名を顕した人物を挙げれば、一学年上級では、松山忠二郎（英語政治科。のち読売新聞社長）、浜口（田島）担（英語政治科。衆議院議員・実業家）、松井郡治（邦語法律科。衆議院議員）、斎藤隆夫（邦語法律科。衆議院議員）、同級生では、関和知（邦語政治科。衆議院議員）、小山松寿（邦語法律科。衆議院議長・名古屋新聞社主）、関戸寅松（邦語法律科。衆議院議員）、一学年下級では、前田多蔵（邦語政治科。早大幹事）、田中穂積（邦語政治科。早大総長）、植松考昭（英語政治科。東洋経済新報主筆）といった名前が挙げられる。政治の世界やジャーナリズムで名をなした人々が多い。

そして何より特筆すべきは、これらの人物と朝河が在学中に交流した形跡がほとんどないことである。そこからも、文学科が、東京専門学校内部において、独自の異空間を形成していたのだということができるだろう。とはいえ、のちに名をなした人物のみを検討してその結論を導くのは早急かもしれない。続いて、卒業生の進路状況から、当該期の他校を含む学校全体のなかでの東京専門学校の特色を考察し、そしてその東京専門学校のなかでの文学科の特色を考察するという形で、同学科の特色をさらに浮かび上がらせてみたい。

まず官僚、特に高等官を多数輩出していた帝国大学と東京専門学校の違いは、まさに歴然としていた。一八八八年（明治二十一）から九三年までの帝国大学法科大学卒業生三七二名のうち、中央官庁に進んだ者は二八三名（七六％）にものぼり、その多くが高等官としての道を歩んでいた[21]。他方、文科大学においては、明治二十年代前半までに多くの専門的学者が輩出された[22]。しかしその後、学者の需要は急速に縮小し、専門知識を活かせる職場は限られていった。代わりに高等学校や中学校の教員、文部省職員、あるいは他の不本意な進路に進む者が増加した。その結果として、中学校校長職はほぼ帝国大学出身者が独占し、東京専門学校や師範学校出身者を圧倒する状況となった。さらに、帝国大学は当初、専門家の育成を目的としていたため、カリキュラムは学科間の縦割りが顕著であったが、これは前述したような東京専門学校のカリキュラムとは大きく異なっていた。

続いて、慶応義塾であるが、一八七六年から九五年にわたる本科卒業生四七九名の一九〇三年時点における就職先は、民間企業に就職した者が二四六名（五一・四％）、そのうち金融業に携わる者は一〇四名と際立って多く、官庁に進んだ者はわずかに二二名（四・六％）、教育分野に従事する者が三三名（一三・四％）、自営（農業・商業）を営む者が一三七名（二八・六％）、新聞や雑誌の分野に身を投じた者が二九名（六・一％）となっている。民間企業に進む者が際立ち、そのなかでも金融業が大きな割合を占め、さらに運輸や製造業といった近代的産業がその大半を占めていたことは、慶応義塾が実業界に果たしてきた役割の大きさを物語る[23]。ただし慶応義塾の文学科については、東京専門学校に先駆けて創設された（一八九〇年一月、東京専門学校は同年九月）ものの、最初の卒業生は一二名に過ぎなかった。その後、東京専門学校の文学科が盛況を極めるなか、慶応義塾の文学科では卒業生が一桁台に留まり、一九〇一年五月には在籍者ゼロとなり一時中断に追い込まれたため、[24] 卒業生数において比較の対象にもならない。前述した東京専門学校の多士済済とは、その規模や輩出した人材の多様さにおいて比肩するべくもないのである。

ついで都内の他の私立法律専門学校との比較ではどうだろうか。これについては表1をご覧いただきたいが、他校に比べて、官僚となった人物が少ない（とはいえ他の職業との学内比としては多い）ということが指摘できる。他方で衆議院議員・府県会議員など政界には他校より多くの人材を輩出しているが、これは学内比としては六・四％に過ぎないということも指摘できる。他校に比しても、また学内比でも多いのは新聞雑誌記者であり、これは学内比で二五％以上と、進路が判明している者のうちでは実に四人に一人がその分野に進んでいたことがわかる。また教育関係も九・八％で、他校が法律学校であったことを考えれば当然ではあるが、他校よりかなり多い比率を占めている。[25] 銀行・会社員もまた他校より多いことが指摘できるだろう。

ではこれを文学部だけで考えてみるとどうなるであろうか。表2は一九〇二年十二月時点における、東京専門学校における朝河の前後三学年の就職状況を学科別に並べたものであるが、文学科の進路が突出して他学科と異なっていることがわかるであろう。特に教育関係が約半数にのぼっている点が特色である。母集団が必ずしも大きくないため過度な意味付けは避けねばならないが、ついで多いのが新聞・出版、ついで宗教と実業界が

独逸学協会学校（専修科）		東京専門学校（法律科）		東京専門学校（全学科）	
実数	%	実数	%	実数	%
33	28.7	15	6.2	67	14.6
49	42.6	70	28.8		
12	10.4	30	12.3	43	9.4
2	1.7	24	9.9	22	4.8
0	0.0	0	0.0	4	0.9
0	0.0	10	4.1	25	5.5
0	0.0	20	8.2	115	25.1
4	3.5	14	5.8	45	9.8
12	10.4	68	28.0	124	27.1
115	100.0	243	100.0	458	100.0
164		570		1769	

（東京法友会，1898年）からの抜粋．ただし，「東京専

表1　1897年時点での主要私立専門学校卒業者就職状況

	東京法学院		明治法律学校		日本法律学校		和仏法律学校		専修学校（法律科）	
	実数	%	実数	%	実数	%	実数	%	実数	%
高等官	45	6.4	19	3.7	17	13.4	7	2.6	3	3.1
判任文官	241	34.2	84	16.2	49	38.6	84	31.2	17	17.7
判事検事	134	19.0	126	24.4	18	14.2	48	17.8	19	19.8
弁護士	143	20.3	190	36.8	13	10.2	66	24.5	26	27.1
衆議院議員	2	0.3	0	0.0	0	0.0	0	0.0	0	0.0
府県会議員	7	1.0	10	1.9	0	0.0	3	1.1	1	1.0
新聞雑誌記者	14	2.0	16	3.1	7	5.5	2	0.7	2	2.1
教育	7	1.0	3	0.6	0	0.0	4	1.5	5	5.2
銀行・会社員	96	13.6	55	10.6	23	18.1	43	16.0	19	19.8
進路判明者合計	704	100.0	517	100.0	127	100.0	269	100.0	96	100.0
卒業生総数	2030		1585		378		665		259	

真辺将之『東京専門学校の研究』（早稲田大学出版部，2010年）より．元は三島駒治編『九大法律学校大勢一覧』
門学校（全学科）」は山田一郎「本校の卒業生に就て」（『早稲田学報』9，1897年）による1896年の数値．

表2　1902年12月時点における朝河の前後3学年の就職状況

	邦語政治科		英語政治科		邦語法律科		邦語行政科		文学科	
	実数	%	実数	%	実数	%	実数	%	実数	%
新聞・出版	5	4.6	11	21.5	1	2.7	0	0	4	5.0
教育	2	1.8	4	7.8	1	2.7	0	0	38	47.5
宗教	0	0	0	0	0	0	0	0	3	3.7
官公吏	8	7.4	2	3.9	2	5.4	3	8.3	0	0
議員	6	5.5	1	1.9	0	0	2	5.5	0	0
法務	0	0	0	0	5	13.5	3	8.3	0	0
農業	2	1.8	0	0	0	0	0	0	1	1.2
商工業金融保険運輸等実業	38	35.1	14	27.5	8	21.6	6	16.7	3	3.7
総数（除死亡者）	108	100.0	51	100.0	37	100.0	36	100.0	80	100.0

『早稲田大学校友会誌（第17回報告及名簿）』（『早稲田学報』臨時増刊77号，1902年）より作成．

同じ比率で並ぶ。また実業界へ進むものが他学科に比べて顕著に少ないことは文学科の特色であり、他学科では一人も輩出していない宗教界に三名を出していることも特色といえよう。以上を勘案するに、文学科は東京専門学校のなかでも、一個の別天地ともいうべき独特の世界を形成していた。教育、そして宗教への輩出が多いことは、人格や精神性といったものに魅かれた朝河らの心性がまさに文学科全体に共通するものであったことを示しているだろう。

三　人格・個性をぶつけあう学生たち

さきに朝河の優秀な成績について触れた際に、倫理のみが綱島栄一郎（梁川）に遅れを取り、他の科目に比べても点数が少し落ちていたことに触れた。その理由の一端を推測できるような材料が、綱島の日記に記されている。例えば、一八九五年（明治二十八）十月五日の日記には、綱島が朝河の「love の実験」を聞きに行ったこと、しかしそれに対して朝河が、口に出して語るような軽薄なものではないとして、語ることを拒否したことが綴られている。さらに二人の会話は続き、朝河は、自分の現在の心境は「自我的観念の頂点に達して、あらゆるものを犠牲とせんとしつゝあり」と語ったうえで、「みづから心に実証し体達したるかぎりの事を語る人は great man 也」として、その観点から教員評に及び、performance や perfection を語る大西祝よりも、「真にみづから識りたるをのみ語りて、その以上を語らざる」坪内の方が偉大だと評したと綴られている。綱島はこうした朝河の弁舌を聞いて、「朝河子またエラキ処ありと感服す」と記している。(26)

また一八九五年十月十五日の日記には、朝河の渡米の送別会が行われているが、その席で朝河は「みづから自覚のつよき由を」述べた上で、「自我の念に妨げられて、まだ真に人を愛したることなし、君等を愛したるも唯我を中心として我の犠牲として愛したる也。君等に常に忠告したるも、唯我の心に快からぬ事をいひしまで也。今日の我は卒業論文を書きし時の我と異なり、ますく自己的になり、あらゆるものをあげて我の犠牲とせまくす。（中略）このたび米国に行くも唯我の修身の一方便として行く也。予の自覚は米国に行かばますく甚しかるべし。予はあらゆるものを犠牲として道を求めんとす」と述べたという。これを聞いた綱島は「氏の真面目なる、いたく予を刺戟したり、予の修養を反省せしめたり。この夜懊悩煩悶して久しく眠らず。あゝ予もまた朝河君と同じく自覚のつよき男なり、否、朝河君よりも一層甚だしき也、否予の自覚心は「下等なる我」を中心として「下等なる我」を大にし実現せんとする自覚也。予は悚然慄然として予の軽薄なるを恐れたり、今まで云為せし事の多くは love self の煩悩、利欲をほしいまゝにせん為なるを悟りたり。今まで人に対して忠告めかし大人ぶりていひし事、又施せし事の悉く一種卑むべき名聞利慾の心を飽かしめんための方便なるを知りたり。あはれ予は偽善者なるか、我を欺くの白痴者か、我は悚然として我の罪業の大なるを反省したり」と、きわめて深刻な影響を受けたことを記している。ただし、翌年二月二十七日に行われた別の送別会についての記事では、「夜は朝河氏の留別会清風亭にありき。予は朝河氏の太甚しく自我的なるを嫌悪するの念おこりたり」と綱島は記してもいる。(27) 先述した倫理の点数において、綱島の点が朝河を上回っていたというのも、こうした朝河の性格に起因するものではなかったか。朝河は優秀であり、しかし優秀であるがゆえに、自我に拘泥し、独自の見解をあくまで堅持しようとする。こうした姿勢が、教員からすれば、若干の欠点として映った可能性は高いと考えられる。

それはともかく、以上の綱島の日記の記述から窺えるのは、彼らの対話の多くが、いかに生きるべきか、いかなる人間であるべきかといった人間精神の問題に深く関わっていたことである。朝河の強い自我に接するなかで、自ら、本当の意味で他人を愛したことがないとまで述べるほどに強く煩悶し、その煩悶のなかからさらに自我の探求を続けようとする綱島は、一度は自らの利他心の偽善を暴かれたような思いに囚われ、深い懊悩を抱えたものの、しかしその後、そうした強い自我を表明し続ける朝河に、嫌悪の心を示すにいたったのである。

また先に引いた史料のなかに、朝河が大西祝の姿勢を批判的に捉え、知ることだけを語る坪内逍遙のほうが優れていると客観的に評する発言があったが、彼は東京専門学校の教師たちを盲信することなく、批評的な目で捉えていた。朝河と綱島が互いの意見を率直に批判し合う姿勢も含め、彼らが教師や対話相手の言うことを一方的に受け入れるのではなく、議論を通じて理想を探し求めようとする「多事争論」の精神を有していた様を窺うことができる。創立以来の東京専門学校の学風は、自由な雰囲気のなかに多様な人材が集まり、それら多様な個性がぶつかり合う多事争論の場として機能し、そうした多事争論の学園・独立の学園としての意識が、強い自我となって発出されていた(28)。その意味では、強い自我を持ち、そこから臆することなく自らの見解を直言し、強い独立の気概を持つ朝河は、この時期の東京専門学校の学風を、まさに体現する存在であったということもできるであろう。

朝河は在学中、先輩である金子馬治（筑水）や島村滝太郎（抱月）とともに哲学会を結成し、そこに綱島栄一郎・紀淑雄・五十嵐力らも加わり、盛んに議論を繰り広げていた。朝河にとって、在学時の最大の活動の中心は、まさに人間精神に関する議論の場にあった。その白熱した討論こそが、彼の人間性の基盤を築き上げた。特に、忌憚なく意見を交わし合える先輩や同輩との人間関係は、単なるカリキュラムに並べられた学科目以上に、彼にとって重要な意味を持っていたに違いない。特に、二学年上の中桐確太郎とは、学年の枠を超えて、生涯にわたって友人として交わっている。そうした先輩や同輩と、真剣に人格をさらけ出して向き合って対話する関係性こそが、朝河の人間形成にとっては重要なものであったろう。

このようななかで朝河は、宗教を信仰するにあたっても、教義を盲信するのではなく、疑いを以て接する姿勢を有するようになっていった。「予は基督の教を以て絶対無二の良教なりとは信せず独り絶対ならぬのみならず、或点に於ては仏教に数歩を輸し或は回教或は波斯教にすらも劣る所なしとせんや。其教理には不合理の点あるべし其変遷も亦他の宗教の如く進化の大理法に浮沈したることあるべし。其経典は人間の作為せしものなるべし神の声にてはあらざるべし去《（ママ）》れば誤謬も少からざるべし」「吾人は教会に行ては其説教に感涙を流し其神に我身を投げ其祈禱に我心耳を澄まして、而して家にあり校舎にありては自由自在に大胆に懐疑の眼を放って天地万物の根本帰趣を討究し得ずと云はんや又其討究せし所を言表し得ずと言はんや、吾人は生れながらにして貴重なる思想と言論の自由を有せり吾人の基督教を信ずるは此自由を滅せん為にあらで之を円満に成長せしめんが為なり(29)」として、思想と言論の自由を成長させるためにこそ、宗教を信仰しているのであり、現世で説かれている教義を疑い続けることが重要だと主張している。

そしてその疑いの姿勢を抱くのは自己であり、あくまで自己の人格こそが重要なのだという考えも朝河にはみられる。三年次在学中に記した「再び預言者に就きて」と題する文章のなかでは、社会に存在する問題を解決するにあたっては「研究的解釈法」だけでも、「実事に触れ」ることだけでもダメで、「第三の解釈者」としての「人物」こそが重要だと述べている。「只人物のみ一瞬にして幾多無限の衝突矛盾を溶解し、其眉目其血肉恰も春光の温きが如くに積水を融かし去る、研究は只此人を載する床のみ、事実は只此人を容るゝ房のみ。此故に研究、実事、人格の三者須臾も相離るゝを得ずと雖、重点の帰する所は一にその人格に存するを見ざるを得ず。此人、即ち予言者なり(30)」と、研究も実事も人間が行うものである以上人格こそがもっと重要だと主張している。

このように、人格を重視し、かつ常に自らの思想と言論の自由を意識しながら、憚ることなく自らの理想を直言する朝河の姿勢は、まさに当該期の東京専門学校の学風を体現するものであった。特に朝河が、上級生とも親しく交わり、生涯にわたってそうした人々との友情が途切れなかったことを踏まえるならば、先輩後輩といった立場の別なく、お互いに腹蔵なく物事を言い合える関係性が彼らのなかにあったのであり、そうした関係性こそが、朝河の強烈な人格・強い個性をより伸長させていくことにつながったのであろう。東京専門学校時代に朝河が得たものは、専門的な学識などではなく、むしろ幅広い人文系の学問を学びつつ、人格と個性を磨き上げたという部分にこそあったということができるであろう。

四　東京専門学校からの「卒業」

本節では、以上述べてきたような、朝河にとって東京専門学校が持っていた意味を、卒業後の朝河の変化から逆照射することによって、より明確にしたい。その前に、まずは、これまでその所在が知られていなかった朝河の書簡を紹介したい。その書簡とは、岡山県の高梁市歴史美術館が所蔵する綱島栄一郎（梁川）関係資料中にあり、筆者が高梁市教育委員会に綱島史料の問い合わせを行ったところからその存在が判明したもので、高梁市教育委員会社会教育課の上村和史氏のご厚意によって調査することができたものである。

書簡は三通あり、時系列順に紹介すれば、もっとも年代が早いものは一九〇二年（明治三十五）十月二十七日付の綱島栄一郎宛の英文書簡であり、英文横組のため、本文は本稿末尾に【書簡1】として掲げた。

この手紙で朝河は、冒頭多くの行数を割いて綱島の健康を心配し、くれぐれも健康に気をつけ、闘病が綱島の人道主義への貢献を毀損するのではなく、物の見方を明晰化し純化する方向に作用することを願うと訴えたのち、綱島が出版した『西洋倫理学史』の刊行を祝い、また自身のダートマス大学での職務内容について説明している。そして自分の講義は、まだまだ充分なものになっておらず、満足のいくものになるにはあと何年もかかるだろうと述べたうえで、授業の準備には過去に日本で受けた教育が反映されるので、もし自分の教養が現在の教養の二倍あったならば、講義もそれだけ優れたものにできるであろうにと述べている。また授業では、ずっと講義するのではなく、時間の一部を使って学生と活発な議論を行うことがよくあると述べたうえで、学生たちの先入観を引き出して、それを徹底的に叩き潰すためには、議論が必要であると述べている。議論は今のところうまく行っており、学生たちも興味を抱き、彼らの知性は未成熟だが、考え方は、日本の若者よりもまっすぐだと述べる。さらに、彼らが経済について十分な知識を持っていること、夢想的なものや不安定なものに興味を示さないことを述べ、また彼らは優れた人に嫉妬することはなく、人の能力を発見すると、その人に忠実であり続けることが多いと述べる。ただし逆に、彼らがある人を愚かだとか、思い上がっているとか、道徳的に弱いと感じた場合には、その人をからかい続けるとも述べる。さらに、初年度の今年は教育にすべてを費やしているが、来年になれば、自身の勉強にも時間を割けるであろうこと、しかしそのためにはお金がかかることなどが述べられる。末尾では、坪内先生は元気かと問い、また中桐確太郎・五十嵐力・水口鹿太郎らの同級生の安否を問い、またイギリスにいる島村滝太郎から数行の便りがあったことに触れ、綱島の返事を待っていると述べて手紙を締めくくっている。

注目されるのは、講義には過去の教育が活かされると述べたうえで、講義に討論を取り入れていると述べている点であろう。これはまさに東京専門学校時代に自らが友人間で盛んに行った討論を活かしたものと考えることができる。また討論を相互発見の場としてではなく、先入観を引き出しそれを徹底的に叩き潰すことを目的にしているとするあたりは、東京専門学校在学時から引き続く、朝河の強い自信と自我がここにも発現されていることを確認できる。後述するように、こうした点はのちに大きく変化することになる。

一九〇三年四月五日綱島宛の手紙は和文で、以下の内容を持つものである。

【書簡2】〔封筒表：Mr. Y. Tsunashima Tokio, Japan　東京牛込大久保余丁町　綱島栄一郎様／封筒裏：記載なし〕

綱島、中桐両兄（連名御元）

啓上、昨今二週間の休にて旅館人少く、今夜（日曜）少し論文を添削したるところに候。机上の乱雑の書類を其まゝにして此書を認め候。御近況如何。先月綱兄の御懇書奉拝謝候。御著述のほど新聞にて承はり奉賀上候（先年の御書面はたしかに拝承いたし候間御安心被下度候）。中桐兄此頃如何被為在候哉。大西先生遺稿御出版のよし極めて御悦申上候。ナゼ一部送りたまはずや。先生につきても私当地に来りて後見たる人々の中に先生と比すべき脳力の人もあり候、徳行志操につきていふ時は少壮にして先生の如き人は多く見当らざれども高年の中には先生を凌ぐ君子もあり候と思はれ候。独り先生の特色にいたりては是独歩の地位にしてあの如きは他に見るよしなく存候。私ひそかに思ふに智力上大西先生の弱点は其の調和の小かりしこと、並に調和の形式が寛容に勝てるやの点と存候へども如何に候哉。試に先生の諸説を反復思考する時は奇麗なる筈はあれども内容の足らぬ心地せられ候。是恐らくは分析力の過度なりし為か、当国学者間にも之に似たる傾向の人物折々見受候。たとへばアウトルックの主筆（嘗てビーチャーに嗣ぎてプリマウス教会に牧師なりし）博士ライマン、アボット之に類し候。先日面会いたし候が、今は老年にて円熟の人なれども之と相語ること一二時の後回顧するに ideas に触れたることを覚ふるのみ person をば感せず候。人格なきにはあらず大にあり、只思想が遥に勝てる也（勿論大西氏は之と少し異れり《（ママ）》き）。アボット博士の過多形式過小実質と正反対なるはタッカー博士なり。是小生の見聞中最も著しき人に候。同氏は精神的のことを語り又は伝記を論ずる時の如きはアボット氏等の及ぶべき所ならざれども、分解を要する論にいたりては形式適合せず思想の頂点を概括的に情意文字にて語り候間、センテンスとセンテンスとの間に gaps あり、知らぬ人読まば解しがたからん。同氏自ら此失を知れるに似候。エール大学に在学中同校及他より来れる学者の中恐るべき人をも見候。誠に其一二をいはんに、実質多く又之を得るに眼なきほどの力ありて、形式には無頓着ながらおのづから明快にして快刀乱麻を斫るが如きは W.G.Sumner なり。欧洲の凡ての語を読み、而も其の多くは四十五才以後に学びはじめたるものにて要するに独学に候。最初は牧師なりしが職をふり棄てゝ教授となり、プラトーを（希語）教へ、又希伯来語旧約の一部を解釈し、間もなく経済学に身を入れて多くの著述をなし第一流の学者となり、更に漸く歴史と社会学人類学を学び、後者においても亦知名の人となり候。小生エール大学在学中は此人の教授から観得したる所実に多く候。今社会学の一書を著述中に候が、多くの人々は之をスペンサー以後最も重要の書として待居候。其の著作の法を見るに先づ巨大の原稿を書き、次第に之を煎じつめて原型の五分一ほどになすにあるよし。同氏が蔵する（自ら語れる）筆記の片紙六万枚あるよし。是は読書の思考の結果を抄せるものに候。其の精神察するに足るべく候。同氏言論剛直にして他を顧みざる故に誤解せらるゝこと多く候。其の学力は確かに人を服せしめ候。淡白愛すべき人に候。sham や platitudes を厭ふの自然なること最も多く候。

あまり長くサムナー氏を語り、余暇なくなり候。此外に叙すべき人もいと多かり。亦少壮の学者中にも前途畏るべきあり。追々機あらば述ぶべく候。小生が可成度々エール大学に行きて旧師友に遇はんといたし候は実に此等の大人に触れて其の刺戟を得んために候。去る十二月の如きはアダムスボーン（以上歴史）、ウィルリヤムス（東洋史）、ケラー（社会及人類学）諸教授とゆる〱相語り、就中ケラーとは半日語りあかし候。是等の良友ある間は人も朽ちざるを得んかと思はるばかりに候。之と同じく今日突然両兄に遭ひ候はゞ半日はおろか半月も相語りて猶足らざるものあらんか、海洋を隔てたるを如何にせん、学問につきて猶いはんに小生の従事し居る学科は広き土題（マヽ）を要する上に常に他人の曽て色々思考せざりし点をも多く思はざるべからず題目過大、問題過多の嫌もあり候こと、追々論文出版の時其の一部を御想像被下度候。小生当地には多く此の如き問題を討議する友なきを忌み候。されども日本に居ればとて必ずしも日本史を私の見る如き風に討論する人も多かるまじと思はれ候。著書の成候上は色々御啓発被下度奉願上候。

却説精神上近年のいさゝかの発見につきては大兄等と比較し思練したきものあり候へども書にては何分にも思ふやうに書かれず従て書かぬをましと思ひ候。近年、上の方に向ては発達したりとは自ら思はれず、もし発達せりとせば自ら感せざるほど徐々なりしならん。土台だによくば決して静止せる筈のものならず静に上進せるものと見るべく候。此土台ともいふべきことにつきて最も発見する所多く候。先年の土台の中情緒にあやまられたることは余程脱却いたし候為に其結果なる精神的空妄理想も大分洗去候。土台につきての工夫に思を弛めず候。最新しく而も最も熟せりと自ら思ふ発見は「ファウスト」にあるメフィストフェレスの意義に候。其の各人殊に我等に取りての深意に候。未だ固より全く見得たるにあらざらんも確に中心の深意を得たるやう思はれ候。只今筆を擱くべき時来り候。不一

一九〇三、四、五、夜十時

諸君によろしく

両愛兄

朝河

右の書簡で注目すべきは、大西祝に対する批評に始まるアメリカの諸学者への評価である。本稿の趣旨と関係するのは、大西の秀でた点を「独歩の地位」に求め、それと表裏一体の弱点として、「其の調和の小かりしこと」を挙げている点であろう。独創的な見解が多い一方で、「試に先生の諸説を反復思考する時は奇麗なる筈はあれども内容の足らぬ心地せられ候。是恐らくは分析力の過度なりし為か」と朝河は評している。すでに触れた綱島の日記に触れられていた、知っていることしか言わない坪内のほうが、大西より優れている、とする批評ともつながるものである。大西の独特の構想力に秀でたものを感じつつ、そうであるがゆえに、地に足のつかない物足りなさを感じたという点は、朝河がその後歴史学へと向かっていくことを考えても興味深い内容であろう。

三通目の書簡は、綱島没後の一九〇八年二月二十一日に、その弟の建部政治（綱島静観）に宛てたもので、『梁川全集』編纂の材料集めのための問い合わせに対して回答したものと思われる。

【書簡3】〔封筒表：Mr. M. Takebe, Ushigome, Tokyo, Japan　牛込区大久保余丁町四十八　建部政治様／封筒裏：記載無し〕

拝啓　故梁川兄の手紙三通だけ只今見付候間早速差上候。此の外にもある筈にて、亦過般帰朝中も度々書面戴き

候。然るに只今の処如何にしても右三通の外は見当らず候。後日見つけ候はゞ又可差上候。或は数多き中には取り捨てたるものも少からざるべしと信じ候。

三通の中第一はたしかに明治二十九年私が当国に到着後数月にして書かれしものに候。第二は御覧の如く三十年二月の書にして、当時の梁川兄の心の状態を知るに大切なる材料と存じ候。他の二書も亦此点に幾分の参考と相成申すべきか。第三は私がダートマウス大学を卒業したる年則ち明治三十二年に書かれしものにて、之は一応説明いたさねばわからず候。

其年の五月頃兼ねて欧洲に旅行中なりしダートマウス総長タッカー氏米国に帰られ私に向ひて左の事を申し出でられ候。従来君の目的は日本に帰りて事業を為すつもりなりしことは熟知する所なれども、今度方針を一変して日本にて働く代わりに世界に向つて日本を解釈説明するといふ事業に志しては如何、もし此方針を取らんとの決心ならば今後数年間学問の後は先づ当ダートマウス大学にて東洋研究の講座を新設して君を聘すべしと。右タッカー氏の申出は突然のことにて、之に対して私一人の思想は之ありしも先づ第一には故郷の父の都合を問はざるべからず。又日本の恩師畏友の意見をも承りたく、よりて父及び諸氏に向けて相談の書を発し候。梁川兄の書は其の返事にて、此外には故大西、坪内、横井、徳富、中島、中桐、尾形、渡瀬諸氏よりも懇切なる返書あり候。

以上は自分のことゆゑ烏呼（マヽ）がましくは候へども事情説明仕候。当時タッカー氏の申出に対したる心と当今ヱール（マヽ）大学にて日本研究を担任いたせる心とを比ぶれば固より変遷あり。従ひて梁川兄の御返事も亦一昔の感あり候こそ却て趣あり候。

此第三の書を受けたる時は私は方にヱール大学にて三年の苦学を始めたる時に候。此三年こそは実に私が過去の精神的方法に少からざる改正を加へたる時にて、此時よりして従来の軌道を突進したまひたる梁川兄と幾分歩調を更めたる私との間には方法の懸隔相生じ候は自然の結果に候。されば此後の書面及会話は此三書とは趣を異にするものあり候。されども是は方法の差のみにて、最後まで交情の常に渝らざりしは御熟知の如くに候。在朝中梁川兄の賜はりし銘茶当地に持参いたし未だ喫しつくさず。残り惜しく相用ひ居候。兄が第三の書にて賛せられし私の事業は（たとへ之に対する私の思想が変遷したりとはいへ）今私の微力を尽くせるところに候。然るに第二の書に見ゆる兄が心霊的行路は大に進歩して前途甚だ多趣なりし時忽然として去られ候へば、一人生きて一人逝き、生けるものゝ感慨浅からず候。不一。

明治四十一年二月二十一日　　米国ヱール大学にて

朝河貫一

敬具

建部政治様

右の手紙からは、卒業後も綱島と相互に書簡の往復を続けていたことや、渡米後のダートマス大学への誘いに対して、東京専門学校の教師や旧友たちに相談し、それぞれから懇切な返事があったことがわかる。また本節の行論との関係で重要なのは、イェール大学に移ってからの三年こそ「私が過去の精神的方法に少からざる改正を加へたる時にて、此時よりして従来の軌道を突進したまひたる梁川兄と幾分歩調を更めたる私との間には方法の懸隔相生じ候は自然の結果に候。（中略）されども是は方法の差のみにて、最後まで交情の常に渝らざりしは御熟知の如くに候」とある部分である。この朝河の変化とは一体何か。

その変化に触れる前に、ダートマス大学への誘いについて相談した際の友人からの返信に、さらに朝河が返信した際の書簡をまずみておきたい。一八九九年八月下旬の中桐確太郎宛書簡である。このなかで朝河は、「御書にては、今度のことを私の天職なるべしと申され候こと、誠実の御論に候へども、未だ服し難く候。君もし東西の史を知りつくされ候はゞ、満足せられるべく候哉。亦東西相互の理解を力の限り助けんと努力いたされ候はゞ、是にて義務はつくせりと安んじたまふべきや。且つ教授論議のことは、人間心意の一片角に関するものに過ぎず、天下人心を綜合せば、東西の理解といふ如きことは重大に候へども、個々の人を取りて申さば、いと小さなることに候[30]」と述べている。つまり、中桐から、歴史学は君の天職ではないかと言われたことに対して、疑問を提示し、人間の心、人格こそが重要であって、中桐の歴史学が「天職」とする意見には服しがたい、というのである。ここには、人格を重視する東京専門学校在学時以来の朝河の姿勢が変化していないことを見て取ることができる。

しかし、変化はここから生じる。一九〇一年一月一日に記した「自戒」において、歴史学を研究するなかで、自らの生じた変化が次のように綴られている。

歴史研究がわたしの心に及ぼした効果は、いくら評価しても、しすぎにはならない。歴史的方法には不偏不党の態度と真実を真実とする態度が必要である。とりわけ党派性や先入見に流されやすい事柄について、歴史家に必要なものは、強烈な信念でも奇抜な考えでもない――純粋の真実あるのみ、歴史家は一切の道徳的知的な架空の産物から自由でなければならず、頭は鏡の如くあらねばならぬ。歴史家たるものの必要条件は、歴史性にたいする吟味、判断の公正さ、広大な比較と深い洞察に培われた鍛えられた想像力である。いかなる主観的な傾斜――たとえそれが最高の宗教的理想であろうと――も、歴史家としての職能を果たしている際であれば、その歴史家の頭のなかに影をとどめていてはならぬ[32]。

かつて、社会の問題を解決する際には、研究するのも実事を経験するのも人間である以上、人格がもっとも重要だとした朝河の姿勢が、ここでは大きく変化していることがわかる。と同時に朝河は、「この精神状態は、無原則とは区別されねばならぬ。この精神状態は諸原則を駆逐するものではなく、諸原則を超越するものであるから。歴史家の立場の晴朗な尊厳は、ここにこそある。歴史家は善悪共にわきまえ、最も明るいものと最も暗いものとを区別するのだ、一種神のごとき英知と愛によって」「歴史研究がわたしに与えてくれている訓練は、ただの知的なものにとどまらず、ある程度精神的なものでもある」とも述べており、この変化が決して人格性そのものの否定ではないということも指摘できよう。またこの「自戒」より後年のものである【書簡1】にも、依然として議論の重視や、学生の先入観を叩き潰すなどの発言もあり、ここでの変化は、後述する変化に比べるとまだ徹底的なものではなかったともいえる。

しかし、こうした朝河の変化はその後、より明確なものとなる。会津八一は、一九〇六年頃、坪内逍遙邸で朝河から聞いた言葉として、次のような内容を記録している。

私〔朝河〕は早稲田を卒業してあちらへ行き、あちらの学校へはいってから、すぐ気がついたことは、あちらの同級生たちと同じ題目で論文など書いても、どうも自分ばかり偉くて、あちらの学生がどれもこれも子供っぽく、思想的に貧弱で筆も立たないということであった。けれども月日のたつに従って、つくづくと考え直してみるに、それはあちらの学生が子供っぽいのでなく、こちらが小ましやくれて柄になく生意気であったというところに気がついた。日本の学校にいた時に自分自身も周囲の同級生たちも、あまり達者でもない語学の力であまり豊富でもない参考書を、ほんの一、二時間読んだだけで、ただそれだけで自由に大胆に大きな結論をしたものだが、そんなことではいけない。大学とか学徒とかいう看板をかけて、学生の世界的な貢献をやるというなら、何よりさきに棄ててかからなければならないのは、こういう浅はかな軽薄な習慣だ。一度こうした習慣がついてしまうと、これを棄てて本式の研究にはいるのが、なかなかむつかしい。むしろ絶望的にむつかしい。そのことで私自身あちらで随分苦労をしたものだ。ところが、も一つ考えてみるに、こうした軽薄な態度は、日本ではどこの学校でも同じようだが、残念なことで早稲田で一番甚しいようだ。この点を一つ考えてほしい。

早稲田時代の多事争論の重視から、朝河が大きく距離を取りはじめたことがわかる。なお、この朝河の発言を「坪内先生は両腕を胸に組んだまま無言で聞き入って居られた。私のすぐ側に居た島村抱月さんは少しビールの酔が回っていた模様で、話の進むに従ってだんだん興奮して、ブツブツいって居られたが、朝河さんの話が済むと、駁論でもするというのかあの細い眉を釣り上げて立ち上がりそうにするのを、隣にいた中島半次郎さんがしきりになだめていた。そのありさまが今も私の眼の前にはっきりとうかぶ」とも会津八一は回想している。[33]

右の会津八一の回想とほぼ同じ頃、一九〇七年に『早稲田学報』に掲載された朝河の講演筆記[34]に、似たような内容が記載されており、おそらくこの坪内邸での発言を元にしたものではないかと考えられる。そこで朝河は、「日本今日の智的趨勢を観ますと、科学工学医学などの外は、何れの方面も著しく研究の態度を離れて評論の態度に向って居る」「私が十五年以前に早稲田の文科に入学して此後三年間在学した時のことを追想しますと、社会の智的調子も、学友の態度も、著しく評論的で、亦学校の教授科目の性質も幾分か此傾があるものが最も面白く感ぜられたやうであります。それで卒業の頃は自分の心の働き方が（たとへ研究の態度であったにもせよ同時に）丸で評論的となつて居つた」「百を知つて十を評するは如何にも自然のことで又世人を益することであります。之に反し五の智識を以て百を知らねば出来ぬ評論を試みるのは誠実の態度と申しかねます。不誠実なるのみならず、現に研究者の決して為さんとさへ思はぬ危険のことであります」「研究の心を圧して評論の欲を擅にするならば、其人の知的態度は其処で止まり、其処より退く。（中略）而して予の真理の進歩に対しては百年の評論も一毫も真の貢献をなし得ぬ」と、知識なく評論＝議論を行おうとする早稲田時代の姿勢を、危険なものであるとして批判し、議論より前に深く研究することこそが重要だという見解を述べている。これ以前、すでに大西祝に対する批評の中で、知らないことを語る姿勢への批判が見られたが、それがアメリカでの研鑽を経て、学問的知識の裏付けの重要性と根拠なき議論の危うさへの確信へと進化し、自らもかつてそのなかにいた、早稲田時代の雰囲気そのものを相対化するにいたったのである。

またこの前年、早稲田大学で行った講演[35]においても、朝河は、「日本の文明の欠点は少なくとも二ツあると思ひます。一ツは物を科学的に見ない事で、（中略）欧羅巴の科学的思想はそれと少し違つて居る。向ふの科学的見方は、是れだけの現象は何う云ふ原因で起こつたのであらうかと言つてパーソナルと云ふよりもイムピーソナル《（ママ）》の原因を捜がして来る。で其心で実業にも臨み外交にも臨み戦争にも臨む。何でも其原因を捜がすやうになつて居る詰り科学的に考へて物事に臨むと云ふが欧羅巴文明の特色の一であらうと思ひます」と述べている、かつて、パーソナルな主体性を最重視していた朝河がインパーソナルな観察こそが重要だと述べるにいたる大きな変化を経ていることがわかる。

ただし、右の文章に続けて、朝河はもう一つの日本の欠点として、「他の大欠点は何であるかと言ふと、（中略）旧教国でない新教国の長所である所の個人の価値の乏しい事であります。是れは個人主義と言はれては困ります。（中略）主義と言ふよりは個人の価値と云ふ考であります」。特に、「個人の独立」それも「思想の独立」ではなく「生活の独立」さらには「他人を重んずると云ふ事が必要であります。他人も我と同じく人格を持つて居つて生活する必要があるから、是れも勿論重んぜねばなりませぬが、日本人には此思想も亦た乏しいのであります」と述べている。ここから逆照射されるのは、東京専門学校における自らの姿勢が、「生活の独立」や他者の尊重を欠いた、「個人の独立」「思想の独立」でしかなかった、ということへの反省であろう。自分の人格の独立とともに、他者の人格の尊重を重視し、単なる個性ではなく、生活に密着した＝社会における個人の役割ということを強く意識するようになったということである。単なる個人主義から、社会的な個人主義へと、朝河の個人主義・人格主義は、大きな発展を遂げたのであった。朝河はアメリカにわたり、歴史学を深く追求することで、東京専門学校の学風に欠けていた、客観的・研究的姿勢を身につけるとともに、かつての自らに存在した強烈な人格、綱島を懊悩させ辟易させたあの強烈な個性・人格のあり方から脱皮し、別の人格のあり方を是とする姿勢へと変化したのであった。その意味で、歴史学者としての朝河の存在は、東京専門学校的なものからの、内面的「卒業」によって、誕生したということができるのである。

おわりに

以上本稿では、朝河貫一にとって東京専門学校が持った意味について検討してきた。東京専門学校文学科が、学問的な専門性を磨く場としてではなく、幅広く人文系の学問を学ぶ教養課程的な役割を果たしていたこと、そしてそうしたカリキュラムのなかで、朝河が、人間の根本的なあり方、人格や精神性といったものを重視し、理想を追求して先輩や同級生との交わりのなかで議論をたたかわせ、強烈な個性を磨いていたことなどを指摘した。さらに、第四節でみたように、歴史学者としての朝河は、そこから「卒業」することによって誕生したことを指摘した。すなわち、深い客観的・科学的・研究的姿勢を身につけ、かつ自己の人格や信念のみならず、社会のなかでの自己の人格のあり方やその役割を強く意識するようになるという変化、すなわち東京専門学校時代のあり方からの「卒業」を遂げることで、朝河は新たなステージへと進んだのであった。

とはいえ、この「卒業」は決して東京専門学校時代からの「断絶」「転向」などではなかったと筆者は考える。朝河の変化は人格や個性そのものの否定ではなかった。東京専門学校の人格追求の延長線上に、単なる強烈な個性、個人的・思想的独立から、社会的な個人の自覚、他者の尊重といった別の人格のあり方への発展であった。科学的・客観的姿勢の重視は、個性や理想の否定ではなく、むしろそうした個性や理想の基盤が、地に足のついた確かなものであるべきだとするものであった。朝河が後世に名を残すような歴史学者たりえたのも、研究のための研究を事とする学者ではなかったからこそである。東京専門学校時代のユニバーサルな人文的教養に基づく理想主義的な姿勢は、朝河の、学問の殻に閉じこもらない活動の幅の広さをもたらすにあたって、大きく作用したことは間違いない。

そうした意味で、東京専門学校時代のあり方からの「卒業」が、朝河に、新しい武器を元に、東京専門学校時代に得たものをより増幅させて、活用させることにつながったのである。歴史家でありながら歴史家の範疇を超え、科学的・客観性の追求のもとに現実を直視しつつ、理想を追い、そのために行動する朝河という人間は、東京専門学校時代の基盤の上に、それを「卒業」することによって、生まれることができたのである。

注

（1）山内晴子『朝河貫一論―その学問形成と実践―』早稲田大学出版部、二〇一〇年。
（2）真辺将之『東京専門学校の研究―「学問の独立」の具体相と「早稲田憲法草案」―』早稲田大学出版部、二〇一〇年。
（3）岡和田常忠「青年論と世代論―明治期におけるその政治的特質―」（『思想』五一四、一九六七年）。
（4）中野目徹『政教社の研究』思文閣出版、一九九三年。
（5）木村直恵『〈青年〉の誕生―明治日本における政治的実践の転換―』新曜社、一九九八年。
（6）明治十四年の政変の概要については、真辺将之「明治十四年の政変」（小林和幸編『明治史講義　テーマ篇』筑摩書房、二〇一八年）を参照。
（7）前掲注（2）真辺文献を参照。
（8）小野梓「祝東京専門学校之開校」（早稲田大学図書館特別資料室所蔵〈イ四―六五一〉『東洋遺稿』下巻所収）。
（9）瀬川光行「学園初期の学生生活とその新卒業生の苦闘」（『早稲田学報』三六四、一九二五年）。
（10）昆田文二郎「情味掬すべき師弟の間柄」（『早稲田叢誌』一、一九一九年）。
（11）平野高「現今では見られないあの頃」（『早稲田学報』三九二、一九二七年）。
（12）一八八九年十月十二日朝倉鉄蔵宛書簡（朝河貫一書簡編集委員会編『朝河貫一書簡集』早稲田大学出版部、一九九〇年）。
（13）「学徒の相場」（『中央学術雑誌』八、一八九二年）。
（14）「卒業生」（『中央学術雑誌』二一―七、一八九三年）。
（15）真辺将之「津田左右吉と東京専門学校・早稲田大学―早稲田大学大学史資料センター所蔵資料を中心に―」（『津田左右吉とアジアの人文学』二、二〇一六年）。
（16）金子馬治「四十年前の回想」（『早稲田学報』四〇〇、一九二八年）。

(17) 一八九三年十月十六日高橋春吉宛書簡（前掲注(12)『朝河簡一書簡集』所収）。
(18) 一八九三年二月九日高橋春吉宛書簡（前掲注(12)『朝河簡一書簡集』所収）。
(19) 峰島旭雄「梁川と早稲田」（虫明筑・行安茂編『綱島梁川の生涯と思想』早稲田大学出版部、一九八一年）。
(20) 早稲田大学大学史編集所編『早稲田大学百年史　第一巻』早稲田大学出版部、一九七八年。
(21)『東京大学百年史　通史編一』東京大学、一九八四年、一〇八七頁。
(22) 橋本鉱市「明治・大正期における文学部卒業生の社会的配分と役割」（『大学史研究』一二、一九九六年）。
(23) 天野郁夫『近代日本高等教育研究』玉川大学出版部、一九八九年、一九九頁。
(24) 慶応義塾編『慶応義塾百年史　中巻（前）』慶応義塾、一九六〇年。
(25) ただしこれらの教員は、帝大閥に圧倒され、学内で幹部にまで昇進することができず、多くが中途での退職に追い込まれたようである。真辺将之「石橋湛山と早稲田大学」（石橋省三・星浩編『石橋湛山　没後五〇年に考える』早稲田大学出版部、二〇二三年）を参照。
(26) 梁川会『梁川全集　第八巻』春秋社、一九二八年。
(27) 前掲注(26)文献。
(28) 前掲注(2)真辺文献、特に第三章を参照。
(29) 朝河貫一「基督教に関する一卑見」（『六合雑誌』一四九・一五〇、一八九三年）。
(30) 朝河貫一「再び預言者に就きて」（『基督教青年』二―四、一八九五年）。
(31) 一八九九年八月下旬中桐確太郎宛書簡（前掲注(12)『朝河貫一書簡集』所収）。
(32) 朝河貫一「自戒」（一九〇一年一月一日執筆、前掲注(12)『朝河貫一書簡集』所収）。
(33) 会津八一「朝河貫一と私」（木村毅『有閑帖』文章倶楽部社、一九五一年）。
(34) 朝河貫一「日本に於ける学問の傾向」（『早稲田学報』一五二、一九〇七年）。
(35) 朝河貫一「帰朝雑感」（『早稲田学報』一三三、一九〇六年）。

in order to draw out the preconceived ideas of the students and thrash them up thoroughly. The students (they are all the highest class men) are interesting, and the discussion have so far been a success. Their intellect is not mature, but their way of thinking is, I think, more straight than that of the Japanese youngmen. Moreover, they have a good knowledge of economics. Nothing dreamy or unreast is apt to interest them. On the other hand, they are never jealous of good men, and《〔ママ〕》 often they once discover the ability of a person they remain loyal to him. On the whole, you can seldom meet more interesting & natural young students than they.

(On the other hand, if they find a person to be silly, or conceited, or morally weak in any way, they would never be tired of making fun of him and teasing him in many ways. They have plenty of humor, which is natural and can be made at times boisterous.)

This year being my firest year (Sep, 1902–July, 1903), I am devoting all my time for my teaching, but from next year I shall have a considerable time for my own education. It is, however, extremely expensive to live a scholar's life. Book & periodicals alone cost a large amount. It will be some years before I get a good hearing and speak with authority.

How is Mr. Tsubouchi?　How are Nakagiri, Igarashi, Minakuchi, & the rest? I wish to be remembered to them all. I got a few words the other day from Shimamura. He was on the eve of going from London to Oxford.

Hoping to hear from you, & wishing you an improving health, I am

Sincerely yours

K. Asakawa

【書簡1】〔封筒表：Mr. Y. Tsunashima Tokio Japan　牛込大久保余丁町　綱島栄一郎様／封筒裏：記載なし〕

U.S.A.
Oct. 27, 1902.

My dear Tsunashima,──

How do you find yourself in these days when the winter is just coming on us? The summer was not this year very pleasant for any one, either in this country or in Japan. I hope you are feeling comfortable and in the way toward recovery. If you would accomplish something or not, I trust you will have your eye on the Father Time and not unduly strain yourself. It seems to me that the work done by straining himself by a sick person is apt to remain to the further as an object of pity and sympathy rather than for its real value as a contribution toward truth. The caution is undoubtedly needless in your case, for you must know it for better than I, but I would like to emphasize that you should not allow your illness to influence your contribution to humanist. I cannot approve of the conduct of some departed persons who, in their affiliation──that is, in the period when their voice was most impressive on the people imposed on their fellowmen legacies essentially morbid. Illness, if any, ought to clarify and purify one's view, instead of making it desperate or irresponsible.

I notice you have published a book on ethical history, which seems to have been well received. I congratulate you for the success.

My work at Dartmouth is well under way. I give two courses on the Far East, each in 54 hours. One is an explanatory study of the culture, moral and material, of the East Asiatic countries. The other course takes up the history of the relations of the East & West, in their commercial, diplomatic, & moral aspects, and also the existing conditions of the Far East. Both courses are full of lessons & problems, and no amount of knowledge & training on the past of the teacher would be too much. I am sure I shall not be able to handle them to my satisfaction for several years to come. I already find it a great self-education to arrange my thought and organize them with definite lectures (104 lectures during the year). In this preparation, every particle of my past education seems to count. If my general culture were twice as good as my present one, I would be able to make my lectures twice as good as the ones I am giving.

Instead of lecturing all through the hour, however, I often talk a portion of our time and hold active discussions with the students. Discussions are necessary

朝河貫一と文学

――バイロン・坪内逍遙・関戸信次――

宗像和重

はじめに

冒頭から私事で心苦しいが、私は福島県郡山市の県立安積高等学校の出身で、安積高等学校というのは、朝河貫一が通った福島県尋常中学校の後身にあたる。現在でも、卒業生を創立以来の通算の期数で数えていて、朝河貫一は第四期（一八九二年〈明治二十五〉卒業）、私は第八五期（一九七二年卒業）ということになる。ちなみに、第一期（一八八九年卒業）は明治の批評家高山樗牛で、私が学んでいた当時は、高山樗牛と朝河貫一が尊敬すべき二人の先輩であった。校庭の隅のソメイヨシノは「朝河桜」として伝えられ、また生徒手帳のはじめには、高山樗牛の「吾人は須く現代を超越せざるべからず」――我々はかならず現代を超越しなければならない、という言葉が掲げられていた。文学によって現代を超越し、高く飛翔しようとした高山樗牛と、歴史学によって現代をまっすぐに見つめようとした朝河貫一と、対照的な優れた二人の先人を輩出したことが、在校生の誇りでもあった。

この二人の対照的なありかたは、その名前に端的にあらわれている。樗牛は雅号で、本名は高山林次郎というけれども、日本の文学者は、坪内逍遙でも夏目漱石でも、逍遙、漱石といった、いわゆる雅号を有している。雅号は中国の文人趣味に由来するもので、そこには、ものを書くというのは日常生活から切り離された特別の営みであるという意識がある。それは、島村抱月とか綱島梁川といった、東京専門学校の先輩や友人たちも同じであった。彼らは、雅号を身に纏うことで、俗世間から超越した文筆の世界に入っていったのである。ちなみに、坪内逍遙の本名は坪内雄蔵だが、逍遙というのは雄蔵という名前につけた雅号ではない。そうではなくて、坪内雄蔵がものを書くときに身に纏ったのが「逍遙」という雅号なので、したがって「坪内逍遙」というのは正確にいえば「馬に乗馬する」といった類の重複表現だが、本稿ではこうした作家の名前については、慣用に従うことをお断りしたい。

しかし、朝河貫一には、そうした雅号の意識がない。初期には一時、イニシャルにちなむ「K．A．」「形影生」などと名乗ったことはあるが、それ以外は一貫して本名で通している。文筆に携わる明治の青年としては珍しいことで、むしろ彼がまなざしていたのが、日常からかけはなれた雅の世界ではなく、自分の生きている、今、ここの現実世界であり、それを何の仮託も韜晦もなしに見つめていくという、一種の潔さと覚悟を感じずにはいられない。ただその一方で、朝河貫一は東京専門学校で坪内逍遙らに学び、文学にも深い関心と造詣をもっていた。そうした青春時代の朝河貫一の文学への志向について、井出孫六「朝河貫一・その青春の視座」（『朝河貫一　人・学問・思想—朝河貫一博士生誕一二〇周年記念シンポジウム—』北樹出版、一九九五年）は、次のように語っている。

ダートマス大学に渡った朝河貫一はそこでドイツ文学を専攻したということです。（中略）そこに、青年朝河の精神の位相が見えてきます。野口には医学というはっきりとした具体的な指標があらかじめあったのに引きかえ、朝河の渡米のモチーフは、その点ではるかに茫漠とした星雲に近いものだったともいえますが、それだけにまた、若ものに固有の内発的な精神性に支えられていたとみることができるのではないでしょうか。

文中に「野口」とあるのは、いうまでもなく医学者野口英世を指している。分野は異なるものの、同じ福島県の出身で、早くから海外に活動の場を求めた二人は、後年の一九二一年にイェール大学で交歓の機会を持つことになるが、その野口が早くから医学を志望していたのに対して、朝河貫一にあったのは「若ものに固有の内発的な精神性」で、その目標はまだ茫漠としていた、というのである。ここで井出孫六がいう「内発的な精神性」こそ、文学の核心にあるもので、たとえば夏目漱石は、一九〇六年十月二十六日付の門下生鈴木三重吉に宛てた手紙で、次のように語っている。鈴木三重吉が自分の美的世界に纏綿していることを咎める内容の手紙である。(1)

苟も文学を以て生命とするものならば単に美といふ丈では満足が出来ない。丁度維新の当士《(ママ)》勤王家が困苦をなめた様な了見にならなくては駄目だらうと思ふ。(中略)君の趣味から云ふとオイラン憂ひ式でつまり《(ママ)》。自分のウツクシイと思ふ事ばかりかいて、それで文学者だと澄まして居る様になりはせぬかと思ふ。(中略)僕は一面に於て俳諧的文学に出入すると同時に一面に於て死ぬか生きるか、命のやりとりをする様な維新の志士の如き烈しい精神で文学をやって見たい。

朝河貫一は時に、「海を渡った侍」などと評されることもあるが、あらかじめ述べてしまえば、井出孫六が指摘する朝河貫一の「内発的な精神性」とは、漱石のいう「維新の志士の如き烈しい精神」と別のものではない。私は日本の近代文学を専攻している立場から、本稿ではそうした朝河貫一と文学との関わり、「文学者」としての朝河貫一の側面を取り上げてみたいと思う。具体的には、バイロン・坪内逍遙・関戸信次の三人について、朝河貫一と文学という観点から触れてみたいが、ただ今回はいずれも個別の関わりで、断片的な三つのスケッチに留まることをお断りしたい。

一　バイロン

朝河貫一の文筆活動は、習作期のものを除けば、東京専門学校時代から始まるが、ここにその間の初期文筆活動のリストをあげてみたい。一八九二年（明治二十五）十二月、東京専門学校の文学部文学科に入学してから、一八九五年七月に同校を首席で卒業するまでの期間である。

・一八九三年五月　朝河貫一「基督教に関する一卑見」（『六合雑誌』一四九号）
・一八九三年六月　朝河貫一「基督教に関する一卑見（承前）」（『六合雑誌』一五〇号）
・一八九三年七月　マクス・ミューレル、朝河貫一訳「秘密仏教」（『六合雑誌』一五一号）
・一八九三年十月　朝河貫一「牧師とはなんぞ（チェンズ先生の来国）」（『基督教青年』七号）(2)
・一八九四年五月　K. A.「バイロン卿を論ず」（『早稲田文学』六四号）
・一八九四年六月　K. A.「バイロン卿を論ず（承前）」（『早稲田文学』六五号）
・一八九五年一月　朝河貫一「預言者を迎ふ」（『基督教青年』二巻三号）
・一八九五年二月　朝河貫一「再び預言者に就きて」（『基督教青年』二巻四号）
・一八九五年六月　朝河貫一「宗教的生命を論じて究竟の疑に及ぶ」（卒業論文）

在学中に洗礼を受けた朝河の関心が、多くキリスト教をはじめとする宗教の問題に注がれていたのは自然なことだが、ここでは一八九四年の『早稲田文学』に二号にわたって掲載された「バイロン卿を論ず」に目を惹かれる。この論文は、「K. A.」という匿名で発表されているが（ただし目次では「A・K」）、これが朝河貫一のイニシャルであることは、角田柳作が後年の回想「故・朝河貫一博士を思う」（『毎日新聞』一九五三年〈昭和二十八〉九月二十四日付）で、「一年もしたかと思うと早稲田文学に朝河さんの署名のあるバイロンの評伝が載っていた。在学生の論文掲載は特例に違いない」と語っていることによっても、明らかである。『早稲田文学』は、いうまでもなく坪内逍遙が一八九一年に創刊した雑誌で、この当時は純粋な文芸雑誌というよりは、講義録の役割も兼ねていた。第一回目の六四号の論文には、「早稲田文学記者識」として次のような前書きがある。

バイロン卿は欧洲にありては已に過去の詩人となりたれども我が文壇に於ては未だ遽に彼れをもて過去の詩人と見做す能はず。本号及び次号に二分して掲ぐるバイロン論は社友Ｋ・Ａ氏の寄送に係る、バイロンが為人を評し得て頗る周細綿密なり。読者若し此の論の為に吾人が特にものせし前記の略伝を精読し扨後に本篇を繙かば庶幾くは得るところ少小ならざるべきか。

ここに「此の論の為に吾人が特にものせし前記の略伝」とあるのは、この論文の前に掲載されている鄭澳生「バイロン卿の伝」を指しているが、この前書きによると、論文の内容がよく理解できるように伝記をつけたので、まずはそちらを参照したうえでこの論文を読んでほしいというわけである。このようなかたちで在学生の論文が二号にわたって掲載されたこと自体、角田柳作がいうように、異例の待遇だったといってよい。もとより、こうした朝河貫一のバイロンへの関心は、彼が東京専門学校で学んでいた授業から、もたらされたものだった。朝河貫一・綱島梁川らが編集委員を務めた『おもかげ』というクラスの卒業文集があるが、そのなかに「第二年級」として、第二学年時の授業記録が掲げられている。(3)

夏目講師にバイロンのチヤイルド、ハロルドを、磯野講師にスコットのアイヴンホーを、坪内講師にオセロ、テーンの英文学史、カーライルのギヨオテ論、ハムレット、テンペストを、大西講師に哲学史（希臘初代より中世紀の初まで）心理学を、立花講師に社会学を、三島講師に老子を、関根講師に源氏物語（一年のつゞき）を、畠山講師に万葉集を、藤代講師にチヤイルド、ハロルド（夏目講師の後をつぐ）、斎藤阿具講師に近世史を、増田講師にチヤイルド、ハロルド（再び藤代講師の後をつぐ）カーライルのバルンス及びスコット論を学びたり

まだ帝国大学文科大学の学生であった夏目漱石がはじめて東京専門学校の講師となったのは、一八九二年五月のことである。同月六日、朝河貫一の同級生であった綱島梁川が記した日記には、(4)「午後始めて新聘講師夏目氏のビーカーの講義を聞く。弁舌明快ならず、講釈の仕方未だ巧みならずと雖も、循々として穏和に綿密に述べらるゝ処やゝ大

西氏に似たるところありて、未だ全く麻姑掻痒の快を与へざれども、又その不明の雲霧を散ずるの感あらしむ。兎に角可なりの講師と評すべし」とある。逍遙と並んで人気が高く、その学識を慕われていた大西祝を髣髴とさせるような講師の登壇に、綱島梁川が強い印象を受けていることがうかがえよう（綱島梁川は以後漱石に親炙し、しばしば漱石邸にも訪問している）。

　また、ここで「ビーカー」とあるのは、ゴールドスミスの「ウェイクフィールドの牧師」（The Vicar of Wakefield）を指しているが、漱石は翌一八九三年も講義も担当し、漱石年譜の同年「九月以降」の項目には、「東京専門学校（現早稲田大学）では、『スウィントン文集』の他、ミルトン、バイロン、ド・クインシーなどを教えた」とある。[5] これが、前記の卒業文集『おもかげ』の記すところで、二年時の朝河貫一が夏目漱石からバイロンの「チャイルド・ハロルド」の講義を受けていること、また漱石の後を継いだ講師によって「チャイルド・ハロルド」の講義が続いていることを確認することができる。本稿がその多くを負っている山内晴子氏の浩瀚な『朝河貫一論―その学問形成と実践―』（早稲田大学出版部、二〇一〇年）によれば、「バイロン卿を論ず」は、「坪内に学んだ成果として、朝河の英文学史レポート」として提出されたものということだが、一面において、朝河貫一の漱石からの受容、摂取の所産であったともいえるのではないだろうか。

　バイロン（George Gordon Byron、一七八八〜一八二四）は、いうまでもなく一八世紀から一九世紀にかけてのイギリス・ロマン派の詩人である。各地を放浪遍歴し、その経験を踏まえた長編の物語詩（全四編、一八一二〜一八年）が、「チャイルド・ハロルド」と略称される「チャイルド・ハロルドの巡礼」（Childe Harold's Pilgrimage）にほかならない。『チャイルド・ハロウ《ママ》ドの巡礼』（二松堂書店・金港堂書店、一九二四年）の訳者土井晩翠は、その「はしがき」で「英詩界の傑作として、百年の盛名を失はぬ、高等英文学の教科書として全世界に今日尤も広く採用さるゝ長編の英詩」と述べている。晩年にはギリシャの独立戦争に参加して、三十六歳で病死したバイロンは、人口に膾炙した与謝野鉄幹の詩「人を恋ふる歌」(『鉄幹子』所収、矢島誠進堂書店、一九〇一年)のなかで、「あゝわれコレッヂの奇才なく／バイロン、ハイネの熱なきも／石をいだきて野にうたふ／芭蕉のさびをよろこばず」と歌われるなど、情熱の詩人として喧伝されることが多いが、こうした日本におけるバイロンの受容については、菊池有希氏の『近代日本におけるバイロン熱』(勉誠出版、二〇一五年)に詳しく、その受容の歴史と評価の変遷の足跡が周到に辿られている。

本稿でも同書から学んでいることをお断りしたいが、それによれば、日本においてバイロンがはじめて紹介されたのは、一八七九年の橋爪貫一訳編『西国立志編列伝』(六合書房、一八七九年)で、当初は政治的詩人としてのバイロン像が喧伝されたが、それに対して、バイロンの詩を通してその内面を探り当て、政治的・情熱的詩人としてのバイロン像から厭世的詩人としてのバイロン像へ転換させたのが、森鷗外らによる翻訳詩集「於母影」(『国民之友』五八号附録、一八八九年)の試みであった。それをさらに掘り下げて論じたのが、「厭世の詩人ロード・バイロン」(『日本評論』二六号、一八九一年)における植村正久の厭世的で悪魔的なバイロン像や、「「マンフレッド」及び「フォースト」」(一八九〇・九一年頃、未発表)、「厭世詩家と女性」(『女学雑誌』三〇三・三〇五号、一八九二年)など、自分自身の厭世観を強く反映し、より内面化した北村透谷のバイロン像であった。菊池氏はそこに、著者自身と同化するような「バイロンの「負のロマン主義」の血肉化の流れ、あるいは、厭世的バイロン熱の内攻とでも呼ぶべき流れ」が看取できるという。そうしたなかで、朝河貫一のバイロン論が書かれるわけだが、一見するとその論調は、透谷のような深刻な自己同化とは大きく異なっている。

ギヨオテはバイロンを目して過去と将来とに絶せる大人物となし、スキンボルンはその大人物たる原因を探りて誠意と力量との絶倫なるにありと断ぜり。バイロンは実に偉大の人物也、赤心あるをもて偉大也。赤心は宇宙を包み鬼神を哭せしむ、之れあるもの誰か小ならんや。然れどもバイロンは赤心余りありて度量欠けたり。ミントーは彼れが一時博し得たる驚くべき声誉の因縁を探りて、その世を嫌悪しながらも世を冷評せざりしを其の一に数へたり。蓋し絶えて冷笑せざりしにはあらざれど、洒然として冷笑諧謔せんの度量なかりしなり、彼れは笑ふに先ちて怒らざるべからず、泣かざるべからず、怒り且泣かん為には、其の三十有六年の一生はた足らざるものありし也。彼れは実に過多の赤心、過少の度量の人なりき。

これが「バイロン卿を論ず」の冒頭だが、ここにおいて、朝河貫一はバイロンの「赤心」の偉大であることを述べながら、度量の狭さを指摘し、一言でいえば「赤心余りありて度量欠けたり」「彼れは実に過多の赤心、過少の度量の人なりき」と評している。この評価が示すように、朝河貫一のバイロン評価は、北村透谷のような共感を伴った内面化というよりも、その功罪を正確に見極めようとする傾向をより強くもっている。この頃、坪内逍遙は森鷗外との間で、批評の基準をめぐる没理想論争を繰り広げていたが、ここでの朝河貫一の批評態度にも、逍遙に倣った強い「記実」への志向がうかがえよう。また、透谷が強調するような厭世詩人というより、能動的な革命詩人としての相貌をより強く帯びている。いま紙幅の関係で、その議論に深く立ち入ることはできないが、第一回（六四号）は主にバイロンの性格をその閲歴および「チャイルド・ハロルド」などの作品から探ったもので、第二回（六五号）ではそうした性格が自身やイギリス内外に及ぼした影響について論じ、バイロンの革命詩人としての意義や批評家としての特質を協調しながら、末尾において「其の教訓」を次のように指摘している。

彼れが吾人の師たるは、其の厭世家たるの辺にあらず、其の赤心の偉力を教へたるの辺にあり、度量を欠ける赤心の如何ばかり危険なるかを教へたるの辺にあり、過去を忘れ得ざるものが強ひてこれを忘れんと試むるは、寧ろ之れを記臆し、以て戒慎し、以て自省し、而して猛進するに如かざるを教へたるの辺にあり、周囲の障害を打撃しつゝ怒号しつゝ狂奔するは、遙に前途の理想を仰望して綽々禹歩するに如かざるを教へたるの辺にあり、総べて云へば、一方に自省修練の必要を怠り、他方に明確なる理想を具へざる者の絶大なる悲劇を実演して普く後世に示したるの辺にあり。嗚呼、此の点より見る時は、宇宙に於けるバイロン卿が位地は天と共に長く地と共に久しかるべし。

すなわち、バイロンの教訓はただ彼が厭世家であったことではなくて、「度量を欠ける赤心」の危うさを教え、「明確なる理想を具へざる者の絶大なる悲劇」を実践して後世に示した点にこそあるという。朝河貫一のこうした指摘について、前掲の菊池氏は、「冷静な筆致」で「その解釈は概してバイロンに対して否定的なものである」と指摘されているが、私は必ずしもそうとは言いきれないように思う。前掲の引用にあるように、「赤心」というのが朝河貫一のバイロン評価のキーワードで、彼はバイロンの核心にこの「赤心」を見出し、何よりも貴いものとして評価しながら、一方でそれを知性で統御できなかったバイロンの生涯を「絶大なる悲劇」として捉えている。だからこそ、バイロンは「吾人の師」たりうるので、「寧ろ之れを記憶し、以て戒慎し、以て自省し、而して猛進する」ことを強く促す原動力になっているのではないだろうか。

「バイロン卿を論ず」と同じ年に、彼は友人の高橋春吉に宛てて、「清き心ほど大胆不敵のものはなし。／過去も現在も未来も私の一生は、一大詩歌《ポエトリー》に御座候。願はくは浮世の常律もて小生を批する勿れ(6)」と語っているが、ここには、バイロンの「赤心」をみずからの「清き心」に重ねながら、これからの人生を「一大詩歌」として——いうならばバイロンの詩「チャイルド・ハロルドの巡礼」の主人公のごとく、世の規範にとらわれずに波乱の人生に乗りだしていこうとする、若い朝河貫一の密かな決意、ないし前掲の井出孫六が指摘する言葉を借りれば、「内発的な精神性」の発露を見出すことができるのではないだろうか。それがどのような旅であったのか、朝河貫一におけるバイロンの意味については、最後にもう一度確認したい。

二　坪内逍遙

ところで朝河貫一は、前掲の卒業文集『おもかげ』にも「坪内講師にオセロ、テーンの英文学史、カーライルのギヨオテ論、ハムレット、テンペストを」とあるように、在学中、坪内逍遙のシェークスピアの講義を受講しており、迫真の朗読を交えた逍遙の講義が受講生に強い感銘を与えたことは、多くの証言がある。朝河貫一もその一人で、高橋春吉の厭世観に共感して「シェキスピアーのものしたるハムレットの如きも、世を厭ひたるものニ候。「この難き肉《シヽムラ》、解けよ。寛ろげよ。露となりて流れよ」と浩嘆いたし候」と記すなど(7)、シェークスピアの世界に深く馴染んでいた。この「ハムレット」をはじめとするシェークスピアの翻訳は、逍遙にとって畢生の事業となったが、ここでは特に一九〇九年（明治四十二）から逍遙が取り組んだシェークスピア全集の媒介者として、朝河貫一が果たした役割に目を向けたいと思う。

卒業後の朝河貫一と坪内逍遙との交流は、早稲田大学演劇博物館所蔵の朝河貫一書簡によれば、アメリカ渡航後の明治二十年代末からの坪内逍遙宛書簡が残されており、『早稲田文学』が送付されていたことも確認できる（本書第Ⅱ部参照）。逍遙の日記では、一九〇三年二月十六日に「水谷と朝河と伊豆とへ通信(8)」、同じく五月三日に「朝川《ママ》より来書あり　5dollars 送附(9)」などとあり、明治三十年代半ばの手紙の往復が記録されている。ただ、今日知られている逍遙から朝河貫一宛の手紙としては、早稲田大学坪内博士記念演劇博物館逍遙協会編『逍遙新集　坪内逍遙書簡集』第一巻（早稲田大学出版部、二〇一三年）に収録された、一九〇七年八月十四日付書簡が最も早い。その冒頭に「航路御無事にてもはや御安着と祝賀申入候」とあるように、朝河貫一が第一回の帰国からアメリカに戻った直後の手紙である。そして、アメリカ生活のなかで朝河貫一は、逍遙に欧米のシェークスピアや演劇に関する資料を送ることになったようで、この年十二月五日付の逍遙の手紙では(10)、「過日はシエークスピヤに関する珍らしき刊行物沢山御贈付厚く御礼申上候　何よりの参考品と珍蔵いたすべく候」と、シェークスピアに関する書物を朝河から送られたことに礼状を寄せている。

また、翌一九〇八年九月十二日付の手紙[11]には、「日本文学之御批評中に小生の事は過褒真に当らず字の如く汗を覚え申候　紅葉其他につき穿細なる御評釈　外人にとりて新知見の門戸を開くものと信じ候　それにつき最近のやゝ代表作物と看做すべきもの三部別封にてお送申候、此中二葉亭《フタバテイ》のはどちらかといへば少々old schoolに属するものと若手中にては批評いたし候　花袋、白鳥（校友）がup to dateといふ所に候、（中略）もとより彼の自然主義論は今は行留りとなり、例の回り燈籠式にまた何か新物をと首を延しつゝ有る様に候が」云々とある。文面から察するに、朝河貫一が日本の近代文学を論じて、先駆者としての逍遙を高く評価したことに対する返信で、「最近のやゝ代表作物と看做すべきもの三部別封にてお送申候」とあるのは、その時期と内容に照らして、二葉亭四迷『平凡』（文淵堂書店・如山堂書店、一九〇八年）、田山花袋『花袋集』（易風社、一九〇八年）、正宗白鳥『紅塵』（彩雲閣、一九〇七年）を指していると思われる。この年には、一月号の『早稲田文学』が田山花袋の小説「一兵卒」や島村抱月の評論「文芸上の自然主義」などを掲載して、自然主義を鼓吹したことで知られるが、その同じ時期に、「花袋、白鳥（校友）がup to dateといふ所に候」と述べつつ、「彼の自然主義論は今は行留りとなり」とも付け加えるなど、時代の趨勢に敏感に反応している逍遙の姿が垣間見える。

注目したいのは、こうしたやりとりを一つの触媒ないし刺激として逍遙がシェークスピアの翻訳に集中していくことで、彼が『沙翁傑作集』（のち『沙翁全集』、当初は冨山房・早稲田大学出版部、のち早稲田大学出版部刊行）の最初の一冊『ハムレット』を刊行するのは、翌一九〇九年十二月のことであった。ちなみに、朝河貫一が坪内逍遙の援助を得て、著書『日本之禍機』（実業之日本社、一九〇九年六月）を刊行するのも同じ年だが、この年の逍遙の日記[12]には、「朝河へ「日本の禍機」出版のことを報ず」（五月二十五日）、「朝河の「日本の禍機」表紙の事山田へ頼む、序文の校正を了ふ」（五月二十九日）、「「日本の禍機」の表紙に関して日清印刷の小久江来る」（六月一日）、「午前「日本の禍機」の序文を綴り、増田へ送る」（七月三日）などの記事がみられ、逍遙が『日本之禍機』の装幀にまで深く関与していたことが知られる。逍遥の日記に「暫く創作の念を断ちてハムレットの翻訳に着手す」という記事が登場するのは、その直後の七月二十九日のことであり、逍遥にとっても朝河貫一の警世の書ともいうべき『日本之禍機』に触れて、その出版に尽力したことが、『沙翁傑作集』に向かう大きな原動力の一つになったことを推測させる。

その後、第二巻の『ロミオとジュリエット』（一九一〇年九月）については、刊行後間もない一九一〇年十月十八日付の朝河貫一宛書簡[13]に「沙翁訳の第二として Romeo & Juliet を出版いたし候故一部差出候、これにも印刷違ひやら見落しの仮名ちがひやら多く見ともなく候へど取敢ず呈し候、先般のハムレットは印刷其他の批評多く候ゆゑ改めて一本を呈し候、先度のは御破算被下度候」とあり、同じく第三巻の『オセロー』（一九一一年四月）についても、刊行とほぼ同時の一九一一年四月二日付の書簡[14]に「オセロー一本製本出来候まゝ呈上致候　Lewis 氏 Loandsbury 氏の両教授は今 Yale 大学に勤務せられ候にや　前氏の Genesis of Hamlet. 後氏の Shakespearean wars. 昨今やっと講読益を得候所不尠少候、定めし右二著の外にも立派なる著述あることゝ存候　何かの御序も有之候ハヾ其辺の儀御洩し被下度候」とある。逍遥にとって、第一に届けるべき読者の一人が朝河貫一であったことは疑えない。明治期にはもう一冊、第四巻『リヤ王』（一九一二年四月）も刊行され、ほぼ年一巻のペースで続刊されている。

以後、その都度の書簡は残されていないが、後述する朝河貫一の書簡からもうかがえるように、逍遥は刊行の都度、朝河貫一に献本しつつ、きわめて精力的に刊行を進めていくことになる。とくに大正期の半ばには、一九一五年（大正四）に第七巻『テムペスト』（四月）、第八巻『アントニーとクレオパトラ』（六月）、第九巻『真夏の夜の夢』（十一月）と三冊、また朝河貫一の第二次帰国中（一九一七年七月〜一九一九年九月）の一九一八年にも、第一一巻『以尺報尺』（九月）、第一二巻『冬の夜ばなし』（十一月）、第一三巻『リチャード三世』（十二月）と三冊刊行されるなど、刊行のペースが加速しており、『沙翁傑作集』への逍遥の熱意の大きさがうかがえる。いま、第一二巻『冬の夜ばなし』の執筆に関する日記の記事を抜粋してみたい[15]。

Winter's Tale の訳に着手す（一九一八年八月二十六日）
冬物語反訳（八月二十七日）
冬物語反訳進行（八月二十八日）
反訳進行（八月二十九日）
反訳進行（八月三十日）
反訳進行（八月三十一日）
反訳進行（九月一日）
反訳進行（九月二日）
反訳進行（九月三日）
反訳進行（九月四日）
Winter's Tale 訳了　丁度十日間ニテ（九月五日）
反訳浄書不捗（九月八日）
浄書不捗（九月九日）
浄書（九月十一日）
「冬の夜話」の序説の一部　原話の筋書脱稿（九月二十五日）
「冬の夜話」の序言を艸す（九月二十六日）
「冬の夜話」の稿を出版部へ交附す（十月二日）

これらは、日記の該当する個所のみを取り出したものだが、いかに精力的に翻訳および浄書の作業が行われているかをうかがうことができる。しかも、出版部に原稿を渡したわずか一週間後の十月十日には「リチャード三世の訳を劇場画論よりも先にすべしと決心す」とあり、翌日から「Richard Ⅲの反訳ニ着手す」（十月十一日）、「R. Ⅲ反訳」（十月十二日）と連日の翻訳の進行が記されている。その一方では、印刷所から矢継ぎ早に届けられる「冬の夜話」の校正作業も平行して行われ、十月二十八日には「「冬の夜話」校正ほゞ了」という記事がみられる。こうした、反訳→浄書→入稿→校正の繰り返しが、不断にまた前後の作品と重複平行して行われることが何年にもわたって常態になっている。一方でこの前後の日記には、「此頃うち不安眠　眠薬を用ふることおそくして　此夜もあまり効なし」（六月二十二日）など、「不安眠」「眠薬」の文字がしばしば現れ、身心の不調のなかで文字通り日に夜を継いでの作業であったことが知られる。

こうした作業のなかで、帰米した朝河貫一からは、「又演劇材料につき御請求のことありしが、其点を明確に記憶せず、過日来考へ候へとも追憶せず、実に不行届不親切に汗顔仕候。何卒更めて御仰越被下度、是亦申兼候へども御願申上候」（一九二〇年七月頃）といった書簡[16]や、「兼々より御送申候リテラリー、レヴィユーは、此種の週刊物にては当国最良に候。其の主筆は小生の知友に候。英国のタイムスの文学附録（週刊）は品質一層よろしく存候。其の中に劇に関することなど見え候はゞ切抜可差上候。御覧被下候はゝ幸甚に候」（一九二二年八月二十日付）といった書簡[17]など、逍遙の依頼を受けて、欧米におけるシェークスピアや演劇に関する情報や新聞・雑誌の切り抜きが送られており、これらが現今の欧米の趨勢を知る上で大きな恩恵をもたらしたであろうことは、想像に難くない。前述したように、逍遙は刊行の都度朝河貫一に献本を続けており、一九二四年十二月六日付の朝河貫一から逍遙宛の書簡[18]には、その様子が次のように記されている。

次に、御訳の沙翁劇は御寄贈被下候分を悉く大学図書館に所蔵仕候。其の目録別紙ニ認め候。もし之に漏れたる分の内、余部を一部同館に備付け得べくば仕合の至なるべく候に付、御相談申上候次第ニ候。

すなわち、逍遙から送られた『沙翁傑作集』を大学図書館に備えつけていることを報告するとともに、欠けているものがあれば送ってほしい、という依頼の手紙である。ここに記す「目録別紙」には、朝河貫一の筆で「ハムレット」「ヘンリー四世　一、二」「ジュリヤス、シーザー」「リヤ王」「以尺報尺」「オセロー」「ロミオとジュリエット」「リチャード三世」「テムペスト」「ヹニスの商人」「シムベリン」「コリオレーナス」の名前があげられている。いわばこの一冊一冊が、日本とアメリカに遠く離れた二人を結びつけていたわけで、朝河貫一も逍遙の精力的な仕事ぶりに瞠目しながら新刊を手にしていたに違いない。この『沙翁傑作集』は一九二六年（大正十五・昭和元）五月の『ウインゾアの陽気な女房』まで二三巻を刊行し、さらに第二四巻『まちがひつゞき』（七月）からは『沙翁全集』とあらたまって続刊、煩雑なのでその一々を記さないが、一九二六年には七冊、一九二七年には七冊、一九二八年には六冊を刊行し、同年十二月の第四〇巻『シェークスピヤ研究栞』をもって完結することになる。

この『シェークスピヤ研究栞』は、「沙翁学に入るための第一扉」（「序」）として、「訓詁本位の研究」「文学本位の研究」「伝記本位の研究」「実演本位の研究」など、各分野における研究の歴史と趨勢を記述しつつ、自らの翻訳について語ったもので、その脱稿・校正の時期にあたる一九二八年十月以降の日記には、[19]「研究栞手入を終る　全部脱稿」（十月九日）、「沙翁栞参考書を新たに読み　追加を艸し　午後出版部行」（十月十三日）、「更に沙翁栞の参考書を読む」（十月十四日）、「「研究栞」の校正はじまる」（十月二十四日）、「研究栞の原稿補足」（十一月五日）など、最終盤まで増補改稿が試みられていたことがうかがえる。その渦中の十一月八日の日記に「朝河へ返書」とあるのも、シェークスピア関係の資料に関することかもしれないという空想に駆られるが、朝河自身は『シエークスピヤ研究栞』刊行まもない一九二九年一月十三日付の逍遙宛の手紙で、「沙翁研究栞拝受、先度御問により申上候ことハ間に合はざりしこと、存じ候。又、ベーコン論の処に一七八頁にブースの論文を挙げられ候処、此人ハ小生の親友にて（英人なれども米に住し先年死去）随分深く初版等を研究し、数種印行し、就中最大の著ハ大冊ニて此等ハ御引用なき様ニ候。（中略）御手許に差上ぐるつもりニ候ひしも、いつか引移りの時荷造りして、何処かに仕まひ込み、頓と見当らず、遺憾ニ存候」と記している。贈られた『沙翁研究栞』を読んで、自分の紹介した資料が掲載されずに間に合わなかったらしいことを残念がっている手紙である。(20)

この『沙翁傑作集』『沙翁全集』について、河竹繁俊・柳田泉の著になる『坪内逍遙』（冨山房、一九三九年）は、「逍遙の如く、文壇乃至劇文壇の一流権威者で、而も全くの独力でシェークスピア全集を完訳した事は、世界中に類例がないと言はれる。それも五十年来の薀蓄を傾け、七十歳にして完成したのであつた。殊に最後の三ヶ年間には二十巻といふすばらしい精進ぶりを見せたのであつた」と語っている。しかし、一方では、『沙翁全集』の完結後、これが逍遙の「全くの独力」であることを否定し、その業績を貶めるような「事件」があったことを、河竹繁俊は「坪内博士の名誉のために――「沙翁全集」に関する事件」（『東京朝日新聞』一九三二年二月二十七・二十八日付）で記している。すなわち、近刊の雑誌に『沙翁全集』は実は逍遙の仕事ではなく、逍遙が同窓の老人に報酬を与えて翻訳させたものであるにもかかわらず、逍遙の業績として喧伝されているという内容の暴露文が掲載され、その著者を問い糺して誤りであることを明確にしたというのである。この「事件」そのものは、書き手の謝罪を受けて幕を閉じたというが、一方においてそのような話がまことしやかに語られたのは、この全集が逍遙の独力で成り立ったことを疑わせるほどの「目覚ましい精進ぶり」であったことの証左でもあろう。そしてもし、この独力でなった偉業に陰の協力者の存在があったとすれば、最も力を尽くしたその一人が朝河貫一であったことは疑えないように思われる。朝河の援助は、ただ精神的な応援に留まらず、欧米の資料や情報の紹介・提供という具体的なかたちで、『沙翁全集』と随伴し、支え続けていたのである。

もちろんこれは、朝河貫一が逍遙を支援するだけの一方通行の影響関係ではないので、朝河貫一もシェークスピア、とりわけ東京専門学校で坪内逍遙から学んだハムレットに、強い関心を持ち続け、深い影響を受けていたことが、増井由紀美氏の「朝河貫一―明治の「国際人」―」（『津田塾大学紀要』三八号、二〇〇六年）において詳しく論じられている。それによれば、朝河貫一は一九一四年一月十七日、ニューヨークの劇場で「ハムレット」を鑑賞し、役者の演技に魅了されて、未発表の原稿「ハムレット論」を書き上げたという。増井氏は、「「ハムレットの人生は成功と言えるのだろうか。」これは、東京専門学校で坪内逍遙から出された問いであるが、二〇年が経ち、同じ問題に立ち向かい、考える。（中略）そして四十を過ぎた今、この問いを「ハムレットの精神面においての成功の度合いは？」と置き換えてみる。答は「人の精神的な成長は失敗とか成功といった言葉で簡単に分類できるものではない」となる」と指摘して、このときの朝河貫一が、かつての坪内逍遙の問いかけを反芻しながら、ハムレットと向かい合っている姿を論じており、朝河貫一における文学の問題を考えるうえで、大きな示唆を受けた。私は、この未発表の「ハムレット論」が坪内逍遙にも送られたのではないかと夢想するが、今後さらに書簡や資料の調査・検討が進むなかで、シェークスピアを媒介とした二人の交流や、逍遙のシェークスピア全集に果たした朝河貫一の役割に一層の光があたることを期待したいと思う。

三　関戸信次

ところで、前節において、「日本文学之御批評中に小生の事は過褒真に当らず字の如く汗を覚え申候」に始まり、現今の日本文学の動向に触れた一九〇八年（明治四十一）九月十二日付の逍遙から朝河貫一へ宛てた手紙を引用したが、その手紙の最後には、追伸として「つい此間関戸信次氏父御見えられ、御地にていろ〳〵伜が御厄介になり首尾よく学位もいたゞきたり云々とて大喜びに候ひき」と記されている。ここでは、その関戸信次と朝河貫一との関わりについて目を向けてみたい。

・小松松夫　一八八八年―一八八九年　法律学　LL.B.　一八八六年邦語法律科卒

・松田金之助　一八九三年―一八九五年　法律学　D.C.L.　一八八七年邦語法律科卒
・政尾藤吉　一八九五年―一八九七年　法律学　D.C.L.　一八八九年英語普通科卒
・朝河貫一　一八九九年―一九〇二年　歴史学　Ph.D.　一八九五年文学科卒
（中略）
・関戸信次　一九〇七年―一九〇九年　英語学　M.A.　一九〇七年大学部文学科卒

ここに引いたのは、小川原正道氏の「東京専門学校とイェール大学―朝河貫一を中心に―」（『早稲田大学史記要』五四巻、二〇二三年）と題する論文に掲げられた、「明治期に東京専門学校を卒業し、イェール大学に留学した日本人の氏名、在籍期間、専攻、取得学位、同校の卒業年・学科」の一覧の一部である。実際には一六名の名前が挙がっており、朝河貫一は四番目、関戸信次は一三番目に名を連ねている。彼は一九〇七年に文学科を卒業し、同年から一九〇九年までイェール大学に在学して、英語学で修士号を取得した。朝河貫一が第一回の日本への帰国からアメリカに戻ったのが一九〇七年だから、イェール大学に戻って最初に迎えた東京専門学校の後輩であり、学生にあたる。彼は一九〇九年にイェール大学を卒業して帰国するが、「よみうり抄」（『読売新聞』一九〇九年十一月十八日付）には、「関戸信次氏帰朝」として「早稲田大学四十年度の英文科卒業生なる同氏は卒業するや直ちに米国に赴きエール大学に於て英文学を研究中なりしが数日前帰朝せり」とあり、新帰朝者として注目される存在であったことがうかがえる。その帰朝後の最初の文筆活動といえるのが、翌一九一〇年三月の『実業之日本』一三巻五号に「マスター、オブ、アーツ」の肩書で掲載された「エール大学に於ける朝河博士」であった。

『実業之日本』読者は既に、米国エール大学に於て、東洋史、日本近世文明史等の講座を担当し居らるゝ、博士朝河貫一氏の名を熟知せられて居るであらう。然し、遠く海外に在らるゝ事とて、謙遜篤学なる同博士の事は、我同胞に余り良く知られて居らぬと思ふ。余はふとした縁により博士の知己を辱うし、エール大学に於ける氏の働きを親しく知り、且つ、一時は博士の家庭の一員ともなり、余に取りて終生忘れ難き印象を受けたのである。

これがその冒頭部で、以下見開き二ページにわたり、イェール大学における朝河貫一の日常が紹介されている。右の引用に「一時は博士の家庭の一員ともなり」とあるのは、一時同宿してアメリカ人の夫人との「学者の家庭の典型ともいふ可き」生活を直接見聞したからで、「余も数ヵ月博士と机を同うして勉強した。余も随分精力を出して勉強したが、遂に博士の根気には敵せなかつた」という。この回想に描き出されているのは、そうした篤学で真摯な学者像とともに、静かななかにきわめて熱意ある授業と、日本の留学生をはじめとする学生に懇切な教育者としての姿である。関戸信次は朝河貫一が日本語の授業も担当していたことを述べ、「余の記憶に誤り無くば、米国諸大学中日本語講師のあるのは、エールのみである。コロンビア、ハーバードには支那語講義あるのみで、日本語の部は未だ設けられて無い様である」とも記している。私にはこれが正確かどうか判断できないが、少なくともアメリカの大学における日本語教育の草分けの一人でもあった、ということはいえるだろうと思う。

関戸信次は、アメリカ留学前にも「関戸紫苑」の名で雑誌『新声』に美文や韻文を寄せていた文学青年だったが、帰国後のこの文章を皮切りに、一九一〇年に小説「女怪」(『早稲田文学』三月)、小説「祭の夜」(『趣味』六月)、随筆「ナポリの港」(『新公論』七月)、小説「羅馬の女」(『早稲田文学』九月)などを相次いで発表して文筆の世界に進んでいくことになる。一方で、「よみうり抄」(『読売新聞』一九一〇年四月十三日付)に「先頃大阪へ向け出発せり多分桃山中学の英語教師に就職の為めなるべし」という消息があるように、教師としての生活に入り、その後実業界に転身するが[21]、一〇年余を経た一九二三年(大正十二)五月に刊行したのが、扉に「エエル大学教授　朝河貫一氏に献ず」という献辞を掲げた歌集『相思樹』(黎明閣、一九二三年)にほかならない。『相思樹』というのは、南国原産の常緑高木で、この歌集もそうした国々や日本各地へのさまざまな旅のなかから生まれた歌、また『相思樹』という名前が暗示するような恋愛の歌が中心で、留学にまつわる歌として「朝ごとに楡の林をわがゆけばをがむまねして待てる栗鼠ども—

ニユウヘエブン―」「古き書眼《ふみ》にすりよせてミルトンを説きし師の君すこやかに在《ま》せ―エエル大学ピヤアス博士―」の二首があるものの、直接朝河貫一を詠んだ歌はない。しかし、前掲の「エール大学に於ける朝河博士」のなかで、「余に取りて終生忘れ難き印象を受けた」とあったように、こうした歌集に結実した自分の人生を支えてくれたものが朝河貫一という存在にほかならなかったことを、深い感慨と感謝の念をもって刻み込んだ献辞というべきだろう。

この歌集には、与謝野寛の序文、晶子の序歌も添えられており、そのなかで与謝野寛は「相思樹一巻は、関戸君自身の生活の一端を表現して、毫も専門家臭を帯びない。わたくしは之を尊敬する。（中略）君の歌のモチイヴは悉く抒情詩の第一義たる真実の感激から出発してゐる」と述べている。関戸信次と与謝野寛・晶子との関係がどのようにして生じたのか、まだ確認できないが、集中の「かにかくに人の世は憂しいつまでも恋の遊びに身を置きてまし」のように、明らかに晶子ばりの歌で、若い頃から『明星』の歌風に親しんできた人であったことがうかがえる。これ以後、彼は、与謝野寛の主催する第二次『明星』、およびその後身の短歌雑誌『冬柏』の歌人としても精力的に活動を続けることになる。文壇の趨勢からは取り残される形になっていた与謝野寛・晶子にとっても心強い後援者だったというべきだが、後年の一九三五年（昭和十）二月、『冬柏』に寄せた「春を待つ」一五首のなかに、「朝河貫一氏に」という言葉が添えられた「寒き日の異国の窓に君もまた春を待つらん逢はまほしけれ」が掲げられていることを、つけ加えておきたい。もちろん、ここに取り上げた関戸信次の歌集・短歌は朝河貫一自身の文学活動ではないが、異国の大学の研究室や書斎で仕事に明け暮れながら、その窓に目を注いではるかかなたに思いを寄せる、朝河貫一の静謐なたたずまいが、接する人にどのような文学的感興を引き起こしたかを物語る一つの例として、記し留めておきたいと思う。

おわりに

関戸信次は、前掲の「エール大学に於ける朝河博士」において「謙遜篤学なる同博士の事は、我同胞に余り良く知られて居らぬと思ふ」と述べていたが、その具体的な例として、一九四八年（昭和二十三）八月に彼が亡くなった際、日本ではその業績が正しく伝わらず、訃報でも名前の表記を間違えるほどだったことが、しばしば指摘されている。しかし、たとえばＮＰＯ法人インテリジェンス研究所の「20世紀メディア情報データベース」——すなわち、占領期の資料の宝庫として知られるメリーランド大学プランゲ文庫のデータベースによると、没後まもない時期にも、その生涯と業績が、いわゆる大手のメディアや論壇ではなく、『婦女界』『中学世界』『古川柳』といった大衆的な雑誌で顕彰されていることは、きわめて興味深いことのように思われる。このデータベースで「朝河貫一」をキーワードとして検索したリストを、次に掲げてみたい。

・無署名「朝河貫一博士の面影」（『読書展望』一九四八年十月）
・きむら生「朝河貫一氏断片」（『読書展望』一九四八年十月）
・坪内士行「故人追想　朝河貫一博士」（『読書展望』一九四八年十月）
・高橋いわお「世界の心配　朝河貫一博士の手紙」（『世界国家』一九四九年一月）
・記者「瞼の母に捧ぐ「エール大学教授四十年」の栄冠！　輝やける学聖・朝河貫一博士の生涯」（『婦女界』一九四九年三月）
・竹内松治「学問を通じての生涯を通じての日米親善使節　エール大学教授朝河貫一君を憶う」（『世界国家』一九四九年三月）

・姉崎正治「朝河貫一郎《ママ》の追憶」（『塔』一九四九年三月）
・鯨正一郎「アメリカで伝記の出る故朝河貫一博士」（『全人』一九四九年五月）
・木村毅「朝河貫一　アメリカの学界に貢献した」（『中学時代』一九四九年九月）
・朝河貫一遺稿「精進」（『散歩文学　古川柳』一九四九年九月）

これらの文章には、朝河貫一の業績そのものよりも、刻苦勉励の生涯とその人柄に焦点を絞ったものが少なくないが、最後に掲げた「朝河貫一遺稿「精進」」は、朝河貫一自身が自分の生涯を振り返って残した「精進」と題する長歌が紹介されている。付された説明によれば、「博士は永眠に先立って、書を故国の旧友竹内水哉翁に寄せられ、研鑽孜々老の到るを知らずの意気を示され、「精進」と題する右の長歌をもその書中に書き認められた」とある。この「精進」は、すでに阿部善雄氏の『最後の「日本人」―朝河貫一の生涯―』（岩波書店、一九八三年）において紹介されているが、それによれば一九四三年の病気静養中に詠まれて、一九四六年八月六日の日記に書き留められ、「彼がこの歌を中学時代からの古い友人竹内松治へ贈ったのは、さらに一年余がすぎた一九四七（昭和二十二）年十月五日であった」という。その間、語句にも若干の変更が加えられたということだが、その内容が初めて公開されたのが、竹内松治（水哉）の関係していた『散歩文学　古川柳』誌上だったと思われるので、ここに引いておきたい。

かずならぬ、身をひたぶるに、捧げつつ、さゝぐる我を浄めんと、はてしを知らぬ途に入り、百たび千たび、かへりみて、ゆるむ心をとり直し、吹き入る塵を払ひのけ、萌え出づる迷ひ、ことさらに、そのたび毎に、根をたやせ。世にはまた、友に送られ、勇ましく、門出しながら、里を去り、程遠からぬ路のべに、小石拾ひて、はや帰り、みがき飾りて、たからとし、ひとにも衒ふやからあれど、我の旅路は程遠く、我のねがひ、かぎりなく、いやが下にもへりくだり、いやが上にも日を指して、つばさのかぎり、翔け往なば、大御光はいつしかに、わが霊《たま》にさへ、照り始めなむ。

そして反歌として「わがたまにひかりてりそふ暁ぞまたとびのぼるかどでなりける」という一首が添えられている。深い嘆息の中に我が身を鼓舞するような歌だが、ここで朝河貫一が、日本の伝統文芸形式である長歌、そして反歌という形式で、波乱に満ちたみずからの生涯の遍歴を振り返っていることに、注目したいと思う。阿部善雄氏は前掲書において、「精進」を書き認めた朝河貫一の心情に即して、「朝河は遠く一八九五（明治二十八）年の秋を思い出していた」と述べているが、まさしくその若き日に『早稲田文学』に寄せた「バイロン卿を論ず」のなかで、「チャイルド・ハロルドの巡礼」を取り上げて、その一節を引用していたことを思い出していなかっただろうか。そこで朝河貫一が引用していたのは、第三編の九節、チャイルド・ハロルドが人生という苦い杯を飲み干して、みずからの遍歴を振り返っている個所であった。「英国に別れを告げるところに始まり、この期間の旅の印象と、それに対するハロルドの感懐とを歌ってゐる。印象と主観とが渾然として、処々に絶唱ともいふべき優れた詩章を成してゐる」（近藤繁『バイロン』研究社、一九八〇年）とも評される、集中屈指の一節である。

彼のはあまりに早く干されぬ、かくして彼は
底なる滓《おり》の苦きを知りぬ、
されど先より聖《きよ》き場《には》に先より清き泉より
再び酌みて、その本は涸れずと思ひき、そは空し。
彼をめぐりて鎖は尚もまとひつき、
永くも彼を悩まして人目に触れず縛りつけ、
音はせねどもいとゞ重く、帯ぶるに起る身の苦痛、
言葉なけれど鋭くも其身を痛め、
行手の山河経るごとに一歩一歩にくひ入りぬ、

朝河貫一の引く原文を略し、前掲の土井晩翠訳『チャイルド・ハロウドの巡礼』から掲げた。冒頭の「彼の」は「彼の杯」の謂だが、ここにおいてチャイルド・ハロルドは、自らの旅を「鎖は尚もまとひつき」「人目に触れず縛りつけ」「帯ぶるに起る身の苦痛」「一歩一歩にくひ入りぬ」という苦しみと深い歎きとともに振り返っている。私には、こうしたチャイルド・ハロルドの歎きと、「精進」において吐露されていた、「はてしを知らぬ途に入り」「萌え出づる迷ひ、ことさらに」「我の旅路は程遠く」といった詠嘆の思いとが、はるかに時を隔てて応答しているように思われる。若い日に高橋春吉に宛てて、「過去も現在も未来も私の一生は、一大詩歌に御座候」と書いた朝河貫一は、晩年において、歴史学の研究に専心した自らの生涯を、「チャイルド・ハロルドの巡礼」という長編詩に重ね合わせるように、長歌という形式に托し、一編の詩歌として提示したのではないだろうか。朝河貫一の歴史学、比較法制史における業績については、門外漢の立場から触れる資格はないけれども、私なりにその学問の魅力は、かくある現実、かくある世界の姿を描き出すだけでなく、その底に、かくあらしめたい現実、かくあらしめたい世界への希求を強く内包しているところにあるのではないかと思う。それがすなわち「内発的な精神性」ということにほかならないが、現代に身をおきながら現代を超越することを可能にするのは、文学的な想像力をおいてほかにないので、その意味で朝河貫一はまた優れた文学者であり、見事な文学的生涯であった、といえば牽強付会に過ぎるだろうか。

注

（1）『漱石全集第二二巻　書簡上』岩波書店、一九九六年。
（2）『基督教青年』は未確認。山内晴子『朝河貫一論—その学問形成と実践—』（早稲田大学出版部、二〇一〇年）による。
（3）卒業文集『おもかげ』からの引用は、川合道雄「梁川と東京専門学校—卒業文集「おもかげ」のことなど—」（『綱島梁川とその周辺』近代文藝社、一九八九年）に翻刻紹介された本文による。
（4）『梁川全集第八巻　日記録』春秋社、一九二三年。

（5）『漱石全集第二七巻　別冊下』（岩波書店、一九九七年）所収の「年譜」による。
（6）一八九四年（明治二十七）十月二十五日付高橋春吉宛朝河貫一書簡。朝河貫一書簡編集委員会編『朝河貫一書簡集』（早稲田大学出版部、一九九〇年）所収。
（7）一八九三年（明治二十六）二月九日付高橋春吉宛朝河貫一書簡。前掲注(6)『朝河貫一書簡集』所収。
（8）故加藤長治筆写、大村弘毅校注「逍遙日記　明治三十六年の巻（一）」（『坪内逍遙研究資料』七集、一九七七年）。
（9）故加藤長治筆写、大村弘毅校注「逍遙日記　明治三十六年の巻（二）」（『坪内逍遙研究資料』八集、一九七九年）。
（10）『逍遙新集　坪内逍遙書簡集』第一巻（本文参照）所収。
（11）前掲注(10)に同じ。
（12）加藤長治・菊池明校訂、菊池明解題「逍遙日記　明治四十二年五月〜十二月」（『坪内逍遙研究資料』一四集、一九九二年）。
（13）前掲注(10)に同じ。
（14）前掲注(10)に同じ。
（15）菊池明校訂「逍遙日記　大正五年〜大正八年」（『未刊・逍遙資料集一』逍遙協会、一九九九年）。
（16）前掲注(6)『朝河貫一書簡集』所収。
（17）前掲注(6)『朝河貫一書簡集』所収。
（18）早稲田大学演劇博物館所蔵（資料整理番号TSY0032007）。本書第Ⅱ部収録の新出書簡（翻刻通番（65））。
（19）菊池明校訂「逍遙日記　大正十五年〜昭和三年」（『未刊・逍遙資料集四』逍遙協会、二〇〇一年）。
（20）早稲田大学演劇博物館所蔵。この書簡は、藤原秀之「坪内逍遙と朝河貫一―書簡を通して見た学問上の交流―」（『日本史攷究』四四号、二〇二〇年）、および甚野尚志・藤原秀之「早稲田大学歴史館「海を渡ったサムライ〜朝河貫一展」によせて―新発見資料の紹介―」（『早稲田大学大学院文学研究科紀要』六六輯、二〇二一年）において紹介された。
（21）関戸信次は、一九二二年（大正十一）十二月十四日付の『時事新報』紙上において、阿片密輸事件の首謀者として大きく報道されているが、その記事には「帰朝後桃山中学校教諭から大阪商船会社に入り」とあり、現在は「三洋会社重役」と記されている。続報や他紙の報道に乏しく、真偽のほどは不明だが、『読売新聞』一九二三年六月十一日付の無署名の記事「『相思樹』秘話」には、この報道で早稲田の旧友を驚かせ、心配もかけたので、歌集『相思樹』を刊行してその冤を雪ごうとしたとされている。

イェール大学における朝河貫一の蒐書活動

――書物をめぐる人びとの交錯――

河野貴美子

はじめに

確固たる研究を展開していくためには、その基盤となる資料の存在が不可欠である。朝河貫一は、そうした信念のもと、今から一〇〇年余り前のアメリカにおいて、日本研究を新たに根付かせるべく、日本資料の蒐集に力を注ぎ、イェール大学図書館（Yale University Library: YUL）およびアメリカ議会図書館（Library of Congress: LC）において日本資料の基礎を築いた。朝河貫一の両図書館における資料蒐集の功績については、すでに先行研究[1]によって詳しく明らかにされているところではあるが、本稿では、それらに導かれながら、また若干の視点を加え、朝河貫一の蒐書活動の特徴や意義を検討していきたい。

朝河貫一は、一八九五年（明治二十八）に東京専門学校を卒業後、アメリカに渡りダートマス大学、イェール大学大学院に学び、一九〇二年に博士号を取得、ダートマス大学の講師を経て、一九〇七年にイェール大学の講師となる。その直前、一九〇六年から一九〇七年にかけて日本に一時帰国した朝河貫一が主として行ったのが、イェール大学図書館とアメリカ議会図書館のための日本資料蒐集であった。その概要は、米国議会図書館図書館長年次報告[2]とイェール大学図書館長年次報告[3]にそれぞれ掲載されており、また両図書館の日本資料に関する目録も『米国議会図書館蔵日本古典籍目録[4]』、および「イェール大学蔵・日本文書コレクション目録[5]」、「イェール大学バイネキ稀覯本・手稿図書館所蔵日本文書コレクション目録[6]」が公刊されている。『米国議会図書館蔵日本古典籍目録』においては、一九〇七年の朝河貫一による蒐集資料はその旨が明示されており、他の資料と区別できるようになっている。「イェール大学蔵・日本文書コレクション目録」は、「イェール大学の書標一九〇七年の記載のあるもの」を著録した「日本文書コレクション目録」（以下「日本文書コレクション目録」①）と、一九三四年（昭和九）に黒板勝美の選書によって届けられた「日本イェール協会コレクション（Yale Association of Japan Collection）目録[7]」からなる。また「イェール大学バイネキ稀覯本・手稿図書館所蔵日本文書コレクション目録」（以下「日本文書コレクション目録」②）は「バイネキ稀覯本・手稿図書館（The Beinecke Rare Book & Manuscript Library）の所蔵する日本語で書かれた史料・図書のうち、請求番号に"Japanese MSS"が付されたもの」を著録する。「日本文書コレクション目録」①および「日本文書コレクション目録」②も、一九〇六〜〇七年の朝河貫一の蒐書の結果を伝える目録であるが、ただし、いずれも古典籍・稀覯書・手稿を主たる対象とするものであり、一九〇七年以降も綿々と続けられた朝河貫一による蒐集書目を網羅するものではない。

そこで本稿では、イェール大学に集められた朝河貫一蒐集資料のうち、既刊の目録に著録された書物以外の資料にも注目して、朝河貫一の蒐書活動のありようを考察していく。イェール大学図書館のホームページ[8]を検索すると、既刊目録には掲載されていない一九〇七年時点の蒐集資料が若干ながら見出せるようである。また、朝河貫一が残した書簡[9]にも、蒐書にかかわる記事がしばしばみえる。朝河貫一の蒐書活動における各界人士との交流についても、すでに先行研究の言及するところは少なくないが、本稿では書簡に残された書物をめぐる人びとの記事を改めて辿りつつ、二〇世紀前半を通じて海を越えて行われた朝河貫一の蒐書活動の意義について、当時の中国、朝鮮半島における蔵書形成との比較も視野に考察を加えてみたい。

一　一九〇六〜〇七年にイェール大学図書館に届けられた書籍——補遺——

アメリカ議会図書館およびイェール大学からの委託を受けて日本資料の蒐集に臨んだ朝河貫一は、アメリカ議会図書館には三一六〇種四万五〇〇〇冊（洋装再製本、九〇七二冊）[10]、イェール大学図書館には八一二〇種二万一五二〇冊（洋装再製本、三五七八冊）の日本書籍のほか、一七四一点の地図資料、七四二点の写真や図表、その他巻物類を送り届けた[11]。イェール大学図書館長年次報告が朝河貫一の仕事を“indefatigable and far-sighted activity”と評したように、まさにきわめて精力的かつ先見の明に満ちた活躍をみせたのであった。ただ先にも述べたように、現在公刊されている目録は当時朝河貫一が蒐集した資料の全貌を覆うものではない。そして、イェール大学図書館所蔵資料について、図書館のホームページの情報を集めていくと、既刊の目録には著録されていない朝河蒐集本とおぼしき書目に行き当たる。なお今回筆者はイェール大学図書館を実際に調査する機会を得ておらず、所蔵資料の実物を確認できてはいないが、イェール大学図書館がホームページ上で整理し公開している書誌情報からも、朝河貫一の蒐書活動の一端を補い見ることができるようである。

まず「日本文書コレクション目録」①、「日本文書コレクション目録」②はともに、イェール大学図書館の請求番号順に書目を著録しているが、ともに「S３」から「S６」までが欠番となっている。しかしながら、イェール大学図書館のホームページで蔵書検索をすると、いずれもバイネキ稀覯本・手稿図書館所蔵の“Japanese Manuscript Collection”として、以下の書目が存在する。

・請求番号 Japanese Mss S3：大坪流馬伝書、[after 1762?]　大坪道禅著 1v. Yale bookplate date: 1907.

・請求番号 Japanese Mss S4：大坪本流雲霞集、［after 1762?］2v. Yale bookplate date: 1907.
・請求番号 Japanese Mss S5：雲霞集、［after 1509?］3v. Yale bookplate date: 1907.
・請求番号 Japanese Mss S6：八条流馬書、undated, 3v. Yale bookplate date: 1907.

右の四種の書はいずれも馬術にかかわるもので、請求番号S7以下S12までも馬術にかかわる書目が続く。これら四種の書がなにゆえ既刊の目録に取り込まれなかったのか、事情は明らかではないが、「Yale bookplate date」はいずれも一九〇七年に収蔵された資料であることを示しており、朝河蒐集本であったと考えられる。

また、次のような例もある。「日本文書コレクション目録」①および「日本文書コレクション目録」②が著録するのは、ほとんどが一九〇七年の朝河貫一の蒐集による写本であるが、一部刊本も含まれている。SML78の『官位不審問答』、SML79の『諸家知譜拙記』などである。(12)「日本文書コレクション目録」①はこの二種について備考欄にいずれも「1942年書票」と記しており、一九〇七年の収蔵ではないことを示している。ただこの二種の書目について、イェール大学図書館ホームページにおける書誌情報を確認すると、次のような内容が表示される。

・請求番号 EAL J9078：官位不審問答　寛文8［1668］2 volumes in 1; 25cm. Bookplate: The Library of Professor K. Asakawa presented by him to the University 1942. Bound in Western style. Caption title. Japanese Mss SML 78
・請求番号 EAL J9118：官位不審問答　寛文8［1668］2 volumes in 1; 26cm. According to Kokubunken's catalogue, SML 118 is Chiso kaisei hōkokusho (Fgnde8 882). Bookplate: 1907. Bound in Western style. Caption title. Japanese Mss SML 118
・請求番号 EAL J9079：改正増補諸家知譜拙記　竹原好兵衛、文政3［1820］5 volumes in 1; 27cm．蔵書印：「尾張茶屋家蔵」。Bookplate: The Library of Professor K. Asakawa presented by him to the University

1942. Bound in Western style. Caption title. Japanese Mss SML 79

・請求番号 EAL J1288：土橋定代　改正増補諸家知譜拙記　京都：竹原好兵衛、文政３［1820］5 v. in 1; 27cm.

EAL J1288: Bookplate: 1907. EAL J1288: Bound in Western style.

これをみると、『官位不審問答』および『諸家知譜拙記』はイェール大学図書館に二部ずつ収蔵があり、「日本文書コレクション目録」①と②が著録しているのはそれぞれ、バイネキ稀覯本・手稿図書館にEAL J9078およびEAL J9079の請求記号が附されて所蔵されている、一九四二年に朝河貫一から大学[13]に寄贈されたものであるが、同書はそれぞれまた、一九〇七年に収蔵されたというBookplateを有するEAL J9118とEAL J1288の請求番号で所蔵されている同版の版本も存在しているようである。一九〇七年に収蔵されたものはおそらくは当時朝河貫一が蒐集した本と思われる。

実は、同様にやや混乱した状況は他にもみられる。次のような例である。

・小林祐猷、active1848 武器皕図［Japan］：講武塾、嘉永１［1848］1v.: chiefly col. ill.; 32cm

EAL J0234：Bookplate: 1907. Bound in Western style.

EAL J1437：Bookplate: The Library of Professor K. Asakawa, presented by him to the University 1942. Bound in Western style.

・大石千引、1770–1834. 日中行事略解［Japan: s.n.］、文政３［1820］38leaves: ill.; 26cm

EAL J1424：The Library of Professor K. Asakawa, presented by him to the University 1942. Bound in Western style.

EAL J1803：Bookplate: 1907.

『武器皕図』および『日中行事略解』は、「日本文書コレクション目録」①にも②にも著録が確認できない。しかし、右にあげたイェール大学図書館ホームページ上の書誌情報によれば、これらの書物も現在イェール大学では二種の請求番号があり、一種は一九〇七年収蔵のもの、もう一種は一九四二年に朝河貫一からイェール大学に寄贈されたもののようである。ただし、イェール大学図書館ホームページでは、これら二種の請求番号の情報が一つの書誌情報としてまとめて記されており、書物自体が二部存在するのかどうかは不明である。しかしながら、これらはともに、朝河貫一蒐集本の特徴である洋装本（Western style）に再製本されていることから、やはり朝河貫一が一九〇七年の段階で持ち来たったものと考えられる。

さらにイェール大学図書館ホームページには、これら以外にも、一九〇七年所蔵のBookplateを有しながら、既刊目録に著録されていないものがある。

・請求番号EAL J1851：御用附込帳、［undated］1v. BEIN EAL J1851: Bound in Western style. Bookplate: 1907.
・請求番号EAL J0072：［武将書判］、［Japan: s.n., between 1650 and 1900?］［76］leaves: SML EAL J0072: Bookplate: 1907. Bound in Western style, with incorrect title on spine: Shoke chifu sekki.

このように、イェール大学図書館には、一九〇七年の朝河貫一蒐集本と思われるものの、既刊の目録には著録されていないものが存する。また、いまはイェール大学図書館ホームページの書誌情報の中で「Bookplate: 1907」とあるものをいくつか取りあげたのみであるが、このほかにも、書誌情報には「Asakawa collection」あるいは「Stamp: Kan'ichi Asakawa」との注記が附されたものが存在する。またイェール大学図書館には日本資料のみならず、中国、朝鮮資料、また欧文資料に対して朝河貫一の書き入れが記されているもの[14]もあり、一九〇七年以後、約四〇年間にわたりイェール大学図書館の日本資料蒐集に貢献した朝河貫一のきわめて多岐にわたる学問の足跡を辿ることができる。

なお、「Stamp: Kan'ichi Asakawa」の注記が附された書目の中には、早稲田大学図書館長を務めた市島春城が中心となって設立した国書刊行会の出版物である『国書刊行会叢書』の書目も複数まとまってみられる。[15]『国書刊行会叢書』は、朝河貫一が市島春城に対して書簡を送り、積極的に蒐集に努めたことが伝わるものである。[16]このように、イェール大学図書館の朝河貫一蒐集資料の中には、いかなる過程を経て当該書籍の蒐集に至ったのか、書簡資料を通して具体的に跡づけることができるものがある。そこで次に、イェール大学図書館の蔵書と朝河貫一関係の書簡を合わせみることによって、朝河貫一の蒐書活動がいかなる人びととのかかわりの中でなされたのか、いくつかの事例を取りあげつつ、その意義や特徴を述べてみたい。

二　書簡を通してみる朝河貫一の蒐書活動と人びととのかかわり①

朝河貫一がイェール大学図書館のために一九〇六年（明治三十九）から一九〇七年にかけて日本資料を蒐集した際、文部大臣の牧野伸顕（一八六一～一九四九）や史料編纂係事務主任であった三上参次（一八六五～一九三九）の協力を仰ぎ、政府機関や大学・図書館・寺院などを通じて資料調査を行ったことは、先行研究がつとに明らかにしている。[17]そして朝河貫一は、こうした各界人士とのつながりによって、書籍の蒐集をその後も継続していく。以下、その具体的な様相を、『朝河貫一書簡集』（以下『書簡集』）[18]所載のいくつかの書簡資料およびイェール大学図書館の現存資料の状況とともに辿ってみたい。

1　大久保利武宛書簡より

まず取りあげたいのは、『書簡集』一八九に掲載の大久保利武宛書簡（一九三四年〈昭和九〉六月二十四日）[19]である。大久保利武（一八六五～一九四三）は、大久保利通の子、牧野伸顕の弟で、イェール大学を卒業、一九二一年（大正十）

から日本イェール協会会長となった人物である。朝河貫一は、一九一八年の二回目の日本への帰国の際、イェール大学に建設が計画されていた東洋博物館に収蔵する図書や文化財を蒐集するため、日本イェール協会に寄付を呼びかけた。その後博物館の建設は中断されたものの、大久保利武の協力のもと、東京帝国大学教授黒板勝美（一八七四〜一九四六）の選定によって資料を蒐集し、一九三二年には華族会館で展覧が行われ、一九三四年にイェール大学に資料が到着した[20]。『書簡集』一八九掲載の書簡は、イェール大学への資料到着後、華族会館での典籍展覧目録と現物とをつき合わせた朝河が、未着資料の状況について問うものである。朝河は、これより先、一九三二年二月十四日の大久保利武宛書簡[21]で、博物館陳列品の蒐集への大久保の協力と、黒板勝美の尽力に対する感謝を述べており、貴重なコレクションの到着を期待する気持ちが伝わる。しかしながら、一八九の書簡では、「目録ニ在る支那、朝鮮の写本及版本、並びに複製本ハ全部到着せず」として、以下の書目があげられている。

29　大方広華厳経二十一　30　紺紙銀字弥勒生経　37　宗鏡録九十六　38　大般若波羅蜜多経五百八十二
39　阿毗曇毗婆沙論六十二　40　続高僧伝二
106　続宗門統要　107　詩学大成　108　対類大全　109　文選　110　歴朝捷録　111　列女伝　112　璿源
系譜紀略　113　列聖諸（誌）状　114　両鈴（銓）便攻（孜）　115　進饌儀軌　116　東京雑記　117　敬信録読（諺）解　118　仏
説無量寿経　119　奎章閣志　120　恩賜斥邪綸旨（音）　121　聖徳太子御筆法華経義疏　122　古写本日本書紀
123　石山寺縁起　124　金平本全集
（イェール大学図書館ホームページの書誌情報における文字を傍注に記した）

これらの書目のうち、冒頭二種の仏典を除き、他は全て現在イェール大学図書館に所蔵が確認できる。うち112・113・114・115・116・117・118・119・120は朝鮮版資料、また漢籍のうち、38・39・40・109は元版とのことであり、きわめて貴重なコレクションであるといえる。なお、前述の一九四五年に朝河が作成した英語版目録に基づくという「日本イェール協会コレクション目録」[22]には、これら朝鮮版や漢籍は著録されていない。これらの書目の選定と蒐書は黒板勝美によるものということであるが、漢籍や朝鮮版の到着を特に気に掛けている朝河の様子や、その後の目録への著録状況からは、「東アジア図書館」において日本書・漢籍・朝鮮版がいかに取り扱われたのかということへの興味を駆り立てられる。朝河は、一九〇七年以来四〇年にわたりイェール大学の東アジア図書館部長を務めた[23]。当然、日本語資料以外の漢籍や朝鮮版資料への理解が必要とされ、その取り扱いをも日常の業務としたはずである。しかしながら朝河は晩年には、漢籍を主とするイェンチン分類を日本語書籍にも導入することに対して強く反対している[24]。東アジア図書館における漢籍、朝鮮資料の蒐集や取り扱いに朝河がいかに臨んだのか。この、漢字漢文文化圏にまたがる古典籍資料を、近現代の図書館においていかに位置づけるかということは、いまなお議論と検討が必要とされる難題であろう。今後の課題として留めておきたい。

2　高木八尺宛書簡より

高木八尺（一八八九〜一九八四）は、ハーバード大学を卒業したアメリカ研究者である。『書簡集』には、朝河貫一が書籍の購入や蒐集に関することについて、高木八尺としばしば書簡を取り交わしていた様子が伝えられている。ここではそのうち二通の書簡を取りあげたい。一通目は『書簡集』一四九の高木八尺宛書簡（一九二九年〈昭和四〉七月十一日）[25]である。

朝河貫一はこの書簡で、入手したい書籍をリストアップし、代金も送り、購入・送付を依頼している。書簡の文面では「決して態々御自身ニて購入せられず、只々御ついでの時ニ便宜にまかせて送らしめ被下候様願上候」と記してはいるものの、異国にあってすぐさま必要資料を入手できない状況にいながら、しかし可能な限り、時機を逃すことなく資料を入手したいという切実な依頼であることが伝わる。リストアップされているのは、沢田吾一『奈良朝時代民政経済の数的研究』（一九二七年）、三浦周行『法制史概論』（一九二二年〈大正十〉）・『法制史講義』（一九二三年）から、滝川政次郎『法制史上より見たる日本農民の生活』・『法制史料古文書類纂』・『日本法制史』、中田薫『法制史論集』・「日本公法法制史」・「日本私法法制史」まで、朝河が専門とする法制史、歴史関係の八名の学者による一三部の資料である。いま注目したいのは、書簡の中で朝河が「出版会社はわからず、甚だ不本意ニ候。或は京都の出版、あるべく存じ候」と述べ、また「右の中、雑誌ニ出でし物ニして単行本ならざるものをも含み候か、不明に候」とあることである。一九二九年の日本における出版事情を、アメリカ在住の朝河貫一がどの程度リアルタイムで把握できたのか、そうした実際状況を伝える記録としても貴重であろう。また、最後の中田薫の「日本公法法制史」と「日本私法法制史」については、「此二は出版ニあらず、大学講義の謄写版なる由ニて、是非入手いたし候はゞ幸甚なるへく候」とある。正式な出版に至る前の、講義録の謄写本が流布するという当時の状況を伝えている。そして実際、イェール大学図書館には、現在、中田薫の「日本公法法制史　昭和三年度東大講義」と「日本私法法制史　昭和四年度東大講義」の二部が所蔵されている。これらの書誌には朝河の手を経たものであるとの情報は記されていないが、おそらくはこの書簡において高木八尺に入手を依頼したものではないかと考えられる。またもう一点、この書簡において朝河は、次のようにも記している。

滝川政次郎氏のは此外に在るやも知れず、又入手ニ難きものもあるべく候。小生より同氏に文通仕候。即ち、もし此外、もしくは得難きものは、如何にして得らるべきかを同氏より大兄に申上ぐべき様願置候。

滝川政次郎（一八九七〜一九九二）は、朝河と専門を同じくする法制史学者であり、朝河の学位論文であり最初の著書のテーマでもある大化改新について論じた人物である。その滝川政次郎の著作について、滝川本人にも書簡を届けつつ、残らず入手したいとしている点、朝河の学問と資料に対する徹底した態度が推し量られる。

なお、滝川政次郎は、朝河貫一の死後、二篇の追悼文を雑誌に発表している。朝河の死の翌年に『社会経済史学』

一五―三・四（一九四九年）に掲載された「故朝河貫一氏と私」、もう一篇は九〇歳を超えた滝川が『史迹と美術』五九―一〇（一九八九年）に掲載した「未見の友朝河貫一氏を再び追懐する」である。滝川は前者において、朝河とは二〇年来の友でありながら一度も会ったことはない、しかし昭和三年以来、数えきれない数の手紙を往復したとする。そして朝河から届いた最後の手紙が、朝河の歴史観を最もよく表すものとして引用する。

史家が不断に考量すべき主題の一は、各国民の心理作用の特徴にあるべし。……主観と刻々微妙に変り行く客観との相互作用にして、その作用が翻つて主客双方に影響いたし候間かゝる研究の極難なるは申すまでもなけれども、如何にして史家は之を等閑し得べきや。

そして滝川は、「私は常に日本の史学界の状況を、氏に報告する役割をつとめた」ともある。朝河がやりとりを重ねた膨大な量の書簡は、朝河の蒐書・研究を支える根幹をなすものであったわけである。

またここでもう一通取りあげたいのは、朝河から高木八尺に宛てた『書簡集』一七〇掲載の書簡（一九三一年一月十八日）である[26]。

この書簡で朝河は、高木に対して、ストラスブルグ大学の教授らが刊行する雑誌 *Annales d'Histoire Économique et Sociale* に日本の社会史と経済史に関する著書と雑誌論説を紹介することになったとして、現代の社会についての著書と論説の紹介を依頼する。そして自らの手元に届けられる日本の学術雑誌には限りがあり、どのようにすれば紹介者に著書や雑誌を届けられるかを相談している。このとき朝河は、自分の手元に届く雑誌として、『史学雑誌』『歴史地理』『史学』『国家学会雑誌』『法学協会雑誌』『法学論叢』『経済論叢』『経済史研究』をあげている。いずれも今に続く主要学術雑誌であるが、この書簡もまた、海外在住の朝河の研究環境を具体的に伝え、そして、朝河の資料蒐集に対する熱心な行動のさまを映し出すものである。また、この書簡の前半の話題である、海外の雑誌に日本の研究を紹介することについて、朝河が積極的にそれに取り組もうとしていることにも注意したい。

『書簡集』一一六の坪内逍遙（一八五九～一九三五）宛書簡（一九二二年八月二十日）[27]は、朝河貫一が坪内逍遙に対して早稲田大学への就職希望を伝えるものであるが、その中で朝河は、自らが日本法制史を志す理由として、

又元来小生が日本法制史の比較研究を原料の土台の上に築造すべく企て候理は、全く是れ日本より世界に向ひて根本的比較材料を貢献し得べき重要の方面なりと小生も又当国及英国少数の学者も認めたる故に有之候。

と述べる。またこれに先んじて三上参次に宛てた書簡（『書簡集』五〇、一九一二年一月二十日）[28]にも、海外において日本史を論ずる者のあり方として、

日本読者のみの独り合点の見地を離れて、人類社会発達の方式といふ見地よりせざるべからず

とも述べている。これらの書簡に残された朝河の言葉は、世界に対して研究を発信し、世界人類における作用と向き合おうとする壮大な理念が繰り返し語られている。飽くことのない蒐書活動も、そうした理念に基づき、理想を追求するためのものであったのである。

3　三成重敬宛書簡より

三成重敬（一八七四～一九六二）は、史料編纂掛、史料編纂所で史料編纂官を務めた人物である。朝河貫一は、日本における資料蒐集、調査研究の一拠点を史料編纂所に置いて活動しており、三成とは研究面での交流関係が深かったものと推察される。

朝河の蒐書活動とのかかわりにおいて取りあげたいのは、『書簡集』一四二の三成重敬宛書簡（一九二八年〈昭和三〉四月十五日）[29]である。この書簡で朝河はまず、三成から送られた桐箱入りの「歴史肖像画帖」に対する礼を述べる。「歴史肖像画帖」とは、三成が勤める東京帝国大学史料編纂所が刊行した『歴史科教授用参考掛図』（一九〇七～二〇年）のことと考えられる[30]。当該の書籍は、題目が示すとおり、歴史科の教授用に参考資料として用いるように作成さ

れた掛図である。現在イェール大学図書館には、一揃い（一二輯）が所蔵されているようで、データベースの書誌情報には、「[144] col. plates (incl. ports; in portfolio) 65 × 49 cm.」とあり、大判の彩色を伴う絵や肖像画とともに七一頁の「歴史科教授用参考掛図解説」も備えている。これを現在全巻揃えて所蔵している日本国内の図書館は、Cinii によると京都大学と東京大学のみであり、ぜいたくな稀覯本といえる。

図像を伴う資料の蒐集ということについては、朝河自身が次のような言葉を残している。これは、朝河が一九〇八年に *Washington Historical Quarterly*, vol.2 no.2 に発表した"Why and How Japanese History may be studied with Profit in America"というタイトルの論説中の一節である。朝河のこの論説は、「当時の日本国内外における日本研究（国際日本学）の状況が分かる資料として」近年佐藤雄基氏による訳注と解題が発表されている。[31] ここで朝河は、イェール大学図書館における蒐書について、

The last class is quite a comprehensive set of illustrated books and scrolls, from which such aspects of social life as can hardly be studied from verbal descriptions may be gathered.

と述べており、言葉では伝えきれない社会の様相を知らせる手段として、挿絵本や絵巻が果たす役割、効用が語られている。

ここで思い至るのは、一九〇七年にアメリカ議会図書館に届けられた朝河蒐集資料において、挿絵本がきわめて多いことである。『米国議会図書館蔵日本古典籍目録』[32] における、朝河の蒐集資料の1総記から19漢籍までの各分類における点数と、そのうち挿絵本として著録されるものの数を（　）に示すならば、次のようになる。

1総記：18（3）、2神祇：13（1）、3仏教：331（46）、4言語：1（0）、5文学：12（2）、6音楽・演劇：40（12）、7歴史：46（3）、8地理：51（29）、9政治・法制・附故実：22（9）、10経済：0、11教育：6（1）、12理学：4（4）、13医学：1（1）、14産業：8（6）、15芸術：5（3）、16諸芸：15（10）、17武学・武術：31

(22)、18準漢籍：1(0)、19漢籍：14(2)

アメリカ議会図書館に届けられた朝河貫一蒐集の古典籍合計六一九部のうち、約二五%にあたる一五四部が挿絵本となっている。イェール大学図書館に納められた朝河貫一蒐集本における挿絵本の全体像については、現時点では未調査であり具体的な数字をあげることはできないが、前述したようにイェール大学図書館には書籍のほか、「一七四一点の地図資料、七四二点の写真や図表、その他巻物類」が届けられたことが記録されており[33]、図像を伴う資料は朝河蒐集コレクションの一つの特徴となっているといえよう。

4　徳富蘇峰宛書簡より

徳富蘇峰(一八六三〜一九五七)は、民友社を設立し雑誌『国民之友』、『国民新聞』を創刊したジャーナリストであるとともに、歴史家、そして著名な蔵書家でもあり、その蔵書は成簣堂文庫として現在は石川武美記念図書館(旧御茶の水図書館)に収蔵されている。『書簡集』には朝河貫一が徳富蘇峰に宛てた書簡が複数収載されているが、いま注目したいのは一五六に掲載の一九二九年(昭和四)十二月八日の書簡である[34]。

この書簡で朝河はまず、蘇峰の『近世日本国民史』のうち未入手の巻と『維新回天史の一面』の送付を依頼し、代金を届けている。そして朝河は自著『入来文書』を蘇峰に届け、批評を願うとともに、蘇峰の『近世日本国民史』に対しては「日本文学史の誇りとすべきは申すまでもなく、又史学並びに経世の道ニ貢献する所多大と存じ候」と述べている。朝河が十二月一日にこのような書簡を記した後に、蘇峰から『入来文書』到着の書簡が届き、朝河は十二月八日にさらに次の内容を加えて書簡に記す。すなわち、蘇峰の成簣堂文庫所蔵の『秘府略』第八六四の存在を知った朝河は、その写真版もしくは活字刷の複製を作成しているかどうかを問う。『秘府略』は滋野貞主が八三一年(天長八)に編纂した一〇〇〇巻に及ぶ類書であったが、いまは二巻が現存するのみで、蘇峰はそのうちの一巻である「第

八六四・百穀部」を所有していたのであった。[35]そしてさらに、

小生の最も拝見致度部ハ「稲」に候。又「粟」の部ニも稲に関する項あらば知りたく候。何となれば、古書に粟の字を或場合、稲に関して用ひ候故ニ候。もし未だ御複製不被遊候はゞ、右の部を写さしめて御送被下ること出来べく候哉。文字だにあればよろしく、ペン又鉛筆にて写さしめられてもよろしく候。写字の費用ハ仰ニ従ひて送付可仕候。右ハ無心の至なれども、御都合御伺申上候。

と記す。朝河は、自らの研究のための資料として、この珍書の内容について、文字情報のみでよいからぜひとも知りたいと熱望している。これは先にみた、日本のことを世界に伝える手段として挿絵本の蒐集に注力したのとは異なる姿勢であり、態度である。その後、蘇峰からはまもなく「秘府略穀部の校製本」が届き、朝河からの謝礼の書簡が『書簡集』一六一に掲載されている（一九三〇年二月十日）。[36]蘇峰所蔵の『秘府略』巻八六四は、一九二九年三月に古典保存会から影印が出版されており、それが朝河に送られてきたのである。そしていまイェール大学図書館には、巻首に蘇峰から朝河に宛てた献辞が記された『秘府略』巻八六四の影印が所蔵されている。[37]日本の古典籍をめぐって、それを所蔵する蘇峰と、研究対象として閲覧を待ち望んだ朝河とのやりとりを、書簡と書籍の実物資料とともに辿ることができる例である。

またここでとりわけ注目したいのは、朝河が当該書籍の情報を文字のみでも知りたいとして、写真版や活字刷を作成していないのならば、代金を用意するので写本を作成してほしいと依頼していることである。朝河貫一がイェール大学にもたらした史料の中には、原本や古写本そのものではなく、史料編纂掛などの協力を得て謄写された写本が多いことは、つとに指摘されていることである。[38]また近藤成一氏は、朝河が新たに謄写させたもののみではなく、哲学書院が出版企画のために用意した謄写本が、刊行されず頓挫したために、朝河が入手したものもあろうと考察している。[39]朝河は、明治以降、研究のための資料蒐集あるいは出版のために謄写本が作成されていたノウハウを引き継いで、

イェール大学図書館のために、日本国外へは持ち出すことが難しい一点ものの古記録類なども含めた貴重資料の蒐集を実現していったのである。そしておそらく、海外の大学図書館において、資料蒐集のために大がかりな謄写が行われたのは、この朝河の仕事が時期的にみてかなり早いものであったのではないかと思われる。

というのも、例えば中国古典学を中心として、日本資料の蒐集も精力的に行った中国の燕京大学図書館は、一九二八年に哈仏《ハーバード》燕京学社（Harvard–Yenching Institute）が成立した後は、その豊富な資金を得て蔵書を飛躍的に増加させていき、ハーバード大学漢和図書館（The Chinese–Japanese Library of the Harvard–Yenching Institute at Harvard University。のち、ハーバード燕京図書館〈Harvard–Yenching Library〉）との緊密な連携をしつつ、独自の先進的な図書館建設を実現していくのであるが(40)、現在北京大学に引き継がれている旧燕京大学図書館蔵書の中にもかなりの数の謄写本が含まれている。『北京大学図書館蔵古籍善本書目』(41)をみると、燕京大学旧蔵のとくに地方志や目録類において謄写本の存在が目立ち、個人蔵の書籍あるいは北平図書館・ハーバード大学漢和図書館・東方文化委員会などの蔵書を用いて謄写したものであることが示されている。また、東方文化委員会とは、日本の外務省文化事業部が組織したもので、その管轄のもと北京には一九二五年から一九四五年まで北京人文科学研究所が設立され、続修四庫全書提要の編纂を主要事業として数多くの中国古典籍にかかわる資料が蒐集されるのであるが、その中にも当時の所員が北平図書館などで謄写した本が含まれている(42)。このように、二〇世紀前半期に中国で立ち上げられた図書館や研究組織において、資料蒐集のために謄写本を作成することはしばしば組織的に行われていた様子を窺うことができるのであるが、しかしそれは主として一九三〇年代から四〇年代にかけてのことであり、朝河貫一の資料蒐集からは二〇年以上後のこととなる。一方、近藤成一氏が指摘するように、史料編纂所の前身機関においては一八八〇年代には古記録の謄写が行われていた。朝河がイェール大学図書館にもたらした謄写本の意義や先見性については、近代の各国各地の研究組織や図書館における蔵書形成史の中で、改めて捉え評価していくことができるように思われる。

三　書簡を通してみる朝河貫一の蒐書活動と人びととのかかわり②

朝河貫一が蒐集しイェール大学図書館にもたらした資料の具体的内容を記すノートブックと運送リストが中村治子氏によって発見され、朝河の資料蒐集に関与した人物や書籍商の名前はさらに明らかになってきている[43]。また、二〇一九年には朝河貫一没後七〇年記念事業として『福島県立図書館所蔵　朝河貫一資料目録』の改訂版が出版され[44]、福島県立図書館が所蔵する朝河貫一の書簡について内容などの追加情報が付記された形で一覧できるようになった。そこで本稿では最後に、『福島県立図書館所蔵　朝河貫一資料目録（改訂版）』にリストアップされた「朝河発信書簡（和文）」と「朝河受信書簡（和文）」の中から、朝河貫一と人びととの書物をめぐるやりとりのいくつかを抽出して、朝河の蒐書活動がいかなる人びととのかかわりの中で行われたのかについて、それらの人びとの行動範囲、移動範囲にも注目し、朝河の蒐書活動のスケールを点描してみたい。

朝河貫一が書簡をやりとりした人物はきわめて多数多岐にわたるが、その中には当然、朝河貫一と同じく法制史研究、歴史研究を専門とする学者群が含まれている。三浦周行（一八七一～一九三一）・原勝郎（一八七一～一九二四）・辻善之助（一八七七～一九五五）・牧健二（一八九二～一九八九）ら、当時を代表する錚々たる研究者の名前がならぶ。例えば、辻善之助からは『史料綜覧』を送付したり、『社寺領性質の研究』（三上参次・辻善之助・芝葛盛著、一九一四年）を寄贈する旨などを記した書簡が残る（ID279～288・整理記号B–115–1～10）。また三浦周行からは自著『続法制史の研究』（一九二五年）および本庄栄治郎の『日本財政史』（一九二六年）などを送付したことを記す書簡（ID441・整理記号B–189–12）が朝河のもとに届いており、現在イェール大学図書館に所蔵されているそれらの書籍はいずれもこの時にそれぞれから送付されたものと思われる。また、原勝郎は、欧米への留学経験を経て京都帝国大学の西洋史の教授となった人物であり、海外経験を有する西洋史研究者との交流が双方に与えた影響や情報は少なくなかったものと推察される。

『日本考古学』などの著書がある佐藤虎雄（一九〇二～?）からは雑誌『国華』の送本にかかわる書簡が届いており（ID196・整理記号B–73）、『国華』の編集刊行に携わった瀧精一から朝河貫一に宛てた書簡もある（ID246・整理記号B–103）。『国華』は一八八九年（明治二十二）に創刊された美術雑誌で、毎号精細な図版を含む。先に取りあげたように挿絵本や図版資料を積極的に蒐集した朝河貫一にとって、『国華』の入手は必須のことがらであったろう。

また、関野貞（一八六七～一九三五）や小泉顕夫ら、考古学研究者との交流にも注目される。関野貞は、小泉顕夫や黒板勝美らとともに朝鮮総督府博物館の古跡調査委員として、発掘調査を行っており、著書『楽浪郡時代の遺蹟』を朝河貫一に進呈している（ID224・整理記号B–92–2）。また朝鮮半島のみならず、中国に渡った人物としては、朝河貫一と同じく安積中学を卒業し、満鉄にて満洲史研究を行った箭内亘（一八七五～一九二六）からの書簡もある（ID501・請求記号B–215–3）。当時中国で活動していた人物としては、他に、中国公使館参事官を務めた水野幸吉（一八七三～一九一四）からの書簡（ID459～460・整理記号B–193–1～2）や一九一一年から満鉄の理事を務めた沼田政二郎[45]からの書簡（ID363・整理記号B–149）も確認できる。沼田政二郎からの一九〇九年の書簡は、満鉄の刊行物を送付する旨を記して朝河へ届けられているが、現在イェール大学図書館には当時沼田政二郎を介して送られたと思しき『北満州経済調査資料』（南満洲鉄道株式会社調査課、一九一〇～一一年）などが所蔵されている。朝河貫一は、イェール大学図書館の蔵書形成のために尽力するとともに、日本史・西洋史・比較法制史の教員として貢献したのみならず、世界の情勢をみつめ、とりわけ中国をめぐるアメリカや日本など世界の動きを深く観察し、著書や論文、講演、そしてアメリカ大統領への親書などを通して、さかんに意見を述べ、警鐘を鳴らした人物でもある。朝河にとって、朝鮮総督府や満鉄などに直接関与した人物との接触がいかなる意味をもたらしたのか、書籍資料の送付や寄贈の背後にある歴史的意義についても、今後さらなる追究を期したい。

右にあげたほかにも、朝河貫一へ書簡を送った人物は実に多彩な顔ぶれがみられる。例えば、衆議院議員も務めた実業家中野武営（一八四八～一九一八）からは、一九一〇年に『東京商業会議所月報』をイェール大学図書館に寄贈する旨を記した書簡が送られている（ID337・整理記号B–135）。また実業界の人物をみると、朝河貫一の著書『日本の禍機』を刊行した実業之日本社の創設者増田義一（一八六九～一九四九）からの書簡もある（ID421～422・整理記号B–181–1～2）。また、朝河貫一に貴重な海外資料をもたらした交流として注目されるのは、新納忠之介（一八六九～一九五四）からの書簡（ID215・整理記号B–86）である。書簡は日英博覧会のカタログ送付のことを伝えるものであるが、新納は東京美術学校を卒業後、ボストン美術館の東洋部門に勤め、一九一〇年の日英博覧会の美術館工事に従事した人物である[46]。そして現在イェール大学図書館には、東京審美書院が一九一〇年に刊行した *An illustrated catalogue of Japanese old fine arts displayed at the Japan*-British Exhibition, London, 1910 が所蔵されている。

以上のように、朝河貫一が残した書簡からは、朝河の蒐書活動に協力したさまざまな人びととのやりとりを知ることができる。また、朝河のみならず、それらの人びとが当時世界各地を往来して活動していたこと、そしてそうした人びととの交流を通して朝河のもとには専門の研究領域に限らず、世界をめぐるさまざまな情報が届けられていた様子を窺うことができるのである。

おわりに

以上本稿では、イェール大学図書館ホームページの書誌情報を通して、既刊の目録に著録された書物以外の朝河貫一蒐集資料を若干ながら探索し、考察を加えた。また、朝河貫一と人びととの間で取り交わされた書簡に残された、書物をめぐる記事やそれにかかわる人びとの動きを改めて辿りつつ、海を越えて行われた朝河貫一の蒐書活動の一端をみた。

最後に、結びに代えて、もう一名の人物との書簡を取りあげたい。『福島県立図書館所蔵　朝河貫一資料目録（改訂版）』には、吉田東伍（一八六四～一九一八）から朝河貫一に宛てて送られた書簡が六通あげられている（ID529～534・整理記号B–229–1～6）。吉田東伍は東京専門学校講師、そして早稲田大学教授となった歴史地理学者であり、朝河貫一への書簡は自著『大日本地名辞書』への序文を朝河に依頼し、またその序文に対する謝礼を述べるものである。朝河は一九〇七年（明治三十九）十二月十三日の書簡で序文の執筆依頼を受け、一九〇八年七月四日付で英文による序文を執筆し、その序文は一九〇九年刊行の吉田東伍『大日本地名辞書』続編（冨山房）の巻末に、新渡戸稲造の序文とともに掲載されている。これもまた、書物をめぐる朝河と研究者との交流の足跡を示すものなのであるが、その吉田東伍自身も韓国典籍をはじめとする蔵書家であり、その旧蔵書である合計二六九部の朝鮮版書籍が現在早稲田大学図書館に収蔵されている。そしてさらには、吉田東伍と緊密に交流し、朝鮮史研究に力を注ぐかたわら、日本・中国・朝鮮にわたって書物を蒐集し、一大蔵書を形成した崔南善（一八九〇～一九五七）という人物へとつながっていく[47]。

崔南善は、一九〇六年に早稲田大学に留学、一九〇七年に帰国後は新文館を設立して雑誌『少年』を刊行し、朝鮮における新文化への動きを作り、一九一〇年には朝鮮光文館を創立して古典籍の復刊も手がけた。その後、朝鮮総督府朝鮮史編修委員会委員を経て、中国に渡り、満洲の建国大学教授にも任じられたという人物である。その蔵書は現在高麗大学校図書館に六堂文庫として一括収蔵されているが[48]、興味深いのは、崔南善の資料蒐集、出版事業においても、資料の謄写本の作成が行われていることである。すなわち、現在高麗大学校図書館六堂文庫に所蔵されている資料の中には、「朝鮮光文館」の用箋を用いた謄写本が複数残されている。朝河の蒐書活動が行われていたのと同時期に、朝鮮を起点に日本・中国へと渡り、歴史研究を主軸としながら蔵書を形成するとともに、謄写による複本を作成し、出版、普及へとつなげていった崔南善の活動は、朝河貫一の蒐書活動の意義を考えていく際、比較対象としての好例となろう。本稿においては具体的な考察には及ぶことができなかったが、後考を期したい。

また、朝河貫一が蒐書活動を行った二〇世紀前半の中国の状況との比較について、もう一点を加えるならば、北京大学の前身京師大学堂は一九〇二年に蔵書楼を設立し、一九一〇年には蔵書目録『大学堂図書館図書草目』四巻を作成する。このうち、前三冊は中文図書を著録、四冊目は日本文図書のみに当てられており、新たに図書館機構を立ち上げていく中で日本語図書の果たした役割の大きさを示している。そしてそれとともに注目されるのは、当該の書目の第三冊目には、「訳書」の分類が設けられ、当時商務印書館をはじめ中国において中国語に翻訳出版された海外の著作をまとめて著録していることである。その中には日本資料の翻訳図書も多数含まれている。翻訳という手段を通して、海外資料へのアクセスを切り開いていったのは、中国、あるいは漢字文化圏における特徴といえるか。こうした中国の状況もまた、同時期にアメリカにおいて蔵書形成を行った朝河貫一の活動と比較して考察していくことが可能かもしれない。

以上、検討すべき課題はさまざま残されているが、朝河貫一が残した資料は、書籍そのものも、そしてまた書簡資料やノートの類いに至るまできわめて豊富である。それらを通して、近代学問の構築や蔵書の形成、あるいはまた国際的に研究を展開していくことの意義や課題について、今後も引き続き考察を続けていきたい。

注

（1）主要な先行研究として阿部善雄『最後の「日本人」—朝河貫一の生涯—』岩波書店、一九八三年。金子英生「イェール大学図書館と朝河貫一」（『調査研究報告』一一、一九九〇年）。米国議会図書館蔵日本古典籍目録刊行会編『米国議会図書館蔵日本古典籍目録』序文（渡辺憲司）、八木書店、二〇〇三年。和田敦彦「日本の書物・イン・アメリカ」「日本の書物をどう扱うか」(『書物の日米関係―リテラシー史に向けて―』新曜社、二〇〇七年)。松谷有美子「朝河貫一によるイェール大学図書館および米国議会図書館のための日本資料の収集」(『*Library and Information Science*』七二、二〇一四年)。同「朝河貫一と日本図書館協会―アメリカから近代日本の図書館界を支援した足跡をたどって―」(海老澤衷・近藤成一・甚野尚志編『朝河貫一と人文学の形成』吉川弘文館、二〇一九年)。同「若き朝河貫一の資料収集への情熱―イェール大学図書館長との往復書簡を中心に―」(『図書館文化史研究』四〇、二〇二三年)。近藤成一「イェール大学の所蔵する日本関連資料について」(東京大学史料編纂所編『イェール大学所蔵日本関連資料　研究と目録』勉誠出版、二〇一六年)。中村治子「朝河貫一とイェール大学日本語コレクション―構築・目録作成、整理の葛藤―」(海老澤衷・近藤成一・甚野尚志編『朝河貫一と日欧中世史研究』吉川弘文館、二〇一七年)。藤原秀之「朝河貫一の図書収集と早稲田大学図書館―市島春城への書簡を参考として―」(『早稲田大学図書館紀要』六八、二〇二一年)などがある。

(2) Library of Conguress, *"REPORT OF THE LIBRARIAN OF CONGRESS, 1907"*, Government Printing Office, Washington, 1907.

(3) Yale University, *"REPORT OF THE LIBRARIAN, July 1, 1907–June 30,1908."*, BULLETIN OF YALE UNIVERSITY, 4th Series, No9, 1908.

(4) 前掲注(1)『米国議会図書館蔵日本古典籍目録』。

(5) 「イェール大学蔵・日本文書コレクション目録」(前掲注(1)『調査研究報告』一一所収)。

(6) 前掲注(1)東京大学史料編纂所編文献所収。

(7) 英文の「日本イェール協会コレクション目録」(一九四五年版)によるもの。

(8) https://library.yale.edu/。

(9) 朝河貫一書簡編集委員会編『朝河貫一書簡集』早稲田大学出版部、一九九〇年。甚野尚志・福島県立図書館編『福島県立図書館所蔵　朝河貫一資料目録(改訂版)』福島県立図書館、二〇一九年。前掲注(1)藤原論文。藤原秀之「坪内逍遙と朝河貫一―書簡を通じて見た学問上の交流―」(『日本史攷究』四四、二〇二一年)などを参照。

(10) Kuroda, Andrew Y. "A History of the Japanese Collection in the Library of Congress 1874–1911." (仙田正雄教授古稀記念会編『仙田正雄教授古稀記念　図書館資料論集』仙田正雄教授古稀記念会、一九七〇年)、前掲注(1)松谷二〇一四論文などを参照。

（11）前掲注(3)報告などを参照。
（12）SMLは東アジア部（East Asian Library）のあるスターリング記念図書館（Sterling Memorial Library）所蔵分であることを示す整理番号。前掲注(5)「イェール大学蔵・日本文書コレクション目録」凡例参照。
（13）イェール大学図書館の書誌情報が示すように、「日本文書コレクション目録」①はSML118「地租改正報告書」の書名を著録している。
（14）イェール大学図書館ホームページの書誌情報に「Contains autograph of K. Asakawa, and Japanese marginal manuscript notes in his hand.」との注記があるものに英語・フランス語・ドイツ語・ラテン語などの書物がある。
（15）『甲子夜話続篇』『赤穂義人纂書　補遺』『列侯深秘録』『海録』『系図綜覧』『近世仏教集説』など。
（16）前掲注(1)藤原論文。
（17）前掲注(3)報告、および前掲注(1)松谷二〇一四論文・近藤論文・中村論文など。
（18）前掲注(9)『朝河貫一書簡集』。
（19）自筆原本を早稲田大学社会科学研究所が所蔵。
（20）前掲注(1)金子論文など。
（21）前掲注(9)『朝河貫一書簡集』一八一。自筆原本を早稲田大学社会科学研究所が所蔵。
（22）前掲注(7)目録。
（23）前掲注(1)松谷二〇一四論文など。
（24）前掲注(1)中村論文。
（25）自筆原本を福島県立図書館が所蔵。
（26）自筆原本を福島県立図書館が所蔵。
（27）イェール大学図書館所蔵の自筆日記に控えが残されている。また実際に逍遥に送られた書簡が早稲田大学演劇博物館に所蔵されている（資料整理番号TSY0032031、本書翻刻通番（60））。朝河貫一と坪内逍遥の間で交わされた書簡については前掲注(9)藤原論文参照。
（28）イェール大学図書館所蔵の自筆日記に控えが残る。
（29）自筆原本を山口春野氏が所蔵。

(30) 前掲注(9)『朝河貫一書簡集』一四二・注二七八参照。

(31) 佐藤雄基「朝河貫一と一九〇八年の国際日本学―朝河貫一著「なぜ、どのようにして、アメリカにおける利を活かして日本史を学ぶのか」訳注と解題―」(『立教大学日本学研究所年報』一九、二〇二〇年)。

(32) 前掲注(1)『米国議会図書館蔵日本古典籍目録』。

(33) 前掲注(3)報告。

(34) 自筆原本を徳富蘇峰記念館が所蔵。

(35) 現在重要文化財。巻八六八の布帛部は前田育徳会尊経閣文庫所蔵で国宝に指定されている。なおこの二巻は一九九七年に尊経閣文庫編の尊経閣文庫善本影印集成の一冊として影印が刊行されている(八木書店)。

(36) 自筆原本を徳富蘇峰記念館が所蔵。

(37) 請求番号 EAL J1211。イェール大学図書館ホームページの書誌情報には朝河貫一の Stamp があることが注記されている。

(38) 前掲注(1)松谷二〇一四論文・中村論文。

(39) 前掲注(1)近藤論文。

(40) 河野貴美子「中国の近代大学図書館の形成と知の体系―燕京大学図書館を例として―」(甚野尚志・河野貴美子・陣野英則編『近代人文学はいかに形成されたか―学知・翻訳・蔵書―』勉誠出版、二〇一九年)参照。

(41) 北京大学図書館編、北京大学出版社、一九九九年。

(42) 『北京人文科学研究所蔵書目録』(一九三八年)および『北京人文科学研究所蔵書続目』(一九三九年)。また河野貴美子「北京人文科学研究所の蔵書から考える「投企する古典性」」(荒木浩編『古典の未来学―Projecting Classicism―』文学通信、二〇二〇年)参照。

(43) 前掲注(1)中村論文。

(44) 前掲注(9)甚野・福島県立図書館編文献。

(45) 国立公文書館に「沼田政二郎南満洲鉄道株式会社理事ヲ命スルノ件」(請求番号:任 B00621100)として満鉄理事任命にかかわる文書が保存されている。

(46) 「新納忠之介　日本美術年鑑所載物故者記事」(東京文化財研究所)、https://www.tobunken.go.jp/materials/bukko/8811.html(二〇二四年十月二十二日閲覧)。

(47)　波田野節子・田中美佳「崔南善と吉田東伍の知られざる交友　付　崔南善の追悼文「故吉田東伍博士」の翻訳」（『国際地域研究論集』一二、二〇二一年）参照。
(48)　高麗大学校亜細亜問題研究所編『蔵書目録Ⅲ　六堂文庫』（一九七四年）参照。

第Ⅱ部　坪内逍遙宛朝河貫一書簡翻刻

和文書簡翻刻

〈凡　例〉

・ここに紹介するのは、早稲田大学演劇博物館が所蔵する朝河貫一書簡（坪内逍遙宛）のうち和文書簡五九通の翻刻である。
・全体の末尾に対象資料の一覧を付した。
・資料は四通を除いて所蔵機関においては仮整理の状態にあるので、一覧にある通番は所蔵機関において事前に付された仮番号である。6〜15、20は英文書簡のためここでは欠番となっている。別掲の英文書簡翻刻を参照されたい。また48は新聞切抜のみ、68は封筒のみで書簡本体はない。なお、通番にA〜Dとある四点が所蔵機関において整理済である。
・資料は発信の日付順に排列した。原本に消印もふくめ発信の日付がない場合は内容から推定し、［　］で示した。
・各書簡の冒頭に、通番・発信年月日・演劇博物館資料整理番号・封筒の有無を記した。
・原本の改行や料紙の表裏などについては特に明示しない。ただし内容の変更など意図的な改行については残したものがある。
・料紙は、多くが無地無罫の白色用紙であるが、一部に朝河の個人用箋、大学用箋などを用いているので、それらについては注記した。また書簡はペン書（黒、一部青）だが、日本帰国時には墨書のものがあるのでそれも注記した。
・漢字の旧字、俗字については常用漢字など現在一般に通行している形に改めた。
・合字（ゟ《ヨリ》、ヿ《コト》）は用いずカタカナで表記した。文字の大きさも原則としてすべて同一とした。
・判読不明な部分は［　］、□で表した。
・一部に読点を補ったが、句点は元のままとした。
・ローマ字住所の長音記号は省略した。
・消印は判読可能な部分を記した。
・人名などについては初出部分に注記を付した(1)。
・和文書簡の翻刻は藤原秀之が担当した。

（1）［一八九六年[2]（明治二十九）］七月下旬　TSY0032020　封筒欠

拝啓、御起居如何被為在候哉御伺申上度候、中学校等ニて無御多忙と奉存候、早稲田文学毎号御送被下、難有謝上候、只頂戴しても相済まずと存じ、何か申上度存居候へども、何分忙がしくて文学上のコトを注意する暇有之不申、遺憾に存候、別段当方面白きコトも無之候、当時は休業ニて当地ニ留まり読書など致居候、先日ハーバード教授のWendel氏著"Was Shakespere（ママ）"と題する書[3]を読み候、多分1894の出版と存候、沙翁の作を基として沙翁の伝を書きしものに候、殊に始終エリザ（ママ）時代の影響を注意致候レクチュアーに候間、さら〳〵と書き流し候へども、存外実の有る書と存候、之は既に御覧被為候哉も知れず候へども、序ニ申上候のみ、買ひて差上度候へども、空嚢ニ付其儀出来兼申候、又御約束申候芝居筋書の類も当地田舎ゆゑ見当らず、追々に差上申候時有之可申候、只今ゲーテのマイステルを読居り、感服致居候、先月中トルストイのアンナカレニナを読みて驚嘆致候処、今マイステルを読めば到底比較も出来ず候様感じ候へども、例の考ニ候間、根拠なきやも知れず、只少しく思ひ候は、トルストイはあまりindividualisticにて、当代を代表する所以のもの、甚だ微に候、只強き信念を以て他人が弱く教へられたる所に到達せしものニ過ぎず候処、ゲーテに至りては此の如きものにあらず、非常にsusceptibleにて、当代の気運を一身に体し候、其上遂には当代の上に超脱して不朽のものとなり候、一方よりいへばトルストイよりは遥に客観的にして、非常に遠心力に富み、而もトルストイよりは遥に主観的に存候、トルストイが山の如きに対してゲーテは大洋の如く深く広く変幻自在ニ感せられ申候、トルストイは何となくカーライル等に似候、ゲーテかカーライルを蝕し候如く、トルストイを呑みて余裕甚大に見え候、ゲーテは矢張稀代の大天才にて十九世紀初代の光明ニ存候。ゲーテ後世界は余程変事なるべく、廿世紀の光明はゲーテにては足らぬやも知れず、日本の学者の如きは真によく時代の心を心とし、時代の問う問を問ひ、而して時代の上に脱出するものとならまほしく候、小生等も此の如き一ゲーテを築く為の一隅石となり得度存候、洋行は別段面白きものニても之なく候へども、在邦中得難きコトをも存外に思付申候、畢竟心がけ一つにては余程よき修行と存候、

新聞等へ時ニ通信致候を御覧被遊候哉、是ハ可成自分のコトを書かず、往々自分の厭ふコトをも誉め候如き類少からず存外に面倒ニ御坐候、猶々此思付のコトは御遠慮なく御注意被下度奉願上候、米国の社会と合し難きコト小生の如く甚しきもの未だ曽て当国ニ来りたるコト之あり申間布、此等は他人にいひても詮なきに付、通信の類には其影をも見せず候、此困難は在米の困難への添加物ニ御坐候、

在米の困難も他言の要なくなり申候。読書も学校の勉強も困難を紛らはす為の方便と相成居候、然るに中々紛らはされず、自

分を忘るゝコトは一刻も之なく候、

嘗て御示しのコト（自省といふコト）は其後少からぬ助けに相成居候、

金子[4]、島村[5]諸兄は如何御様子ニ候哉、綱島[6]君、今猶倫理の類をゴッ〳〵（同君の用語）致居られ候哉、研究科諸君よりも右諸君よりも少しも音信無之、呆れ果て候、如何なる御心掛ニて御無音を重んぜらるゝにやと存候、金子君の如きは相変らず大学者でもあるかのやうに勿体ぶり居候哉、教育持論を見て中島[7]兄の利巧なるには驚居候、少しばかり曲学阿世の様に見ゆる程ニ候、中桐[8]君其後如何被為候哉、一向音信なく候、諸氏によろしく願上度候、

私は何分政治史を落付きて読む能はず、古代史ニて切り上げ、再び哲学史の研究に戻り候、其内に何にても読めるやうに相成可申候、

横井[9]氏先度帰京致され候筈ニ候、何卒御別懇被下度、偏ニ奉願上候、同氏も此儀願居られ候、

怱々頓首

七月下旬　　朝河貫一

坪内先生

壁上に同窓生並先生諸氏の写真在り候、

殊に食堂にてラムの御馳走ある時は小羊子といふとを思ひ出し候、マイステルなどを読む時は常に連想せざるを得ず候、

宛名単に下の如くニて

よろしく候　　Hanover, N.H.

U.S.A.

（2）一八九六年（明治二十九）八月五日　TSY003005　万国郵便連合葉書

八月五日夜

拝啓、先日拙書差上候処、御落手被遊候と存候、早稲田文学第拾二号拝見致度、御序の時御送らしめ被下候様奉願上候、彙報欄は何時も待ち焦れ居候処、此号だけ到着不仕候、第十三号及其以前の［二文字消し］は皆拝受致居候、当時マイステルを訖りてファウストに取りかゝり、今日は第二部の皇帝の宮中ニてファウストがパリスとヘレンとを現ぜしむる所まで読み候、始終独逸語と引合せて読み候、之ニつき固より御深慮被為在候事と存じ候故申上候も失礼の至ニ候へども、独逸語だけも（少くとも）御研究被遊候様御祈申上候。訳文は非常に多く有之候へども、Taylor が最よろしと評判致候、私は Luiss Swanivick 其他二三程比較候処、テーラーは古けれども最もよき様ニ見え申候。ファウストの次にも此夏中は飽迄ゲーテ研究を致可申候、

不一

（追而書・行間）
ゲーテにつきての考は先便申上候よりも少しく変り行き候、
追々に大詩人に近つき度祈居候、
桐一葉拝見仕度御座候、
（宛名）Via San Francisco
Mr. Y. Tsubouchi
Okubo, Ushigome. Tokio Japan
東京牛込大久保余丁町
坪内雄蔵様
朝河貫一
（消印1）HANOVER　N. H.
AUG □　1896　8PM
（消印2）SANFRANCISCO, CAL. E.D.
AUG 13　1896

（3）一八九八年（明治三十一）**九月中旬　TSY0032021　封筒無**

拝啓、日々思ひながら甚御無沙汰打過候、東北地方ニ御巡講被遊候由、父よりの書ニ父も拝聴の為と福島ニ赴き候、途中松川より私の写真ニて見たる坪内先生ニよく似たる人及其の一行と同車いたせしが、唐突ニ拶《（拶）》札も致兼打過候処、後果して先生なりしを知りし由ニ候、御巡回は定めて好結果を得られしならん、青森ニては徳善君にも御面会被遊候哉、又文科も多少拡張せられ、史科も新設せられ、知名の新教授も加はられ候様、新聞ニて承り候間、御祝上候、但学生の変遷は如何ニ候哉、数も質も前年よりは大ニ進歩致候や伺度候、中学の方は大分御多忙なるべく、金子君も亦頗る御奮発と奉察候、徳育及教育ニ特ニ御注意の御様子は早稲田文学ニ著く拝見仕候、
早稲田文学、毎号御恵送下され候処、此方よりは何も申上げず恥入候、実ニ純文学とは自分修業のための外には全く疏闊となり候故、之ニ関し何も申上候程のコトを得ず候、せめて何か買ひて差上度と兼々思ひ居り、昨年ロンドンタイムス社より新たニ発行し始めたる週刊の Literature といふ雑誌にても差上げんと計画いたせしコトもありしが、生活の費用と之を作るコトニ追はれ、今日まで其余裕を得ず、不本意不過之候、然れども忘れず候間、近々何か得たまふべきコトと御心待下され度候、呵々、
日常殊ニ休暇中ハ「手より口」の辛き生活いたし居候へども、学年中ハ一日九時間位は自由の身ニ候間、勉学時間ニ甚しき不足はなく候、御安心奉願候、右生活のための経験は中々面白きコト多く候、其の当坐ハ色々快からざるコトも少からす候へとも、其の教訓はいと益あるコトと存居候、若し私よりも豊なる想像力と表白力とあつて、且つ私とは異なる着眼をいたし候人が私の地位ニ立たれ候ならば、文学の資材を大ニ得られ候ならん、今夏の如きは男女四五十人の間ニ入り（難からされとも）劇

しき仕事をいたし、種々の経験をいたし候、
桐一葉、牧之方、文学学科ニ御恵送下され奉深謝候、両脚本は幾度も拝読いたし候、早稲田文学ニての御論文も亦常ニ拝見し、時々は謦咳ニ接する如く相覚え候、之ニつきても想ひ出すは綱島君の気論の繁きコトニ候、御病中かく心を煩はしたまひてよろしく候哉、又御病気の故ニかく他人のコトを気にしたまふに候や、題目の大切にして所論の実着なるコト勿論のコトニ候へども、今ニ於てあまり polemic に時間を費したまふは如何のものニ候や、水口(10)君の脚本結了恰も其人をみるが如くニ候、異域ニて知人の作を読むは一大興感ニ御坐候、ノルウェー国にあるべき如き、松の深林ニ坐して拝読いたし候コト屢々のコトに候、抱月君、宙外(11)君の御作は噂にのみ聞きて、実際ニ拝読するコトは多からす候へども、御元気の程感服の外なく候、一日十六時間も勉強したまふにやと怪居候、
次に私は幸ニ丈夫ニ候間、御安心下され度候、万事の都合つきしも只金不足ニて今月よりハーヴァードニ参るコトを得ず、依て今年本校ニ留まり、勉強いたし居候、もし来学年ハーヴァードニ参るを得候はゝ仕合なるべきも、今より想像致兼候、扨同大学に入学及給費志願等の際、履歴者(書)を認めざるべからず、先月相認め候節ハ専門学校ニつきて御地まで問合せ候時間之なく、為ニ、専門学校ニての時間割教課表等は記憶せるまゝニ認め候、中には多少の誤も免かれざりしならん、又早稲田専門学校と英字ニて書くも無益ニ付、Waseda College と名づけ候、僭越の罪をば許したまひて、之を御校の英語名と定め候はゞ如何ニ候哉、又在校中の成績をも認むるの要あり候処、卒業の際の点数忘却いたし候間、94%と申候、或は92なりしか、何にせよ偶数なりし様覚候、次回に履歴相認むる都合もあり候間、正否御報願上候、或は九十以下にして94といひしは甚しき妄言なりしかとも危ぶまれ候、もし専門学校に英文 Catalogue にても近々出来候はゝ結構なるべきも当分中は詮方なく、依りて私にてよき加減ニ作り候、点数の事の外は大差なかりしコト、信候、今一つ申上度は、専門学校の学位を私は「文科得業生」と申し、之を Bachelor of Literature と訳し候、是亦先例と御心得被下度候、(!)扨当校ニては(私の研究科目は西洋史と相定め候故)今までは準備として諸国語、並ニ人種学、政治法律、原初文明、インスティテューションの歴史等を研究いたし候、右等は歴史の本体にはあらず候へども、歴史の源とも、基とも申すべく、歴史をして確実ならしめ威あらしむるものと思ひて、聊か研究いたし候、学年(今九月ニ始まる学年)には右の研究を継続いたし候上ニ、古代史、希臘史、羅馬史、中世史を四五人の専門教授の特別の指図を受けて勉学いたすコト、相談相整候、余暇の漫読には当世の事情ニつき研究いたし候、来年よりは一層研究の土台を得んコトを祈居候、
研究法は勿論、歴史全体ニつきても私の思想、今日甚だ前日と

異り候、当地ニ参りて最初は東洋文明と西洋文明との差の目前著しきニ一時動かされ、歴史ニ関する思想も之を標準として形成いたし候ひしが、其後幾多の変遷の後、今日にては著しく異りたるものと相成候、私の注文は甚無理ニて到底望む如き史書の近年世ニ出てんコトは難かるべく、当校諸教授の為にも私の思想、実は迷惑の程ならずやと思候、左ニ荒筋だけを申上候間、可然御判読下され度候、

歴史は常ニ自ら繰り返すと申すは、むしろ絶対の側面より詩的ニ見たる説ニして、歴史の本質はむしろ常ニ変化するニあり、其の変化は大体上西洋ニては進歩たり、東洋ニては退歩たり、進化の史を世界史と呼ふコトいと当れるコトなるべく候間、西洋文明の発達史ニして世界史の名を得るも当然なるべけれ、然れども更ニ溯りて人類の史的進歩は如何ニして今日ニ及びたるや、と問いたく候、史家は従来其の如何ニ進歩したるやを語るのみニして、其の「如何ニして」は深く問はず、往々之を論ずるも主として短き時期に限り候故、未だ東洋の学生を心服せしむるコト能はず候、是れ惟ふに発達進歩の史のみを眼中ニ置きて退歩停滞の史を多く顧みざるの罪ニあらず候哉、退歩の一方において必然なりし理を尋ねずして如何で進歩の他方ニおいて当然なりしを知るを得ん、何故ニ一方には悲運を降し、他方には光栄を垂れたりやといふ如き、半宗教問題にまでは入らずとも、従来よりハ一歩深く進歩の motives 及び退歩の motives を研究するコト全く能はざるニあらざるべしと存候、西洋諸国が殖民及征服の結果として諸方の退歩人民と触れ、多少此等の反省をいたすニ至りたるは事実ニ候へども、未だ主として原人ニ近き退歩文明を研究せしニ過ぎず、支那、日本、印度、西班牙、乃至（或る意味ニて）仏蘭西の如き諸大退歩国を此意味ニて深く研究せしとも思はれず候、就中日本ニは外国と交はるまで進歩の動機と退歩（停滞）の動機と並び存じ、其後前者著く発現し、今猶後者と相錯綜して全国大多数の明を覆へ候と存候へば、日本史研究のためニも将来の計画の為ニも此等の研究の要切なるものありと存候、実に思へば思ふほど進歩退歩の別るゝ所ニ秘密甚深きものあるが如くニ候、ましてや個人の生命の上に見るも亦左様ニ御坐候をや、

さて右ニ motives と名づけたるものゝ中、地勢風土、人種国民の性状、宗教、文学、等の互ニ相関係せる点は較々見易く、且多趣ニ候へば、従来随分研究せられ候コト、存候へども、更ニ込入りて乾燥なる大切の motives 亦之あるべく、諸政体の由来、法律、諸原則の伝来、経済的影響の如き其の例と存候、更ニ所謂 institution の史ニいたりては甚た大切にして且つ甚だ困難ニ候、たとへば欧洲封建制度は如何にして起りたるやの一問題ニても、あらゆる史家を悩ましむるニ足り候、メーン氏の如きは之を成熟せる羅馬法の財産の思想と未熟なる蕃族の習慣法との混和より生せし現象なりと断定し、後年魯西亜、愛蘭

土、印度等の村落制度を研究して益々此問題の難きを見られ候、又独逸ニても大ニ之を研究したる学者もあるさうニ候、然れども到底未だ確論には達せさるならんかと想はれ候、まして日本支那に封建の存在せしを見候ニおいては、メーンの立てたる論も余程変動すべきコト、なり候、右は封建の一事を取りたるまでニ候が、其他の問題限りもなかるべしと存候、

（一行アキ）

在米中は僅ニ進歩史を研究するニ過ぎず、又其の所謂 motives につきても独創の研究などハ夢にも出来ず、只今日までの西人の研究の結果を尋ね、かくて今日及将来の史を知るニ幾分か不動の智識を得るニ過ぎさるべく候、他日もし日本史を学び得べくば、多少今日の研究に資けられるゝ所あらんと楽し居候、又史学研究の目的はもはや自己の生命問題のためよりも日本の精神を今一層史的良心ニ一致せしめん（是れ日本の史より見て一大事業と存候）ためニ微力を尽さん時の助けとするニあり候間、或は右の如き研究も徒労ならさるべしと存候、私が果して史学ニ適せりや、又果して史学を一生の専門とすべきや否やをも、当分は措きて問はず、只々専心に之を学ぶを任といたし候、然れども右等ニつき、御意見あらば必ず思ひたまへるまゝニ御忠言下され度候、従来只々人々の賛助のみを得たるためニ幾多の間違を重ね候、仰ぎ願はくは、直接ニ御訓誨を賜はらんことニ御坐候、

甚だ長き文となり候、諸氏ニすべて然るべく御伝声下され度候、無音を怨み居れりと御申伝願上候、別して綱島、渋谷(12)両兄の御病気御保養祈上候、猶何か申足らざる様ニ候へども、之ニて筆を擱き候、頓首

九月中旬　　朝河貫一
Hanover N.H.
U.S.A

坪内雄蔵様

（4）一八九九年（明治三十二）三月下旬　TSY0032037　封筒有

二月廿八日の御はがきも拝見仕候、

拝啓、御懇書とうニ拝見致候へども忙しきコトあり、諸方ニ一時絶音仕候、不悪御宥免下され度候、扨先づは御壮健ニ為在候由目出度奉賀候、降而私も固より大壮健とは申兼候へども、風だに多く引かず、勉強ニ苦む如きコトは更ニ知り不申候、御安堵下され度候、右ニ忙しきコト、は日本の封建制度ニつきて論文を認めたるニ候、書類乏しく時間も短く見るニ足らず候は勿論ニ候へども、年来学びたる歴史観察を日本ニ応用して仮ニ之を草したるまでニて、論文の値こそ卑けれ、之を草するニよりて得たる私一己の利は不尠存候、扨諸君も御元気の御様子大慶至極ニ存候、渋谷兄、看急ニ陥られ候由、其後如何なられ候哉、先月同兄より熱誠の書を送られ候、此書と同便ニて同君ニ呈書仕候、渡航後一回も消息なきは水口、中桐諸君ニ御坐候、是は

少しく奇妙ニ御坐候、金子、島村、後藤、綱島諸氏の御勉強は遥ニ想像の至ニ候、専門学校の様子なども御示し下され、難有奉謝候、史科新設とは政治科、文学科等と同位なる独立の一科となされ候にや、或は文科の一分科ニ候哉、何れニせよ此の如く日本ニ必要ニして且将来の望ニ富める科を置かれ候は、賀する所ニ候、扨近年教育ニ御注心の御趣ハ実ニ想像して止まざる所ニ候、おのづからニ此地ニ歩み入られ候こと、いかで思ひ当り候はざらんや、私も今学年ニて当校に満期となり可申候間、他の立派なる学校ニ入りたく候へども、唯一の道は給費生となるニあるのみ、之ニは諸方とも候補者多く、烈しき競争行はれ候間、大学卒業の免状と学位と相当の形式的履歴とのなきものは撰ニ当りがたく、就きては私の前途如何なるべきか難知候、願はくは、今後二年は止まりたく候へども、もし勉学の道立たざる時ハ（固より遅々たる勉学は必ず失ふまじく候へども）此失を補ふ所以の得なくばあらず、要するニ必ず境遇の与ふる最多善を握らんことを勉むべく候、

精神の進歩ニつきては、種々の前年来の小思想、小理想ニからまらるゝことあり候へども、大体は正しき道を歩み居れりと心ニて信じ候、ます〳〵天地と心の親和し行くは、自ら証し観る所ニ候、前途溶かすべき岩塊いと巨大ニて、且打ち破るべき人為的差別亦胸中ニ少からざるを知り候へども、まづは赤子の状をはなれて旅行ニ上り候ならんと自らは思居候、

煙草を止めたまひし由、実ニ妙ニ御坐候、

勝伯の死、承及候、国民ニも多少一時真面目ならしめ候ならん、

日本の世界ニおける責務なども日々益々重くなり候様思はれ候、

周囲の境遇いよ〳〵日本をして大人らしくならしむべく従ひて、大競争、大害悪、大煩悶等を□むるなるべし、日本は世上ニても甚だ特別なる国と存候、

帰朝後の位地の如きは少しも定まらず候、随分狼狽すべしと存居候、もし専門学校のためニ少く力をいたし、御傍ニ在ることを得候はゝ望外の幸なるべく候、

卅二年三月中旬　　朝河貫一
Hanover N.H. U.S.A

坪内逍遙先生

（封筒）Mr. Y. Tsubouchi
Okubo, Tokio, Japan
東京牛込大久保余丁町
坪内雄蔵様

（消印1）HANOVER N.H.
MAR □ 1899 8PM

（消印2）武蔵東京
卅二年四月三十日　リ便

（5）一八九九年（明治三十二）十一月十八日　TSY0032011　封筒有

拝啓、其後甚御無沙汰致候、不悪御宥被下度候、此頃御起居如何被為在候哉、御壮健ならんコトを奉祈上候、大西[13]先生は病ニて御帰朝の由、残念のコトに候、幸ニ私は大丈夫ニて運動なども怠らず、万事注意致居候間、身体ます〳〵よろしき様存候、総て日本人は健ならず、其の心に影響する所多きは日に〳〵感ずる所ニ御坐候、御校の中学などニては体育を盛ニせられ候様奉祈候、体育ニも三様あり、体操及兵式の如きは其の一つにて、野外散歩、游泳、狩漁など亦特別の法なるべく、第三には競伎（技）ニ御坐候、競争の中ニも、高飛幅飛競走等はおのづからフートボール、ベースボール等と異り候様思はれ候、人の心を練るには後者の方、益多かるべく存候、是は個人を組立て候所より各人の責任甚だ重く相成、心意の各方面を働かせざれば、責をつくす不能候、各人の責任を重くするのみならず、組の責任が重くなり候、団体の精神発達し、もし学校が組を支給して他校の組と競争せしむるを、当国の如く発達いたし候はゞ、学校の元気をまどめ（ママ）、自治の精神旺ニ起り、個人は組に対し、組は学校全体に対し責任重く、学校全体は外部に対して名誉を重んずる心著く相成候、競争勝敗の世界に入りて、実力ニて勝ち、浄き方法ニて勝ち、而して負けて怨まざるの心はよく発達せられ候、当国ニて此等のコトを目撃致居候、人民が競技に熱中するコト、競技が教育上今日重要の問題なるコト、皆著き事実ニ御坐候、学生が競伎に長ずるものを敬ふも亦大なる傾向ニ候、果して此等の人々は決断、寛容等の徳ニ富める最多望なる人物ニ見受候、されば、濫用の失はなきニあらざるも、全体の上より見て深く感ずべきことに存候、何卒日本の学生も身体ニ注意し、近々は此等の組織的競争を盛ニ起し、冒険、果断、寛厚の徳を普く養ひたまものニ候、学生が政治文学の小なる優劣に熱心するより、運動の勝敗に熱中する方、却て喜ばしと申すべき程ニ候、

固より直立、宏大の気を養ふは運動のみニあらず、凡て天然に人間の与へられたる地位に学生を引き直して、其の頭の笠を取去り、ヒガミを消すべきコト切要ニ有之、運動は即ち筋肉の発育訓練を心の作用とバランスせしむる一法ニ候、広き教育の一方面ニ候、更ニ此他、日本青年に乏しきは、其の音楽の嗜好ニ乏しきコトニ候、是亦かの広き教育の欠如せるものと思はれ候、自然の地位に遠きものニ候はずや、又美術の嗜好も日本人は誇るを止めざるべからず、日本の美術心は、其の単なるは軽洒なる表面現象をデタッチして之を楽むニあり、其の高尚なるは過激なる心作用もて殊と通とを結ばんとするニあるものゝ如く思はれ候、如何ニ候哉、是亦（果して然らば）進歩の見込を最初より縮小するものニ候、亦是れ自然の地位より横ニ出でたるものゝ如く思はれ候、次には今日云ひても詮なきコトながら、男女の間の不自然なるコトに候、低き女はあらゆる infatuation

の王に候へども、品性高き女子は男子を益するコト大なるものニ御坐候事申すまでもなく、当国道徳家が異口同音ニ唱ふる性慾濫用矯正の法は、浄き女子を友とするニあり候、そは勿論として、其上女子との間を切り去る結果は、常ニ女子を犯すニ終り候コト古来の実例ニ候、女子と思想感情を通ずるハ男子の先天の必要ニて、国民の心病を医するの道と存候。男女の間ニつきては云ふべきコトいと多く候、右述べたる所の外ニ社会心理のため深切の関係を認め候、国民発達の秘密のいと多く、此関係の如何ニ在るを感じ候、されども此ハむしろ社会教育の範囲ニ属し候間、後ニ譲り候、

（一行アキ）

以上は自ら知らず秩序もなく漠然申述候、西洋心酔と尤めたまふコト勿れ、私の云ふ所は、幼稚ニ御坐候へども、そは日本の国状に応用すべからざることにもあらずと信じ候、当国人心の俗なるはいと賤しむべきコト、存じ来候へども、今日ニ至りては其の却て長所の反面なるを認め候、抑々仏国人は虚偽多く候、独逸ニては人《マン》よりも智識或は地位が貴く、伯林の真中ニ居りても注意せざる人は天井以外を見ざる様子ニ候、之ニ比すれば英米両国は人を作るコトを主といたし、智識の如きはいと小なるものニ候、両国の間ニ差ありて、英国教育の作る人は秩序ある紳士ニて、米国ニては自己の心を支配し得る人を作るニあるが如くニ候、此意味ニて control one's own mind の句を用ひ候は私の独りの語ニ候、他人がかゝる語を用ひしを聞かず、小生のためには便なる語ニ候、米人は心の一方面を伸ばすコトを蛇蝎視し候、誇大するコトを好まず候、癖あるものは人々其の臭気を忌みて、之ニ遠ざかり候、如何ニ学問出来候へとも、他人の心を酌まず、自分の性ニまかせ候時は一日も成効(功)すべからず候、要するに心の凡ての方面を使ひて自分を此外界系統の自然の地位ニ置かんとするコト米国教育の理想なるべし、社会の諸々の組織は此発達を助長いたし居候、或人曰はく、希臘の精神は satisfaction に在候、近世の精神は aspiration なりと、米国の今日は余程此第二階より超脱して実世界の中ニ身を入れたるやうニ候、第一階の精神をも大ニ反射いたし居候間、其の調和的発達を好む一点ニつきていはゞ、米人は近世の希臘人と申すべく候。其の濫用は例の vulgar の点ニあるべく候へども、其点のみを見るは消極の見ニ候はずや、米人の教訓の小ならざるを見候、文明の進歩とは如何なる方面ニ向ふものなりやの問ニつきて一端の参考とも存居候、如何思召され候や、

米人のコトをかく申述候を御誤解下さるまじコト、信候、高声ニては申兼候へども、当校ニ在る日本人十七八人中には随分日本の欠点を代表いたし居、真実日本人には閉口嘆息いたし居候、たとへば日常の会話ニも一つのコトを話すものあれば、甲乙丙丁之を色々に引きのばし引き縮め、茶かし、ひがみ、グズ〳〵といたし、徒らニゲタ〳〵笑ひ候、一時間話せば気もつまり果

て候、他より見ば、日本人は何時ニてもチャーフルなりと申べく候へども、如何ニもグルーミーなる次第ニ候、談話此の如き、心が此の如き証なるべく候、現実の研究も亦此の如くニ思はれ候、人生の解釈、処世の哲学ニも此ニ影響せしめられ候ならん、天然の地位より離れて立つの害は此の如きかと思はれ候、
是は奇妙の手紙と相成候、此書には私が当校ニ来りたる由来、学問の有様、学問ニつきての思想及論文などニつき、御意を得たく候処、最早長くなり過ぎ、時も遅くなり候間、不日第二書差上度候、此書の不始末は御宥被下度候、私の父との交渉ニつきてハ、中桐君より御承知と奉存候、父よりの書には、父ニ向け御懇書下され候由、実ニ難有奉拝謝候、御厚情深く感佩仕候、
在京諸学友ニ可然御伝声被下度候、扨此件はタッカー氏未だ評議員ニも談ぜず、親類なる人ニも話さず、暫時秘密ニ候間、御承知下され度候、当地ニては当校の日本人と誰知らず、厳ニ秘居候、先は匆々頓首

十一月下旬　朝河貫一

Yale University
New Haven, Conn.
U.S.A.

坪内先生

（封筒）Via VanCouver
Dr. Y. Tsubouchi
Okubo Tokio Japan
東京牛込大久保余丁町
坪内雄蔵様

（16）一九〇三年（明治三十六）四月六日　TSY0032001　封筒

有　朝河貫一個人用箋

（用箋上部印字）K. ASAKAWA, PH.D.
DEPARTMENT OF THE FAR EAST
DARTMOUTH COLLEGE,
Hanover, N.H.（U.S.A＝ペン書入）

拝啓、先便出版の費ニつきての御返事、御待申上候、只今閑をぬすみつゝ論文添删いたし居候、天もし余ニ仮《暇》すニ今一年を以てするならば、今少しよきものを作るべきにと存候、添删して行く間ニ追々ニ新しきコトを発見し、前後を打ちて円く調へるものをなす能はず候、他日御一読の時、色々御指摘被下度候、
今度五弗差上候は書籍料ニ御坐候、
昨今二周《マヽ》間休暇ニて静なれども、私は多忙ニ候、学問のコト教授のコト、並ニ精神上のコトなど、色々申上度あれども、とても其閑なく候、身体は丈夫ニ候間、御安心被下度候、語るべき友少きには困入候、学問ニつきても然り、況や其上のコトをや、先日当国教界の名士ライマン、アボット博士ニ遇ひ候、ニュー

ヘヴンには多少の話相手もあり候間、休暇などには可成出かくるつもりニ候、学問ニつきてはエールの旧師友ニ遇ひて刺戟せらるゝコトいとも楽しく候、却説学生等も追々ニ私の学科の何たるを知る趣あり候、其の知る所の浅く、信ずるコトの早きだけニ之を教ふるものゝ注意と責任は大なるべき筈ニ候、教授以外ニ為すべきコトも多けれども、今の処両三年は多忙ニて教授のみニ心を委ね候、教授と申ても、自ら教へらるゝコト甚多く候、論文を出版せば少しは将来の動作のためニ途を開くものあるべしと存候、申までもなく東洋ニつきては研究の題目甚多く、世の学問ニ貢献すべきコト山海の如くあり候、書物と時間と精力とあらば、為すべきコトも少からず、只々研究の結果を発表せんとすれば費用ニ妨げらるゝにて、笑止ニ存候、数学科学の類は長々しきコトを書くニは及ばず、又欧米の史ならば発表の都合ニ多く苦むニも当らざれども、東洋史の科学的研究は学問界のみを目当とし候間、出版ニ苦む次第ニ候、綱島君より先月来書、此方より御返事可申上候、其他皆様にもよろしく願上候、先生には此後も長く教育のコトニたつさはりたまふ御積ニ候哉、

卅六、四、六　朝河貫一

坪内雄蔵様

（封筒）Dr. Y. Tsubouchi

Tokio Japan

東京牛込大久保余丁町

坪内雄蔵様

（消印1）HANOVER N.H.

APR 6 11 AM 1903

（消印2）四谷

6-5-3 后 3 30

（封筒裏）

（消印1）NEW YORK, N.Y. FOR BCH

APR7 4AM 1903

（消印2）SAN FRANCISCO［ ］

APR14 11AM 1903

（消印3）TOKIO

MAY 15

(17)［一九〇三年（明治三十六）[14]］五月二十日　TSY0032025　封筒無

拝啓、宗教革命時代専攻の村田勤君[15]ニ托して論文原稿愈々差上候間、可然御取計被下度候、追々書きたし候間、所有の金ニて（二百二十五弗）千部の印刷其他の費用を払ひがたきハ明白ニつき、五百部と御定被下候、左ニ御参考のため二三点申上度候、出版人ハ専門学校ニても丸善ニても私ニとりては差なく候、広告料までも私の支弁とせらるゝ都合ニ候哉、承り度候、或は左程までニ金なかるべしと存候、此辺の都合御知らせ下され度

候。広告文は可然御作被下度、只現時日本の書物広告に見ゆる漢字だらけの（意味もなき）浮誇の文字は御免被下度候。たとへ如何なるコトを申候とも、小生の序文ニおける意味（即ち討論是正を望むニ外ならざるコト）を広告の中ニ示され候様、奉願上候、

印刷は可成速ニ奉願上候、検閲などニ時間を費したまはぬやう祈上候、其の理ハ既ニ存外ニ延引いたし候ゆゑ、此上ニ長びきては、給費を大学より取かへされても申訳なき次第ニ存候。直ちニ印刷ニ附せられたく候也。当国ニて何部申受くべきやは未だ本屋ともかけ合はず候間、何分の御扱申上ぐるまでは御送本被下間布、整頓の上ニて何部必要と可申上候。但し小生が私用（進呈や批評者への発送等のため）として製本出来次第直ちニ運賃此方払ニ三四十部御送被下度、其節ハ私ニ向け英文ニて部数と代価とを出版処より送らしめ被下度候。

之ニつきても日本ニての売価は可成廉価ニいたし度、御承知の通当地へ輸入の節の25%は小売価の四分一にて卸売価の四分一ニあらず候、されば小売は一円又は其以下ニいたし度候、

校正には相当の人を御撰被下度、其の労は主として機械的のコトニて、気のまはる人ならば英書に慣れ且つ注意だに深くば誰ニても出来べく候。英文の校正なれば飽くまでも厳正ニせられたく候、此の種の誤植ほど冷汗を流せしむるものはなかるべく候。校正者のためニ注意書を封入いたし候間、常ニ校正者の手元ニ置かれたく候。注意は周到ニ過ぎんとするも能はざるべく思はれ候。其の報酬は先約いたし兼候へとも、十弗は可差上、勿論手際ニよりて増減いたすべく候、

校正して印刷のすみたる頁は折々ニ私ニ御郵送せしめ被下度、此段特ニ御申含め被下度候、

出版の費用は、（印刷、製本、判権《ママ》所有、送本料、私との往復郵税等）一切（但し未決の広告料は今論ぜず）私の支弁ニ候間、会計明白ニ立て置かしめられ候様願上候、

友人皆多忙のため、英文は添刪せず候間、甚悪しきコト目ニつかれ候時は遠慮なく御直し被下度候。又本文の趣意につきて巨細の御注意御示教最も願ふ所ニ御坐候、

凡ての御煩労は今より深く奉拝謝候。私ニ取りては是が世ニ寄与する最初の書ニ候間、先づは全くの徒死ニあらずと存候、

近頃御起居如何被為在候哉、不相替御達者の程奉祈上候、御著論理談は定めて世を益し候と御喜申上候、其後久しく消息を承はらず、如何の御様子やと存候、私は大丈夫ニ候、当校ニて教授のありさまは追々教育時論ニ申送るかも知れず候、只今中は多忙ニて春期間学生の楽みゴトいと多きも、皆顧みず候、昨今は日本、朝鮮、支那の経済、財政、貿易ニつき、講演罷在候。今後二週間ニて私の教授は今学年は終り、引つゞき試験となるべく、来る九月ニ新学年始まるべく候。暑中はニューヘヴンに

数週参り、其他は何処とも未だ定めず、多分当地ニ還るべく候。何処ニ居るにせよ、凡て書信は今のまゝニ右の如く御宛被下候。綱島君其他如何ニ候哉、

五月二十日　　朝河貫一拝

Hanover, N.H.

U.S.A.

坪内雄蔵先生

(18) 一九〇三年（明治三十六）五月三十一日　TSY0031009　万国郵便連合葉書

古文書第四、史料六ノ三[16]、正しく拝受仕候、右はニューヘーヴンに御宛なされ候間、当地に廻送相成候、かゝる場合にニューヘーヴンの人に廻送の郵税を立替しむるコト気の毒ニ候間、此後ハ何卒此地に御宛被下度奉願上候。此方より差上候為替金ハ御入手と奉存候。扨先月中出版の費用ニつき御問合申上候へとも、未だ御返書ニ接せず候、此上ニ待つ時間なく候間、今度帰朝の村田勤君ニ托して原稿差上候間、七月初旬御手許ニ到着可致候、原稿と共ニ一封差上候、其中ニ何かの注意は思ひつくまゝニ申述置候、御面倒甚恐縮ニ候へども、可然出版方御周旋被下度、偏ニ奉願上候。綱島君の論文、早稲田学報ニ相見え、御元気奉賀候。先生の御近況如何被為在候やらん、

匆々頓首

五月卅一日　　朝河貫一

Hanover, N.H.

U.S.A.

（宛名）Mr. Y. Tsubouchi

Tokio Japan

東京牛込大久保余丁町

坪内雄蔵様

（消印1）HANOVER, N.H.

MAY 30 □

（消印2）四谷

36-6-30 后 340

(19) ［一九〇三年（明治三十六）[17]］六月十五日　TSY0032022　封筒無

拝啓、

村田勤君ニ頼みて御手許ニ差上候原稿、定めて御落手と奉存候、其節申上候如く、取急きご出版被下度、又校正は厳に失する様ニ願上候、校正者への注意の漏れたりと思はるゝ一条、更ニ差上候。金は早速差上げてもよろしく候へども、何分の御しらせあるまで態と見合居候、返す〳〵も御面倒恐入候へども、可然御願申上候、

友人が小生の案内ニて取りたる写真二三枚さし上候間、御笑覧

被下度候、目下大丈夫ニ候、之ニつきても先生の御写真必ず御送被下度候、専門学校同級ニて取りたるは故郷ニ残置候間、手許ニ何もなく候、二三日内ニニューヘーヴンニ出発し、数週滞在のつもりニ候、再び篤学の師友ニ遇ひて刺撃を受くるコト何より楽しく存候、過去一年は甚忙しく相くらし候、此夏も亦閑は少からんも、少しぐらゐは休息いたすべく存居候、前申候如く、健康なるは感謝すべきコトニ候、是専ら運動（主として毎日の野外散歩及室内体操）の御蔭と存候、先生にも運動を怠りたまふなかれ、又運動と共ニ効能著しきは新鮮の空気を鼻孔より呼吸するニあり、是は一日に二三十度深く呼吸すれば其効立どころニ著しく候、毎日之をつゞくべく候、又成るだけ日光ニあたるべきコト、

色々申上度コトあれども、先は後便ニゆづり候、諸君にも可然御願申上候也、頓首、

六月十五日認　朝河貫一

坪内雄蔵先生

（添付）

朝河貫一写真（二葉、同一のもの）

(21)　一九〇三年（明治三十六）八月二日　TSY0032040　封筒有

拝啓、七月八日の御書昨日拝受仕候、御不快のよし前に他よりも承はり候故如何と存居候処、御書面ニ拠れば今度休暇を機として御旅行被遊候由、先づは多少御快方なるべく、又御旅行ニよりて益々御快癒被遊べしと存じ、喜ばしく奉存候、大日本史料十二の四も正に落手致候、何時もながら御面倒御礼申上候、出版ニつきて一方ならざる御配慮、難有感謝の至ニ御坐候、御申越の件々一々承知仕候、即ち、

印刷日限は十月一ぱいニてよろしく（と申外なく）候、

印刷費の類は凡て直接ニ出版部長に送るべく候、

売価は固よりもうけづくニあらざるゆゑ、一冊一円五十銭といたすべく存候、

校正には中桐君に直接ニ願候、十弗以上差上ぐる事になるべく、右相違なく存候、

（広告文と出版部数と）此二件及今度一先づ差送るべき金高は関係の人々と相談の上、近日中ニ可申上候、

此処に一つの誤解あり、他にあらず、御書ニよる時は出版部にては二百廿五弗を皆差上得るものと心得らるゝニ似候へども、かくては当国への送本料、関税、当国ニての広告料の如き少からざる費用はいづくより支弁すべきや、兼て申上候はんウィルリヤムス教授は親切ニも補欠すべき旨申出でられ、教授の同級生より多少の金を集め得たれば何時でも差出さんと申され候へども、つら〳〵推察するに是れ同級生の醵金にはあらずして教授自身の懐中より出づるものなるや難計、成るべくは之をば煩はさゞる覚悟ニ御坐候、さらば他に余分の金を出すを不能、

私一己の会計は此処数年間は随分と困難ニ候へば、其の中より補ふコトは出来ず候、私最初の考は出版後若干部（たとへ如何に少数―二十五部でも）売れるものと見つもりて出版部ニて広告料（の金又は一部）を都合せらるべきコト、存候、然るに二百廿五弗皆ほしいとの景色ニ候、右私の事情は明白なるべく存候、之にかゝはる問題は売上の金を如何ニすべきやといふニあり、当国ならば一定の割ニて著者ニ払候、私は一旦私より払ひがたきを払ひ、然る後売上金の割払を貰はんよりも、むしろ最初より二百廿五弗以内ニて万事相済むやう願度、従ひては出版部と広告ニつきて交渉する所なかるべからず候、先づ第一ニ出版部出版書は各書ニつき平均何程の広告料を払ひたりやを聞きたく候、

右の事情は直接ニ出版部に申入るべき事情にして御手を煩はすべきコトニあらず候へども、もし部員が精細に考へ且つ書くの習あるニあらずば、兎角満足の答を得がたかるべく、無益の問答に時日を送るコトあるべしと存じ、特ニ先生ニ申上候間、御序の時、右の事情たしかめ被下度候、右呉々御願申上候、

出版部にては（私と同様）もうけづくニては出来ぬゆゑ、好意上と見做すべきよし、御高情拝謝のいたりニ候、もし私の手許自由ならば、固より他人の好意を頼むいとにがき経験はいたすまじく、只生来最初の貢献（学界への）と存じ、忍びがたきを忍び候のみ、

綱島君御保養くれ〲御祈申上候也、頓首

卅六年

八月二日　貫一拝

坪内先生

Hanover, N.H.

U.S.A.

（封筒）Dr. Y. Tsubouchi

Tokio Japan

牛込大久保余丁町百十二

坪内雄蔵様

（消印1）NEW HAVEN CONN.

AUG 3 1-PM 1903

（消印2）東京　四谷

36-8-30

(22)　一九〇四年（明治三十七）七月二十三日　TSY0032040　封筒有

六月十九日の御書、廿五日の御端書、難有拝見致候、色々御面倒、殊ニ続史籍集覧のコト御礼の申上様もなく候、右続集覧及維新史料、大日本文学全書、共ニ御発送のよし、既にハノーヴァーに到着致候と存候、私只今ニューヘーヴンに近き海岸地にて夏を送居候、御音信ハ凡てハノーヴァーに御あで（ママ）被下度候、

早稲田大学出版部より何程の金御受取被下候哉、もし之ニて足り候はゞ、願はくは洋本摺の史籍集覧及古本の群書類聚（ママ）、速ニ御送被下度奉願候、右二書は来秋より直ちニ用ひたく候間、可成御急ぎ被下度、御手数恐入候へども、御願申上候、もし金不足ニ候はゞ、願はくは一時御立替被下度、さすれば御報次第不足金御送申上べく候、

扨丸善への注文と重覆ニならぬ様たやすく出来可申次第は、丸善へは聚書類は注文せず候、主として著作書を注文いたし候、即ち群書類聚とか国史大系とかいふものは丸善の領分ニ入れず、之ニ反して著書編輯書即ち国書解題とか東洋歴史とかいふ類を彼ニ注文致候、されば要するに primary sources を注文せずして所謂 secondary authorities（即ち原料ニ基きて書けるもの）を注文致候、もし何かの理ニて右の領分を超えて原料を丸善ニ注文するコトあらば、そは例外ニ候間、御許ニ御通知可申上候、御許ニ御願申上度候ハ、即ち右原料の合併せるものニ御坐候（先便に new edition と申候は右原料類、又は古き書の新版ニ候、たとへば群書類聚の新版、又国史大系そのものが新版なるの類）右ニて拙意御了解遊ばされ候と奉存候、正続史籍集覧、正続群書類聚、続国史大系、に次ぎては（大日本古文書、大日本史料ハ勿論）、帝国文学全書などの類ニ候、書名を知るコト浅くして、一々申上難く候、

拙著やうやく到着致候、誤植多き外ハ万事予想以上の出来ニて皆様の御骨折いと難有存候、誤植とても甚たしき間違い甚少く存候、校正者の御骨折は深く想像致候也、

此度何か御著述可被遊候由、御待申上候、

皆様ニよろしく奉願上候。エール評論へ寄送の一文、御落手被下候哉、今度再び寄稿を注文せられて一文を送り候、右二文を改書し、布衍して一冊となし出版いたすべきかと存候、第一回の文につきては当国第一流の諸新聞中社説を書きて其旨を論じたるものも往々あり、又予想外ニ評判せられ候、第二回は全く記述的にて戦争までの史的事実ニ候、私は秘密文書の外は英独仏日文の外交文書を凡て皆読候（数千書あり候）、よりて其の結果を短き一冊として第一回の文意と共ニ出版いたすべきコト、タッカー氏及エール諸教授の賛助ニ候（全くタッカー氏の創意ニて、私は其考少しもなかりき）固より右の如き時事問題は私の本分ニあらす、只他人之を充分ニ為さぬゆゑ、分を揣らす之ニ触れ候のみ、

私が諸方にて講演いたせし結果、多くの人士に触れて其の意見を承はり、日本ニ関する外人のあらゆる思想に接し候、

中桐君御元気のよし、嬉しく候、綱島君も大分御安易の様子ニ奉存候、金子君の御進歩のほども仰ぎ上げ候、凡て皆様ニよろしく奉願上候也、

三十七年七月廿三日認　朝河貫一

目下滞在中　Woody Crest

West Haven, Ct.

坪内雄蔵様

（封筒）Prof. Yuzo Tsubouchi
Tokio, Japan.
東京牛込大久保余丁町
坪内雄蔵様
（消印）R.F.D.
JUL 25 1904
NEW HAVEN. WEST HAVEN STA., CONN.

（23）一九〇五年（明治三十八）**十月五日　TSY0032012　封筒有　朝河貫一個人用箋使用**

（用箋上部印字）DEPARTMENT OF THE FAR EAST
DARTMOUTH COLLEGE
K. ASAKAWA, PH.D
Hanover, N.H., U.S.A.

拝啓、先便申上候後、群書類従再び第六、第七の両輯到着仕候、先度申上候次第ニて、是皆重覆ニ候間、其理御説明被下度候、先便ニ申せし通り、今便ニて金三十四弗即ち国書出版三年の全費を郵便為替ニて御名宛ニ差上候間、御受取被下度、何卒御差廻願上候、但し出版物は私の帰朝御面会までは何卒御面倒ながら御預かり置被下度奉願候、来年二月頃出発して一時帰朝可致由申上置候、其節御周旋申上候件は御迷惑の至と奉存候へども、伏して奉願候、当国ニて着手せしを急ニ棄つる心は之なく、又タッカー氏の尽力及友情に背くを好まず候、但し日本ニて当国ニおけるよりも重要の事業を為し、兼ねて日本に関する研究を世界ニ公けニするに当国ニおけるよりも便益多き地に立つを得べくば、永く日本ニ留まるも辞せず、又タッカー氏とても頗る斟酌せらるべく候は勿論ニ候、さもなくば、日本よりも広き天地ニ立ちて静ニ日本を研究したく候、何れにもせよ小生が自ら果すべき義務は、当国恩人等の金を返すコトニて、是は日ニあるも米にあるも差なき義務ニ候、右様の義御含みの上御周旋の程幾重にも御願申上候也、諸学友にも暫時帰朝の由御伝言被下度、皆様ニ久々ニて御目ニか ゝるコト喜ばしき限ニ候也、不一

一九〇五、十月五日認　　朝河貫一

坪内雄蔵先生

（封筒）Dr. Y. Tsubouchi
Tokyo, Japan
東京、牛込、大久保、余丁町
坪内雄蔵様
（消印1）HANOVER,
OCT 5 130PM 1905
（消印2）東京牛込

38-10-29　前6

（24）一九〇六年（明治三十九）二月二十七日　TSY0032046　封

筒有　墨書

拝復、御はがき難有拝受仕候、当地ニては親類其他如何にも親切ニて感謝の言葉もなく候、但し御馳走朝より夕まで休みなく、又挨拶の繁雑ニて際限なきには困候、三月第二週頃上京して先づ相当の部室をさがし可申、上京当坐ハ前の如く木挽町の扶桑館ニ止まり可申候、色々の都合ニより父ハ当地ニ在住のコト、定め候、今度の事業ハ父快く承認せられ候間、御安心被下度奉願上候、帰京後数日を経候はゞ直ニ事業ニ取りかゝりたく候、帰京間もなく御目ニかゝるべく候、匆々拝

二月廿七日　朝河貫一

坪内雄蔵先生

（封筒）東京牛込大久保余丁町百十二

坪内雄蔵様

（消印）岩代　二本松

卅九年二月二十七日　ハ便

（封筒裏）福島県安達郡二本松町久保丁

朝河貫一

（消印）牛込

39.2.28　后0-1

（25）一九〇六年（明治三十九）四月十二日　TSY0032048　封

筒有　継紙墨書

拝啓、

色々の差支ありて今朝やう〱高田氏ニ彼件話し候処、至極御賛成の様子ニ候、何れ第一の問題ハ多少の金を集むるコトニ候間、其方法を同氏ニ考へて貰ふコトニいたし候、同氏の賛成の模様には私も大分安心いたし候、

多分高田氏より他諸氏にも御相談あるべく、此方の方針一定いたし候上ニて運動相始め可申、又其頃より実物採集の方法及分類ハ改めて諸友ニ御相談可申上存居候、

吉川弘文館より多少の書物送りくれ候間、之を処分致居候、又政府の方ハ米国公使館よりの丁寧なる紹介書の西園寺侯[18]ニ宛てたるものあり候間、之を内閣書記官長より各省次官ニまわすべく、又同官長より直接ニ諸次官ニ（次官会議の節）話し置かれ候、されば数日中ニ各省巡礼を始むべく、其心構いたし居候、政府の書類ハ随分時間がかゝるべく、之がすめば民間の書を諸種の学者ニ就き専門的注意を仰ぐつもりニ候、兎も角も、書籍の方ハ多少緒ニ就候間、御安心被下度奉願上候、

しばらく御目ニかゝらず候間、右申上候、先日伊勢平大長歌会ニ水口氏ニつれられて参り候、御出向なされず残念ニ存候、

先ハ忽々頓首

四月十二日　　朝河拝

坪内先生

尚々エールより私が帰米後周旋して交換せしむるものは（米国は新国ゆゑ）ミューゼアムよりは書物の方ニ大半の金を転じてもよろしく、又早稲田のためにも書籍の方が所望なるやも知れず候、是も御一考被下度候、米国にはミューゼアム的材料ハ科学の方面ハ欧と差なきも人文の方面ハ少かるべしと存候、

（封筒）牛込大久保余丁町百十二

坪内雄蔵様

親展

（封筒裏）関口町百〇一

朝河貫一

四月十二日

(26) 一九〇六年（明治三十九）四月十六日　TSY0032049　封筒無　継紙墨書

拝啓、

村井君[19]ニ只今御目ニかゝり候、私が一見いたしても人物の堅きハ明ニ存候、扨同氏が多少骨折り居られしハ Hartford Theological Seminary ニ御坐候へども、私の実見せしところニてハ同処ハ短所あり候間、大ニ都合よき事情の此地ニて出来るニあらざる以上ハ却て Yale Divinity School、又ハ紐育の Union Theological Seminary の方がよろしからんと存候、何れニせよ三方ニ同時ニ給費其他のコトを願入るゝコト安全と存候、依りてハートフォードの方ハ村井君自分ニて多少の手がゝりある由ニ付、他の二方ニ確実の紹介を得たく候、エールの方ハ私ハ神学校方面ニは懇意の者なく候間、之ハ横井氏別懇の教授ポーター氏へ横井氏より願ふコト、いたし候、紐育の方ハ幸ニ Geo:W:Knox 及び Francis Brown の二有力教授を私ニて知り居候間、私より篤く頼み込むべく候、勿論村井君にも申候へども、個人的ニ金の世話となるコトハなきものと断定せさるべからず、但経費節減の手続、給費を得る世話、並ニ働きて費用の幾分を得る法等ニつき、よろしく相頼むのみニ候、三方ニ願ひ置かば何か都合つかずとも限らず候、もし一方以上ニ都合よくば最良の処を取るコトも出来可申存候、何卒出来る様のぞましく存候也、

高田氏ニ御序の時彼件何となく御助勢且つ御促し被下候はゞ幸甚ニ候、もし一段落を得ば実物採集の部署だけハ我等多少相定むべく、又会計庶務の方も実行ニ近づき行かねばならず候、今日外務省より取りかゝらんとせしニ、二度参りて次官留守の為引かへし候、明日ハ電話ニて問合せて参るべく候、

匆々不一

四月十六日　　貫一

坪内先生

(27) 一九〇六年（明治三十九）六月三十日　TSY0032047　封筒有　継紙墨書

拝啓、

御遣はしの金員、正ニ落手仕候へども、三円過多ニ候、大日本史料一冊の値を取りたまはず候、此外にもあるかも知れず、超過額ハ早速御返申上度候、

村井君へハユニオンよりの旨意を申送候、

昨日私ニ関してエール大学より帝国大学へ鄭重なる正式の交渉書参り候、未だ私より大学へ提出せず候、他日写しを御目ニかくべく候、つまり大学にては正式にエールに返書の義務生じ候、もし先例なしといひて先方の意を拒まば、（大学が）重々恩を受けたるエールに対してすまず、又文明国大学間の礼義を蹂躙するコトヽならん、之ニ反して私を客分ニ扱ふコトを諾する時ハ、一新例を開き、又在来の自尊排他主義を幾分取払ふコトヽならん、大学も頸をひねる場合となり候、是も常識を度外視し、文相の言をすら斟酌せざりし自業自得と存候也、

六月三十日　朝河拝

坪内先生

（封筒）市内　牛込区大久保余丁町

坪内雄蔵様

親展

（消印）牛込

39.7.1.　前0-11

（封筒裏）小石川関口町一〇一

古海方

朝河貫一

六月三十日

（消印）39.7.1　11-12

(28) 一九〇七年（明治四十）八月二十一日　TSY0031002　絵葉書

（宛名面印刷）日本郵船株式会社　JAPAN MAIL STEAMSHIP CO

Printed by Mitsuma Tokyo

八月廿一日、無事ヴィクトリヤに着候、皆様ニよろしく願上候、此先きはまだ長く候、

朝河

（宛名）Dr. Y. Tsubouchi,

Tokyo, Japan

東京市牛込大久保余丁町百十二

坪内雄蔵様

（消印1）VICTORIA □ CANADA

14 AU21 07
（消印2）TOKIO JAPAN
07.9.15

（29）一九〇七年（明治四十）九月十六日　TSY0032039　封筒有　ホテル用箋

（用箋上部印字）The Bancroft W.L.SHEPARD[20], Prop 18th and
H Sts., N.W.
Washington, D.C.,　190

拝披、新橋ニて時間に外れられ候由、御気の毒ニ奉存候、態々御手紙被下痛入候、最後ニ御目ニかゝらさりしは未だニ残り惜しく候、御写真頂戴いたし候は何よりの仕合ニ存居候、扨海上も無事ニて、廿六日にヴァンクーヴァーに着し、其地ニ五日留まり、九月三日ハノーヴァーに参り、同地にも十二日まで滞在し、十三日ワシントン府ニ参り、十四日婚儀を挙げ候、是は前より定まり居りしも、父の命により在邦中は誰一人にも申さゞりしコトニて、不悪御諒察願上候、ニューヘーヴンには明日早朝出発して午後到着、直ちニ忙殺せらるべく候、今後の宛名ハ末文ニ申上置候、

在邦中の御厚情ハ幾重にも御礼申上候、当地ニ御用の節ハ自由ニ御仰付奉願上候、

出発の当坐ハ多忙の為、高田[21]氏にも市島[22]氏にも田中氏にも御目ニかゝらず、残念ニ存候、私よりも一札差上ぐべく存居候へども、御序の折ハよろしく御伝言被下度奉願上候、

何卒折角御自愛被遊度奉祈候、私も身体ハ注意いたし候、乍末御家族皆々様の御多祥御祈上候、大造[23]氏ニは図書館ニて度々御目ニかゝり候、よろしく願上候、

匆々拝

九月十六日　朝河貫一

K.Asakawa,
Yale University,
New Haven, Conn.,
U.S.A.

坪内雄蔵様

（付・新聞記事）

「Japanese Instructor at Yale Is Here on His Honeymoon Trip」

The marriage of Kan-Ichi Asakawa and Miriam C. Dingwall was recorded at the Japanese Embassy in this city yesterday.（以下略）

（封筒）Dr. Y. Tsubouchi,
Tokyo, Japan,
東京牛込大久保余丁町百十二
坪内雄蔵様

（消印1）WASHINGTON, D.C.
1907 SEP 16 9 30 PM
（消印2）牛込
40.10.14

（30）一九〇八年（明治四十一）一月五日　TSY0031004　万国郵便連合葉書

一月五日

拝啓、十二月五日の御書拝見、めでたく御越年奉賀上候、御壮健ニ被為在候哉、シェークスピヤ到着候由、御報被下痛入候、此方より別に所望は無之候へども、日本又ハ東洋史ニつき学者らしき論著見え候時ハ何時ニても御注意被下候はゞ至幸なるべく候、右ハ漠然たるコトニ候へども、無論大著述、大編輯は手に入れんといたし居、又雑誌にも史学雑誌、歴史地理等ハ参り居候間、其他多く広告にも出でず、私の知る機会も少きやうなものニ御気付かれ候はゞ、御気の付かれたるまゝニ御報知被下度奉願上候。私ハ壮健ニ候。過日紐育市ニ校友会あり(24)、又生稲忠兵ヱといふ料理人、大ニ大隈伯と早稲田との為ニ我々ニ御馳走あり候、生稲老人ニつきては猶後便ニ申上たきコトあり候。皆様ニよろしく、

〈追而書〉

過日ハ高野ニ上られ候由の御書拝受いたし候、高田市嶋氏ニよろしく

（宛名）Prof. Y. Tsubouchi,
Tokyo, Japan.
東京牛込区大久保余丁町
坪内雄蔵様
（消印）牛込
41.2.2.　前0-5

（31）一九〇八年（明治四十一）一月二十六日　TSY0031006　万国郵便連合葉書

一月二十六日　　朝河貫一

新年の御はがき拝受候、私よりは何時も新年相忘れ失礼いたし候、御免被下度候。

昨年末は紐育ニて早稲田校友会あり候。私は当国史学会の年会ニて日本の歴史の学ぶべき値ある理由及之を学ぶ方法ニつき注文のまゝ論文朗読せしめ候。其他確実なる方面ニては怠りなく、日本に関する正確なる事柄だけ申居候。近日中、黒板勝美氏(25)当地を経て欧洲ニ行かるべき由報知あり、先頃ハ姉崎氏(26)来られ候、何れも知友に此地にて遇ふは喜ばしく候。御壮健如何。ハートフォードにては校友原口氏に遇ひ候処、米国学問界が予想外に確実厳格なるニ大ニ驚き候由ニて、頻りに語学希臘、ヒブルー、独逸に骨を

折居し様子ニ候。頓首

（宛名）Dr. Y.Tsubouchi,

Tokyo, Japan,

東京牛込区大久保余丁町百十二

坪内雄蔵様

（消印1）NEW HAVEN, CONN.

JAN27　1908

（消印2）牛込□

2.22　□10-11

(32)　一九〇八年（明治四十一）四月十九日　TSY0031003　絵葉書

絵葉書解説「G 7093a Football Game, New Haven, Conn.」

長々御無沙（汰脱）いたし候処、如何被為在候哉、当方無異多忙ニ候。黒板勝美氏先頃来訪。「実業の日本」に掲載致候拙文御一読願上候。近頃ボストンにて教授及実業家記者等の多数ニ触れ、世の日本に対する態度の一変せんといたし候理由を考察仕候。

四月十九日　　　朝河

（宛名）Prof. Y. Tsubouchi,

Waseda University, Tokyo, Japan,

東京牛込区大久保余丁町百十二

坪内雄蔵様

（蔵書印）「小羊文庫」（朱丸印）

（蔵書票）「演劇博物館蔵」切手代の小紙、番号記入用朱枠（未記入）あり

(33)　一九〇八年（明治四十一）七月二十六日　TSY0032038　封筒有　イェール大学印用箋

（用箋上部印文）「SIGILL. COLL. YALEN. NOY: PART: NOV: ANGL」

拝啓、六月廿七日の貴書、二三日前拝見、先は御かはりもあらせられず御励精の御様子大賀御事ニ御坐候。私ハ只今暑中休暇ニて近傍海岸ニて避暑中、勉学罷在候、休暇といふは名のみニて、忙がしさは常ニかはらず、只時間の束縛なきのみニ候、海水浴やら船漕ぎやらニて少しく失ひたる健康を取りかへして以前よりも丈夫となるべく候。此度は色々御申越被下、誠ニ難有奉存上候。早稲田第二次発展の件[27]ハ結構ニ存候へども、例の如く不景気は気の毒ニ候、是ハ世界一般ニ候、私は第一次寄附金すら未だ払込みがたきほどニして、気だけハはやり候へども第二次寄附の余裕なく候。但し学校の利をば常ニ計り居るつもりニ候。

中桐君が杭州赴任の由ハ近頃承り候、先はめでたく、且つ奮発の心あるよし、猶更快く存候、果して大ニ力をつくさるべきか、

文科教授法改正とかいふコト、学報ニ見へ候へども、如何なる改正ともわからず、心ゆかざるコトニ候、何卒要領御示被下度候。私の考ニては、今後の改良の一方面は正しく必修課目を減じて自由撰択科目を加ふるコトニあるべく、是れ学生をして天才を伸べしめ、又教授をして学殖と教授法との競争をなさしむる一方法と存候、是には金が多くかゝり候、

日本文学界の自然主義とやらも下火となり候よし、尤のコトニ存候。但し之を経験したる明治文学は幾分か前日よりも賢く、又深くなり候や、

近頃の小説などいふもの少しも見ず候。何か時代々表として、又ハ佳作として見るべきものもあらばご指示被下度候、

楽劇ニつき益々御勉強奉賀上候、御制作ハ私音楽無知ニてわからず候へども、必ず御示被下度候、

高田氏が学校経営のコト常ニ感服致居候。偏ニ御健康を祈り候。

私は御承知の如く現時の問題（政治経済）に手を触るゝコトはあまり好まず候へども、戦争中の論著ハ他ニ同様のコトを為す人なかりし為ニいたし候コトニて、之が為ニ一方には現時問題の研究に縁を結び、当国諸大学の識者の如きも主として其方面ニて私に期待し、又一方には自分の趣味此方面にも之が為ニ加はり候、折柄満洲問題ニて世論ハ（充分の原因ありて）深き誤解ニ傾き終り、同時ニ日本政府（内閣変更以前）及国民共ニ世の大勢と少しく合はぬやうなる満洲政策を取り候を見、双方とも私ニ取りては浅からざる心配と相成候。日本ニ在りて考へらるゝよりも、此双方の事情より来る影響は恐るべきものと存候。よりて私は（他人の得がたき客観的思考の便ある境遇と、経歴とあるにより）双方より暫く尽力いたさんと決心仕り、過ぐる数ヶ月間は一己の研究を暫く措きて満洲問題を研究し思考いたし候。よつて英文を草し候、是ハ当国識者をして日本の地位につき同情的、もしくは理解の上の、批評眼を得せしめん一助にもと存候。つまり世人をして曲らぬ眼にて常に日本の挙動に注意せしめたしといふ老婆心ニて、人は之を愛国心ならずといふものもあり候はんか。同時ニ日本ニて、政府及国民の対満態度ニつき私の疑ふところ、憂ふるところを世ニ発表いたしたく存候、之ニつきては誤解も不平も憤怒もあるべきか。只私は日本の危機を認むるが故ニ沈黙いたしがたく、是が為には幾月間の憂慮を重ね候。

右英文は前半だけは近日出版候間、御目ニかくべく、後半ハ十一月ならでは出版いたさず候、

邦文の方ハ既ニ起草いたし候へども、猶改竄いたしたく候。是は御手許ニ原稿可差上候間、高田氏と御相談の上、何か政府と民間とニ勢力ある新聞紙ニて発表せしめ下され候様願度、又掲載済の後ハ一小冊子として殆ど無代価同様ニ広く上下の人々の眼ニ触るゝやう取計願上候、之ニよつて私が怨まるゝは固より厭はず、論の誤を正す人も出来、又全体ニ世論を喚び起せばよ

ろしく候。物には観やうが一通りにあらざるコト、又愛国心といふは反省の分子を排すべきものニあらざるコトを事実上証せばよろしく候。又従来の対満政策ニ反対者此処ニ一人あるコトを記録ニ留むればよろしく候。右は甚御迷惑ながら、奉願上候、一ヶ月以内ニ原稿可差上候、

扨、右ハ新聞ニ載するには費用もいるまじく、又もし新聞社ニて報酬を出すならば、之ニて後日小冊子出版の費用ともなるべきか。百円未満は私費差出可申候。右文は四五十頁となるかも知れず候。

右の外、私が既ニ出版したるものは、今月（七月）の Atlantic Monthly 又 Literature & Society of New Japan 一文あり候間、此便ニて差上候、御一読の上ハ早稲田図書館ニ御寄附願上候。同館ニては当国諸大学図書館の如くニ校友の論著を特ニ記録し、且つ保存いたし候哉、雑誌ニ出でたるもの丶如きは、其文だけ切りはなして綴り候はゞ紛失すまじく候。学報を見るに、校友の知識物産物の表目だに之なく、是は学校のため喜ばしからず、御高見如何。

右の外には The American Historical Review に批評文あり、昨年十月分ニ二篇、今年七月分ニ三篇あり候。右雑誌ハ図書館ニ在る筈ニ候間、御一覧願上候。

序ながら、二件申上候。アトランチック、モンスリーは諸専問雑誌を除きては、当国諸雑誌中最も上品にして、最も過去の経歴よろしく、又最も上流識者間ニ読まれ候。図書館ニては願はくは之を取られたく候、

又校友の論著ニつきて申添候。大学などニては、往々図書館の一部を、特ニ右論著保存の用ニ供し候。又ヱールなどにては、校友の論著出づる毎ニ之を紹介いたし候。又年に一度、ヱール教授全体に直接ニ書を発して一年間ニ発表したる論著の題目を明確に報ぜしめ、之を紹介し、以て一は校友の知的活動を世に示し、一は学校の知的活動を世に重んぜしめ候。校友雑誌の類には必ず校友知的動静専問（門）の記者を有し候。取急ぎ申上候。御子息様ニよろしく、又金子、島村諸老兄ニ可然奉願候、御自愛奉祈上候、匆々拝

七月二十六日　　朝河貫一

坪内先生

（封筒）Dr. Y. Tsubouchi,
Tokyo, Japan
東京市牛込区大久保余丁町百十二
坪内雄蔵様

（消印）NEW HAVEN
CONN. JUL27 9-30A 1908

（封筒裏）

（消印）SAN FRANCISCO, CAL.
JUL 31 3-PM 1908

(34) 一九〇九年（明治四十二）八月二十三日　TSY0032041　封筒有

拝啓、五月廿五日拙著校了の由の貴書、六月十六日拝受いたし候へども、昨日ニいたるまで取調べものゝため寸暇なく、御返事延引いたし候、不悪御宥被下度願上候、最初の十五部ハ過日到着候、御蔭ニて誤植等実ニ少く、製本其他万事御監督被下候、其の上ニ二三校被下候由、実ニ御厚情拝謝の至ニ御坐候、まことニ立派ニ出来候、又広告なども念入り候ものニて増田氏の厚情もありがたく候、如何なる人ニ如何ニ読まれ居り候哉、満洲当局者及移住民の眼にも触れ候哉、如何、議論ニ同ぜずとも真面目ニ輿論以上の反省力ある読者の出でんコトを祈りて止まず候。又文体ハ少し注意いたし候、あまりガミ〳〵せぬやうニいたし候つもりなれバ、論旨を好まぬ人も無暗ニ反動せざるやう、又意外の論旨もあまり高慢に響かぬやうにと希候、読者の感情如何ニ候哉。今にして思へば、今少し明言せば誤解を避け得たるべしと思はるゝ所もあり候、

私ハ日本の態度にも米国の態度にも同じがたく、何れにも危き分子ありと存候、日常両方に対して戦ふ有様となり居候、今度クラーク大学創立廿年紀念に一周間《ママ》（九月十三日より）主として支那ニ関する講演あり、私も別紙の如く席末ニ招かれ候間、討論の際及講演の時ニ少しく米国態度に対する批評を暗示いたし度候、此度の講演者の中には有力の日本排斥論者あり候、却説昨日まで私を忙殺いたし候ハ、帰米以後研究罷在候旧幕時代の民政の論文の一半ニ候、他の一半成り候後ハ、同時代封建法制の他の諸方面を順次論述いたし度存居候、

暑中御動静如何被為在候哉、御健康此頃如何奉伺上候、私ハ壮健ニ候、高田氏、市島氏等によろしく願上候、金子、島村、諸氏にも可然願上候、

謹言

八月廿三日　朝河貫一

坪内先醒

付・クラーク大学創立20周年記念会議パンフレット（一冊）
Twentieth Anniversary of Clark University (Conference, Sep.13～Sep.19, 1909)

（封筒）Prof. Y. Tsubouchi,
Yocho-machi, Ushigome, Tokyo, Japan.
東京牛込区大久保余丁町百十二
坪内雄蔵様

(35) 一九一〇年（明治四十三）一月十四日　TSY0032034　封筒有　イェール大学用箋

（用箋上部印字）YALE UNIVERSITY NEW HAVEN,CONN.

拝啓、如何被為在候哉、定めて御多祥御超歳被遊候御事と奉遥察候、却説、先月中新聞ニ士行[28]様渡米のコト一寸見え候へども、例の虚聞と存じ信ぜず候処、過日直接ニケムブリッヂより一書頂戴、又私より催促して、御添書をも送っていたゞき、事情拝承仕候、先は無事御到着被遊、珍重ニ存候、只今ハ故郷よりも未だ音信なく、知人も少しとて心細く感じ居らるゝ様子、御尤ニ存上候、私ハ未だ御目ニかゝらず候へども、必ず其内ニ御たづねいたすべく、又先方よりも御来訪を願ふべく、万事及はぬながらも、当国にては一日の長ある身ニ候間、多少の御力にはなるべしと存候、又御在留中ハ凡て御遠慮なく御相談被下度由申上候、御病気のコトなど万一にも之あらば、私共出来るかぎりのコトいたし可申候間、返す〱御安心被遊候様願上候、さぞ〱皆様御心配のコトなるべく御察申上候。学問上の事ハ私より毫も干渉ハ致まじく候へども、御相談ある事ハ凡て心をつくすべく候、

何れ直接ニ御目ニかゝり御様子を拝見して後、詳しく可申上候、菊池[29]男近く来米のコトニて、私等も多少義務あり候、中島力造[30]氏、原田助[31]氏等、知人段々ニ来らるべく候、

過日ハ紐育及市俄古ニ学問上の用事ニて旅行し、当国及欧洲の史学者、経済及政治学者ニ多く接触いたし、多大の刺戟を受け候。私ハ学問的事業ニ如例忙しく候。先ハ右のみ申上候、謹言、

四十三、一月十四日認　　朝河

坪内先生

（封筒）Dr. Y. Tsubouchi,
Tokyo, Japan.
東京牛込大久保余丁町百十二
坪内雄蔵様

（消印）牛込
43.2.16　前0-5

（36）一九一〇年（明治四十三）七月十七日　TSY0032015　封筒有　イェール大学用箋

（用箋上部印字）YALE UNIVERSITY IN NEW HAVEN, CONNECTICUT
DEPARTMENT OF HISTORY

拝啓、其後ハ格別の用事も之なく候まゝ取紛れ、御無沙汰ニ打過候処、如何被為在候哉、御令息も別ニ御かはり不被為在様ニ御坐候、是も近来御ぶさたいたし候間、今日御様子御伺可申候、私ハ例の如く勉学ニ他事なく候、只今暑中休暇なれども、当地ニ留まり、例と同じく相つとめ居候、壮健ニ御坐候、早稲田の方の形勢ハ如何ニ候哉、宗教科の方ハ少しも消息を聞かず、如何進歩中ニ御坐候哉、又文科ハ如何、「学報」にては学校経営の教育方面のコトは少しも内部のコトがわからず、雲を隔つる

やうニ有居候、大学の政治ニつきては当ヱールにてはヱール、アラムナイ、ウィークリーといふ週刊雑誌ハ忠実ニ又淡泊ニ諸種の問題を発表して、校友の参考ニ供し、母校との関係を継ぎ、之ニ対する利害及名誉の感情を密切ならしめ候故、之を読み居れば大学当局者の方針ハ勿論、其の解決せんとする問題の性質及び之ニ対する苦心や意見の異同も自然ニわかり、読者皆学校ニ親しく相成候、ヱール経営の実情を知るには此上なき資料ニ御坐候、よつて前年中ハ高田氏の為、何かの御参考と存じ、右週刊雑誌を同氏まで寄贈いたし、兼て本部ニ頼み、本部よりの諸報告をも同氏まで差上候様取計候、後者ハ果して依頼の如く運び居候哉相知らず、週報に対しては果して高田氏に於いて入手せられしや、私の微志を察せられしや、少しもわからず候間、其後ハ寄贈を止め候、ヱールにては始終新問題起り、評議員、教職及校友、各々其の組織の方法を年々改良して、右の問題に対し充分ニ研究いたし居り、其の問題の重要なると、之を論ずるコトの frank なると、解決法の常ニ一種の特色あるとは、殊ニおもしろく感せらるゝところニ候。右は「学報」が今少し学校の中心点ニ近きものであつてほしいとの、私の懇望を申すついでニ申上候のみ、之には、やはり「学報」専門の有力者が必要なるべく存候、当校の校友誌ハ右申す如く週報なるだけニ、専務の人数名あり、分業法立居候、「学報」にも専任記者あるやうなれども、大学経営の時事を報ずるコトや、校友の活動を報ずるコトは、随分事情に明なる人を要すべく存候、長く之ニ従事せん人が大切ニ存候、殊ニ経営の報告者ハ秘密を賢く保ち得る品性あるが上々。如何ニ事を書くべきかを知れる技倆あらんコトを要し候間、「学報」を今日よりも学校及校友ニて重要視するやうニせねば、其人を得るニ難かるべく存候、「学報」が大学の一要機関となり、且つ之に相当する記者を得られんコト、校友としての私の希望ニ候、

私は先月何故にや不次ニ助教授に昇任いたし候、個人としては申上ぐる値なく候へども、それだけ私が日本につきて申すコトの勢力に影響致候間、申上候、又漸く生活に足る給料を得るコト、なり候故ニ、専心研究の時間をも始めて得候次第ニ候。乍序、左ニ当校の一部（即ちカレヂの教職にのみ関す、他ハ未定、私の如きは此未定の範囲ニ候）における任命の順序を御参考ニ申上候、

Instructor

第一年　俸給千弗
第二年　〃　千二百弗
第三年　〃　千四百弗
第四年　〃　千六百弗

（以下青細字。右記「Instructor」以下の余白に記入）

四年間は大抵ハ留任候、但し全国ニて競争烈しく、何れの大学ニても多望の少壮の学者ハ殆ど必ず他の大学より招か

れ候。小なる大学より、エールの如き大学ニ招かるゝインストラクターが常ニ之あり、従って、エールより他の小なる大学に（増給ニて）招かるゝものも常ニ在り候。前者ハ栄誉ニて、後者ハ然らず。されども前途真の学者たるべき望の少きものは、エールにては暗に世話して、他の小なる大学ニ転ぜしむるコトあり、又自ら転ずるを暗に促すコトあり候。此等は転任の時、俸給前よりも多き故、表面栄転ニ候。之に反して小なる大学より減俸ニてエールに招かるゝものもあり、此亦喜びて栄転と当人ハ見做候、

四年後は、他に移るやうニなるもの少からず候。次の段ニ上るものは、此四年間ニ、研究的学者たる力量あるコトを実証したるものなるを要し候、四年の終ニなりても再任の報なきものは解任ニ候。又研究の力なくとも教授法又は其他の才あるものは特に（次の階に上せず）依然インストラクターとして留任せしめらるゝあり。此種の人多くあり候。

（以下、一字下げは青細字。各項の余白に記入）

Assistant Professor

但し称呼《アドレス》としては"Assistant Professor"so-&-so といはずして、単に"Professor" so-&-so といふコトが一定の法式ニ候、

第一期　三年間　一千八百弗

此第一期ニ上るには、各候補者につき其の履歴及力量を調査し、委員を設け、此委員が教授会ニて他の諸教授の弁難に答へ、候補者を弁護し候。此処難関と承り候。此学問ニては全国中に、此地位を与ふるに足るべきものゝ中ニて、此候補者が最も適任なりといふコトを充分ニ証し得んコトを主眼といたし候、

第二期　五年間　二千五百弗

第一期終れば此第二期に推挙するニ足らざるものは他に転ぜしめ候。第二期に移るが前後最大の難関なる由ニ候。此時には各候補者ニつき委員三人を立て候、一人は其学科の正教授、他二人は各全く無関係の学科の正教授也。三人は充分ニ候補者の事情を調査し、正教授全体の会にて之を推挙す、此時は第一期に移る時と同様の証を立つるを主とするは勿論なれども、此度ハ一層厳重ニて、列会の正教授は各々此候補者につきて是非の批評をなさんコトを要し候、激烈の反対を聞くコトも少からざる由ニ候、

両期合して八年助教授たるも猶々地位は定まれりといふを得ず、前の希望ニ副はざる人ハ第二期の終りニ他ニ転するやうニ仕向けられ候。此例少からず候。もし愈々エールに永く置くに足れりと認めたるものは、次の期ニ入り候、

Professor　四千弗　六十五歳ニて退職　其後死去まで養老俸半給

此養老俸はカーネギーが前年全国及カナダに寄附せし一千万

弗の利子より来り候、
教授ハ研究の為、六年に一度、半俸にて一年の休息を得候、却説、以上の俸給ハ何れも生活に足るを極度といたし、儲蓄の余裕なく、又生活ニすら足らざるもの多数あり候、昔日の学友の実業に入れるものは十倍以上の収入あるものも少からず。始より之ハ誰も覚悟せるところなれども、もし自分の財産あるものゝ外ハ大学教授たるを得さるやうニなりては、学校の為大患なれバ、少くとも、生活費用だけハ給するを要すとの意見、昨今行はれ、之がためニ正教授の俸ハ人ニよつては六千乃至七千弗となる筈ニ候。但し助教授の第一期はいざ知らず、第二期ハ増俸するコトなかるべく、其理ハ、もし増給せば、望ましからぬ人物を留任せしむる恐ある故ニ候。（以上ハヱール校友間には公然発表せる事実ニ候、）
右はつまらぬコト長々書候、当地ニての御用ハ何なりとも御遠慮なく仰越被下度奉願上候、金子、島村、紀(32)、五十嵐(33)、其他諸氏ニよろしく願上候、謹言

四三、七、十七日　朝河貫一

坪内雄蔵様

（封筒）Professor Y. Tsubouchi
Okubo, Tokyo, japan
東京市牛込区大久保余丁町百十二
坪内雄蔵様
（消印）NEW HAVEN CONN.
JUL 17 0PM
（封筒裏）
（消印）TOKIO JAPAN
10.8.10
（封緘印）「朝河貫一」

(37)　一九一〇年（明治四十三）九月二十五日　TSY031010　絵葉書

絵葉書解説・Vanderbilt Hall. New Haven, Conn.
坪内士行との連名

（朝河・青ペン書）
今夜士行様拙宅ニ御泊りニ候、明日紐育ニ向はるゝ筈ニ候、御壮健ニ見受申候、
九月廿五日　朝河貫一

（坪内士行・ペン書、〈 〉内鉛筆書）
出し抜けにボストンを飛出しまして、紐育へ参る途上、かねて御招きにあづかつたので先生宅に一夜を御厄介になります、今日は暑くて閉口します、
〈九月廿五日夜〉　士行

（宛名）Mr. Y. Tsubouchi,
Tokio, Japan,

東京、牛込、大久保余丁町百十二
坪内雄蔵様
（消印）NEW HAVEN, CONN.
SEP26 930AM 1910

(38) 一九一一年（明治四十四）三月一日　TSY0032013　封筒有　イェール大学用箋

（用箋上部印字）YALE UNIVERSITY IN NEW HAVEN, CONNECTICUT
DEPARTMENT OF HISTORY

拝復、屢々御書信賜はり候へども、此方よりは御無沙汰申上、不本意の至ニ御坐候、却説士行氏には今日御目ニかゝり、御息災ニ候間、御安神被遊度、又御預かりの弐百五拾弗も御手渡申上候、同氏には私も久しく不通ニ相成、如何せられしや、他ニ問合はせてもわからず、或は既に渡英せられしかとも存じ、それにも係はらず、数度音信いたしても御返事なく、怪居候折柄、先日両度の御書ニ付、速ニ心当りの校友等ニ問合候処、やう〳〵現住処わかり、早速面晤（先方御出向、又ハ此方参上）の都合御問合申上候処、此書と行ちがいニ同氏より為替券請求の一書頂戴、又次ニハ拙書への御返事ニ当地ニ来らるべき由申越され、即ち今朝御来訪（之より紐育ニ一寸行かるゝところ）、細々御話いたし候、至て御壮健なる上ニ、現今は精神上にも何の御かはりも見へず、私も安心を感じ候次第ニ候間、此儀御心配不被遊様奉願候、先度拝面後の事情は詳しくは問ふを憚り候へども、誰かニ金を貸すコト、いたし候も、直ちニ之が返るコト、なり、されども一旦アメリカン、ハウスにて勤めかけたる口は急には引きかねて一ヶ月半も働かれし由、紐育の俳優学校ハ女子ばかり（凡て撰りぬきの様子）の中ニ日本の男子一人学ぶも彼是まづかるべしとの校長の意見の由ニて、特別に教師を傭ひて学び、然る後、学校にも何ぞ入用の科を学びては如何とのコトにて、即ち私教師を雇ひ候処、費用多くしてつゞき難し、其方ハ一ト通りニて相止め、俳優学校の方も相止め候コト、なり、其内にボストンに定居するコト、なり、アメリカン、ハウスにて労働以後ハ何も仕事いたさず、劇など見居らるゝ由、但し其内にはボストンに在るEmerson School of Oratoryに入候て見ん御考ニ候、此処には其居のコトも教科目ニ在るらしく候、先づは来る九月頃まで当国ニ在りて後、英国ニ向はるゝ御計画ニ候。今日まで御報知を怠りしは、やはり、もとの計画のくづれ候為申訳に困り、其後旅館ニ働くコトなど一層恥ぢられてのコトならんと察候、さほどに遠慮なさるにも及ばざるコト、存候、又何なり不如意のコトあらば及ばずながらも私なども御相談に応じたく、此事前より申上候を、諸方無音となられしは、廉白に世馴れられざるしるしとも存候、気の毒ニ奉存上候。瀧山といふ人のボストンに在りし間は、士行氏に何事ありても直ニ私ニ知らせらるゝやうにと頼み置きしニ、同氏去られて後、他に同様相頼むべき人もなくなり、近傍ニ居りながらかく長き間士行氏を苦しき地に置き、又親しく御心配と相成、残念ニ存候。何卒此後ハ左様のコトなきやうにいたし度、呉々も同氏ニ申候。さるニつけても此度の事とても、右申如く御心配可被遊事にはあらず候間、御休神のほど幾重にも御願申上候、御令室にも御安堵の程、返す〳〵御祈申候、

此度ハ右のみ申上候、新年には珍しき絵葉書、又昨年中はハムレット及びロメオの御訳文拝受、篤く御礼申上候。謹言

四十四年三月一日夜　　朝河貫一

坪内雄蔵（様脱）

何にても、何時ニても、御用は自由ニ御仰付被下度願上候、

（封筒）Prof. Y. Tsubouchi,
Tokyo, Japan.
東京市牛込区大久保余丁町百十二
坪内雄蔵様

（消印）NEW HAVEN CONN.
MAR2 1130AM

(39) 一九一一年（明治四十四）八月二十七日　TSY0032057　封筒有

謹啓、

七月卅一日芳墨過日拝領、文芸協会の事業ニ付御執心の御様子(34)想察申上候、多年御尽力の後実行の期ニ達せられ候は慶賀の至ニ候、今後の困難及責任の重大なるは御察申上候へども、献身的御奮発の効果必ず著しかるべきを信じ候、只御壮健ニ被為在候はんコトをのみ奉祈上候、

士行様ハ御無事ニ候、去月私少しく病気候為、態々避暑地まで御来訪被下候、九月中旬御渡英前には今一度お目ニかゝるべく存候、倫敦の俳優学校は随分確実なるものらしく候間、一年間の御研学ハ必ず利益あるべく信候、

私の病気ハ全く快癒と申してよろしく候、

早稲田の方、追々ニ改良せられ候事と存候へども、遠方ニありて不案内なる私等の杞憂ハ、大学が主としてextensive拡張ニのみ走りて後日（伯、及現代の主任者去りて後）経営ニ非常の困難を生ずるコトなきやといふコトが一つニ候、次にはintensive改善を打棄置かば、日本の社会の要求に応じがたく、まして卒業生が新日本の指導者たらんコトの望みがたきに至るコトなきやといふニあり候、外面的拡張ハ此内質改良を難からしむる一因とも相見え候。欧米の高等教育より比較推考いたせば、内質改良は即ち学生の気風及自治に関するコト、課目の編制統

一のコト、教授をして教育法及研究につき奮発競争せしむるコト、学生の健全なる研学を余儀なくせしむるコト、図書其他の設備を実用的（学生及教授の為ニ）ニ進歩発達せしむるコト、などを含み候、要するに学長より学生一般に至るまで協力すべき複雑の事業ニて、当国の名ある諸大学の如きは此等の点ニつき全大学の精力を集めて討議研究を重ね、経験と他との比較とにより漸く変遷改善するコト（少くともエールの如きは）一週として心を弛めざるところニ候。又之ニつきては教授全体分担して尽力いたし候コトも、何れの大学も専門の当局者を置き候、Secretary, Dean, Registras, 其他ニ候、此等当局者、就中セクレタリー、及びディーンの如きは何れも非凡の才幹及技倆、経験あり、勢力ある人物を撰み、之をして内質の改良ニ全力を用ひしめ候、ディーンは名の如く教授の主席ニ候、恐らくは此等専門の人なくば不断の改良は望み難かるべく候、此改良の結果の実地に現はるゝ一点を申せば、教職が教育法及び自分の研究ニ関する健全なる競争ニ有之、一日にても油断いたせば同僚ニ乗り越され、又ハ他の大学より新進の人ニ侵入せられ、己れの任期終れば他の小なる大学等ニ転ずるに至り候、自分の学科の教授の為（並ニ研究の為ハ勿論）銘々の費す金銭又ハ精力ハ莫大なるものニ候、

右ハ例の如く筆ニ任せ候へども、意を尽さず、要するところ、私の憂ふる所ハ早稲田が外ニ伸ぶると同時ニ内の改良（大改良、意味ある改良）の有力なる専門者を置きて奮発いたさずば、学校の産物が日本を率ゆるコトは愚か、日本の進歩と伴ふコトも難きニ至るべしといふニあり候。勿論只今とても常ニ少しづゝ内部の改良をなさるゝコトハ明ニ候へども、教育の不充分不親切の一点のみを見るも、未だ根本的改良ニ大学が心を用ひざりしを証するやうニ思はれ候。改良ハ急なるべからず、されども遅々ながらも根本、有意義の点ニ之を施されたく祈る所ニ候。只外面的拡張を行ひて、内の実質の貧しきは、今代の当局者が次代ニ対して面白からざる所為たるのみならず、又新日本に対して大学が相済まざる次第なるのみならず、実ハ早く申せば、うはべを飾る罪過ともいふべく存ぜられ、一校友として心苦しく候、世は如何にもあれ「大学」は、広告ニよらず、実質ニより、貢献ニよりて世の信用を得、又世の利益を増さんコトを根本の方針とせんコト望ましく存候。之ニ反対の感触を世ニ与へんコトは大学の禍と存候、

右の意見ハ伯にも学長にも申上度存居候へども、何分にも思想を取りまとめて認め候余暇を得ず、今日ニ及び申候、もし右の如き抽象的粗大の論にても幾分か趣意の通ずる所ありと思召され候はゞ、機を得て両氏にも御紹介被下度、不遜ながら奉希上候、

週刊 The Nation は当国週刊雑誌中尤上品ニ候間、其の劇ニ関する頁のみ毎号引裂き差上度存候処、それにては煩はしく候間、

毎号全部大学の貴名宛ニて差上候様取計候、御笑覧被下度、尤政治等の評論ハ同誌の常として、較々 negative ニ傾き候へども、此方面は御趣味もあらせらるまじく存候、書物の批評、書信等ハ概してよろしく、又毎週の金融財政の概評ハ其方面の人の最良と評する所ニ候、皆専門有力者の執筆にして、書信の外は無署名ニ候、謹言

四十四、八、廿七日　　朝河拝

坪内先生

（封筒）Prof. Y. Tsubouchi,
112 Yocho Machi, Okubo, Tokyo, Japan
東京牛込区大久保余丁町百十二
坪内雄蔵様
（消印）GLOUCESTER MASS.
AUG28 12-M 1911

(40) 一九一三年（大正二）**四月二十七日　TSY0032017　封筒**

有　黒枠用箋(35)

拝啓、漸く暖ニ相成候処、御壮健被為在候哉、過日ハ当方不幸ニ付、懇篤の御悼辞賜はり拝謝の至ニ候、其後之が為ニ案外ニ苦み候へども、心身漸く常ニ復し候様存候間、乍憚御休心被下度奉願候、又新日本毎度御寄贈被下、大ニ利益を得候間、厚く御礼申上候、士行様ももはや御帰朝の頃かと奉存候、御元気ならんコトを祈候、小生此頃、最も難関といはるゝ第二期助教授に進められ候間、余事ながら申上候、喜を分つ人去り候間、喜ばしくも感ぜられず候。前大統領タフト氏、当大学教授となりて参り候へども、学生ハ未だ其の学問的力量を信ずるに及ばず、個人としてハ熱心ニ迎へ候へども、教授としてハ存外冷淡ニ候。されども氏ハ憲法の運用ニつき経験もあり思想もあり、此等の思想を伝ふるコトが今後の使命とでも思ひ居るらしく候。但し此思想と当大学の名との連結して世ニ見られざらんコトが望ましく、又其の患もあるましと信じ候、

当国は目下（四五年以来）極めて複雑にて活発なる革新期に在り、社会の趨勢実ニ目ざましく存候（私の理会し得る区域にては）。同時に日本も亦先づ政治ニ革新の気運ニ向候と存候か、如何にも不首尾の状に一時転し候は恥づべきコトゝ存候、一方には浅薄なるデマゴーグ的煽動のみありて、堅実の実行方針をたてゝ進まず、他方には理想もなく方針もなく、手より口へとたどり行く様子と相見へ候。好機を暫く逸し候と存候。教育及び道徳の方面にも革新の気運益々急なるものあるべく存候間、此等の点、不断御垂示被下度奉願上候、

今頃漸く前の研究を継続いたし居候、又学生との討論研究には日本の社会と宗教との相互の交渉の史を題といたし、学生の中、二人ハ尋常ならざる素養ある人に候間、おもしろく、又之ニよりて新しき結論、もしくは（少くとも）新しき着眼点を得るも

多く、従来の日本学者間の思想の及びがたき清新の果を夢想するを得候、是亦独立研究及比較の一切と存候、日本法制史ニつきても同様ニ存候。
皆様ニよろしく願上候。大造様ハ如何被為在候哉。謹言
　四月二十七日　　　　朝河貫一
　坪内先生
（封筒・黒枠）Prof. Y. Tsubouchi,
　　Waseda Daigaku, Tokyo, Japan
　　東京市牛込区大久保余丁町百十二
　　　坪内雄蔵様
（消印）NEW HAVEN CONN.
　APR28 4-30P 1913
（封筒裏）
（消印1）TOKIO JAPAN
　22.5.13
（消印2）牛込
　2.5.22 后 ［　］

（41）一九一五年（大正四）八月八日（日付は消印による）　TSY0031001　絵葉書

絵葉書解説・Firenze—Cappelle Medicee—Tomba di Lorenzo de' Medici（Michelangielo）

フローレンスより寸書拝呈。六月五日米国を出でゝ伊仏英の観察を試居候。戦時ニ此三国の民の行動が最も敬服すべく思はれ候間、直接ニ之を観て、その実状を察し、且つは此際ニ現はるゝ文化、心理等の特色を味ひ度存じて参候。伊ニ殆ど二ヶ月居り、意外ニ啓発せられ候。尚詳しく可申上候。士行氏、米国ニ行かれしならば、行違ひ候。九月末米国ニ帰り候。朝河
（宛名）Dr. Y. Tsubouchi
　　Ushigome Tokyo, japan
　牛込、大久保余丁町百十二
　　坪内雄蔵様
（消印1）FIRENZE FEPROVIA
　10–11　8・Ⅷ 1915
（消印2）TOKIO JAPAN
　2.10.15
（消印3）牛込
　4.10.2　后 0–1

（42）一九一五年（大正四）八月二十六日　TSY0032016　封筒有　ペン書　ホテル用箋

（用箋上部印字）HÔTEL D'IÉNA PARIS（16me）
謹啓、
其後如何被為在候哉。士行様も無事御帰国の由奉賀候。欧洲旅

行前ニ賜はりし貴札に未だ御返事も申上げざりしコト、存候、旅行中申上げんと存じ候もやはり奔走ニ忙しく、今日ニ及び候。此度の旅行ハ全く此好機を握りて、交戦中の諸国民の特質及文化的素養の如何を観察せん為ニ有之、此機ならでは見難かるべきコトあらんと考へて米国を出発致候処、果して所得甚だ多く、危険を冒して来りし効果ありしを喜居候。伊太利に二ヶ月居り、只今ハ仏国ニ数週滞在中ニて、間もなく英国ニ渡り二三週間を経て十月初米国ニ帰着すべく候。但し独逸ハ近頃誰彼の別なく英国ニ往来する船を撃沈せんと致候へば、果して安全ニ米国ニ着くべきや不定ニ候へども、たとへ己れは沈没する場合にも誰か他人、殊ニ小児の生命を救ふやう心掛くべく候間、徒死ならさるべきを期し候。却説、戦役中の後方国民の状態ニつきてハ見たるコト感じたるコト甚多く、到底一々ニ申上難く候。殊ニ又、戦争の影響にあらざるコトニても、戦争を背景として見候へば、他の時には見へざるべき事柄多く見へ候様思はれ候。私ハ固より経済政治等のコトを調査せん為ニ旅行致居るニあらず、実際ニ伊、仏、英の三国民ニ触れて、如何なる特色ありや、又其の文化及歴史的訓練が如何ニ人民日常の生活及び思想、風俗等ニ現はれ居るや、を少しニても直接ニ観ん為ニ有之、殊ニ戦争が右の諸点の上ニ如何ニ影響を及ぼしつゝありや、戦争が如何ニ此諸点を表現せしめ候や、などを視察致度存じて参り候。伊語と仏語とハ読み候へども話すコトハ自由ならず候へども、勉めて途上の人民に交はり、又成るたけ多くの人と事とニ接し、不便を忍び危険を冒して、出来るだけハ実情を実地ニ味はんといたし居候。交戦の地ニ在るニあらず候間、生命の危難ハ未だ之なく候へども、巡査ニ怪まれ候事の如きハ度々之あり、シ、リー嶋の某地にてハ、十五六時間内ニ四度巡査ニ調べられ、羅馬ニてハ一度ポッケッツを一々披索せられたるコトもあり、此等の経験ハ殊ニ有益ニ存候。旅券及大学の証明書を携居候間、何も恐るゝコトなく、調べらるゝ毎ニ巡査等と談笑握手して別るゝを常と致候。此等実際の小経験ニ奇話多々あり候へども、そは大切ニあらず。伊太利ニつきてハ（仏国ニつきても多少同じく候へども）幾多案外の思想を得、従来の疑を解き、又従来の大なる誤解を正したるコト少からず、之のみニても此行の効益ハ莫大と存候。伊太利ハ小国ながら、又日本とも没交渉の国柄なれども、仏、英、米の及び難き美質あるに驚き候。即ち、其の古き文化の性質の意外ニ強く、深く、健全なるコト、並ニ此著しき文化が各個人ニ無意識ニ及ぼし居る感化の極めて深く、極めて普きコトを申候。此感化の幾分ハ此戦に際し特ニ現はれて、注意深き外人を驚嘆せしめたるニ似候。過去数世紀ハ不遇の地ニ立ちし国なれども、嘗て欧洲文化の先頭ニ立ちしが如く、将来も亦気運よくバ大なる国民たり得べき素養あるものと信じ候。伊より仏ニ来れバ仏の文化の比較的新しく浅く、根底の小さきを感せさるを得ず。仏人ハ社交的ニハ表面伊人よりも開け居り候へども、其の健全なる文化国民としての諸点ハ伊人ニ及ばず。誠ニ卑賤の一伊人と同じ地位の一仏人とを取り来りて比較致候はゞ、他のコトハさて措き、真実のリファインメントといふ点ハ伊人の方が勝たルと存候。即ち、人情を思ひやること、人事及び天然の美に同情する力、社交上の諸種の境遇ニ適応する能力、自己訓練制馭の器量、勢力集注の力、一事ニ傾かず己れを欺かざる常識等、すべて長き健全なる文明の自然の訓練ニよらざれバ到底普及し難き諸点ニ於いて、伊人ハ遥ニ仏、英、米人ニ秀で、恐らくハ日本人の上にも出で候と存候。右ハ普及といふ点を御味(ママ)被下度候。伊人ハ偏癖の貧賤の人ニ至るまでも此等の capacities (必しも現実の valities となり居らざる点を含む) を無意識ニ有し居候、殆ど無一物なるが如く、毫も文化を誇る色なく、全く文化などハ之なき様ニ見ゆる男女ニても、之ニ触れ候へば、容易ニ右の諸能力を伸べ得べき修養を具し居るを見候。

右申候諸点の中には、伊太利人特質と称せらるゝものと正反対のものを含み候間、此を感得したる私にさへ意外の至ニ候へば、他の人には信じがたかるべく候。現ニ私の説ニ反対する外人は伊人ニすら接し候へども、又之ニ全然賛同したる人も有之、賛同したるは何れも一様ならざる識者ニ候間、私の観察の根抵なきニあらざるを証し候。此諸点ハ全く伊国ニ在り、伊人ニ多く接し、又其の驚くべき過去文化の遺物に日夜囲まれて得たる発見ニ有之、かく突然紙上ニ申候はゞ、愚とも狂とも見ゆべく候。伊の過去文化、殊ニ美術ニつきても従来多く写真及書物ニて見たるコトハ多少準備となり候へども、実地を見るニ及び、感触甚だ豊富と相成候。加之、仏国ニ来り、仏国中世の美術に接し、伊国美術史の一欠陥を補ひ得候。即ちクラシックとルネサンスとハ伊ニて第一ニ見得候処、其中間ニ立つ中世美術ハ仏ニて実体を見候、伊ニてハ只絵画ニ中世の俤を遠く見得候のみ。

伊人の特色を見候結果、小児の教育法につき注意いたし、家庭訓練のコト種々観察し、又小学校ニて如何なるコトを(訓練上)教ふるかを知らん為ニ、教科書を多く買ひて参り候。日本と違ひて、伊の小学教科書ハ国民の費するところと承はり候間、之を見て少しハ所得あるべく候。

右の如く申せばとて、仏人を賤む意味ニてハ少しも之なく、却つて開戦以後の仏国人民一般の態度は既ニ普く世の嘆称致す所ニて、米国を出で候時の私の一大希望ハ此嘆美すべき仏国民と親しく接せんコトニ有之、現ニ仏京ニ参りて此希望を充たし、且つ一層傾倒致候。御承知の如く昨年九月初ハ独逸軍将ニ巴里ニ侵入せんといたし、人々多く去り、政府も亦他地ニ移動し、其後も独は空中より爆弾を巴里ニ投じたるコト再三ニ及び候。今来りて見れバ此等のコトの起りし都とハ思はれず(初より同様と聞候へども)上下共ニ沈着平静の態度ニて、恰も何の strain もなき様ニ動作致居り、而も貴顕の旧家に至るまで已ニ財政の困難を感じ、数世紀の古き家具、織物等を売却致居候、公爵伯爵夫人令嬢等の病院看護婦となれるもの多く実見致候、如何なる階級も皆一様ニ、愉快に深き自信を以て戦争の義務を負担し居候は、見るだに涙を催し候、街上ニ黒衣の婦人甚多きハ皆親戚を喪ひたるものニ候。夜ハ巴里ハ暗く、僅ニ劇場数ヶ処開たるのみニ候。今夏ハ外人旅行者殆どなき故ニ、仏人の挙動を其のまゝニ見るの便最多く候。幸にして貴賤、官私、男女、種々の人に接し、種々の戦争関係の事業を見るの便を得、日月の短き割合ニ多く観察致候。最も有益なるは全く知らざる街上の人々と接触して観察の機会を作るニ在り候。かくて今日までニ仏民の特質、文明の感化、国語の特徴、其他ニつき感得したるコト稍々あり候へども、長文となり候間、略し候。

之より英国ニ参候はゞ、言語も自由ニ候間（又紹介も多く候故）、更ニ特種の観察を得べし、大ニ心より楽み居候。

旅行の一副産物ハ米国ニ関する見解ニ候。私ハ兼々米国を以て極めて難解の国と思ひ居候、その理ハ欧（殊ニ独）及英ニて常ニ米国を誤解し、米国の或方面を以て其の正体となし、又其の最も特色とすべき要点ハ殆ど全く看過せられ、従ひて日本ニも此誤解のみが普及し居るを認め候より、米国の知りがたきを感じ居りし次第ニ候。加之、日本の政府及新聞が夫れ〳〵ニ米国ニ対する説明及評論が実ニ常ニ正鵠を失し居るを見居候。且又日常此点ニ注意し居る私すら、長く米国ニ居る間ニ追々ニ米国人の特色を発見致して参り、其の度毎ニ如何ニ米国の解しにくき国なるかを感じ、此経験ハ小生が此度旅行に出発の少し前ルシテニヤ沈没の時最も深く得たるところニ候。第一に、米国人自ら意識し居らざる特色の著大なるもの多く候へば、他人の知らざるも怪むニ足らず。独人の如きは米国ニて生れ米国公民たるものすら殆ど皆米国を知らざるコトハ開戦以後疑ふ余地なきまでニ証せられ候。かくも明ニ難解なるハ何故なるや、如何なる点が他ニ知られざるやニつき、明確の思想を有せず、只漠然と之を感じて欧洲ニ参り候処、伊と仏とを経る間ニ少しく之ニつき足かゞりを得候間、英ニ行き、次ニ米ニ帰りて後、更ニ此点につき得るところあるべきかと存候。只今やゝ得たるところの一端を申せば、一．米国ハ、富源の豊なる新開国にして人口と富源との比全く欧英諸国と相異なり、二．米国ハ法制上のみならず社会心理上民主的にて、即ち民の個人教育、個人知見が国家社会の基となり居り、従ひて之ニ伴ふ一種特有の自信あるコト、三．米国民種ハ極めて甚しき混合民族にして、種族的特色日々月々新分子の為ニ定限を妨げられ居るコト、少くとも此三事情の互ニ作用せるが為ニ、全く此等の事情なき（即ち古き史あり、比較的定まれる特色あり、遺伝あり、且つ生活の機会の比較的ニ限られたる）欧英日等が之を解し得ざるハ自然の数と申すべきを実地感じ候。且つ又、此等特色ニよりて生ずる米国人の特徴ハ正しく他国の有しがたき特徴なれバ、之を殆ど全く看過するも亦当然のコト、感じ候。是れ重要のコトなるべしと思はれ候。さらば特別の事情より来る特別の性質とハ如何と問はれ候はゞ、私ハ未だ汎論するを躊躇せざるを得ず候。只他国の心づかざる唯一の点を御参考までニ申候はゞ、人の生命《いのち》を故意に取るコトニ関する sense of horror が米国ニおいて世上最も発達せるコトニ候。鉄道其他の事変ニて偶然ニ生命を失ふコトは米人も甚だ感ぜず候へども、故意ニ生命を奪ふコトハ、純なる米人の甚だ鋭便(敏)ニ感ずるところニ候。是れ前ニ述べたる第一第二の事情ニ根を発し候ならんか、(少くとも近世史の初以後、大陸発見、富源発見、等ニより欧洲一般ニ右の sense が甚だ増進したるを思へバ、米国ニおいて此 sense 発達の極致を見るハ偶然ならさるべきか)。之が傍生物ハ即ち真実に戦争を憎み、平和競争を愛するの情ニ候。是れ独逸政府が数百万の生命を堵(賭)けて戦ふニ至り候を、米人が中心より憎むの理の根本と存候。而して此情ハルシテニヤ沈没ニいたりていかんなく発現致候。かの事件の起りし時ハ、誰が云はずとも、米国全体ニ、米人一様ニ、中心よりドイツの心理作用ニ revolt 致候コト、実ニ目ざましきもの有之、上下一般ニ同様ニ之を感じたるさまを経験したる当時ハ小生ハ米人特質の一点ニ親しく接触したるを深く感じ候。且つ此心理ハ未だ他国の酌量し得ざるものあるを此旅行ニて実証致候。

右ハ案外ニ長文と相成候間、此外多くのコトハ申上げず候。旅行中或ハ「ネーション」の始末後れ候か、さらば帰米後継続方取計申すべく候間、御海容被下度候。士行様よりハ新嘉坡及び御帰国後御音信あり候ニ付、よろしく御申伝被下度。又同学諸氏にも御序の時、御伝声奉願候。諸氏及高田氏等にも此文の意味申上度候へども、旅行中殆ど寸暇なく候間、それ〴〵然るべきやうニ願上度候。末ながら折角御摂養奉祈上候。私ハ丈夫ニ候。毎年共ニ秋期ハ健康を増して来るべき冬季の準備を為すべき時と存候へば、皆々様御養生の程僭越ながら奉願上候。もし他日日本ニかへり候はゞ、更ニ多く日本を解すべき手かゞりを漸く拵置候、又此旅行ニて諸国其道の学者諸氏とも聊か触れて、後日学問の便を得んと存候。何かと御用のコト御申聞被下度候。

敬白

パリにて

大正四、八、廿六日　朝河貫一

坪内先生　硯北

沙翁劇の貴訳、毎度御贈被下拝謝の至ニ候。出発前拝受のハ、忙しさにまぎれ未だ拝読不致候、

(封筒) HÔTEL D'IÉNA PARIS (16me)

Prof. Y. Tsubouchi,

Yocho-machi, Ushigome, Tokyo, Japon,

牛込、大久保余丁町百十二

坪内雄蔵様

「朝河貫一出」(鉛筆書)

(封筒裏)
(消印1) PARIS R.P. □
830 29 Ⅷ 1915
(消印2) 牛込
4.9.28 □ 10–11

(43) 一九一六年(大正五)二月十七日　TSY0032003　封筒有

イェール大学用箋

(用箋上部印字) YALE UNIVERSITY DEPARTMENT OF HISTORY
NEW HAVEN, CONN.

謹啓、一月九日の貴墨拝見、出版部の仕事とは世界通俗史の御事と存候、定めて御迷惑の御事と存候、沙翁ニつきてハ紐育タイムスに日曜日毎ニ沙翁時録あり、格別の材料も含まぬやうニ候へども、次第御送り可申上候、兼て申上候や否や記憶不致候へども、当ヱール大学附属のエリザベサン倶楽部には女王時代の貴重なる原料、もしくは初版類多く蒐集せられ候、勿論此等ハ当時驚くべき高価と相成居、右の蒐集は全く一校友の篤志ニよるものニ候、同倶楽部にては此度何か計画あるべく、又諸方にても何か趣向あるべく存候、おもしろきコトを聞込候はゞ可申上候、「新日本」逐号御恵贈拝謝の事ニ候、

次ニ当校にはスペックといふ人の二十余年来専心ニ集めたる極めて貴重なるゲーテ材料あり候、先年御手を煩はしたる鷗外のファウスト訳も亦此材料の中ニ入り候。然るニスペック氏、何処より聞きしコトか、先年東京ニてゲーテの(或は独逸諸詩人の) Balladen の日本訳が出版せられし由ニて、是非之を購入いたしたしと申され、度々私ニ相談あり候。今日まで差控居候へども、繰り返しての注文ニ候間、押して伺上候。もし右様の訳を御聞込被遊候はゞ、一部本屋より私宛又ハヱール大学図書館宛ニ送らしめ被下度、勿論代価郵税ハ仕払可申候。或ハ独逸文学専門の人々ハ記憶せらるゝやも知れずと存候。御面倒恐縮ニ候へども、可然奉願上候、

伊仏英の旅行ハ案外ニ利を得候、又学者とも少しく連絡を得候。猶、独逸も露西亜も、おもしろく日常注意致居候へども、只今ハ主として伊太利を味ひ居り候、諸方面ニ(伊太利以外のコト、日本のコトニも)之ニよりて啓発せらるゝコト多く、殊ニ米国と日本とニつき従来に比して光明を増候、猶後日申上候、

高田氏如何ニ候や。定めて学制其他にも意見の実行には支障多かるべく察候。教育上同氏に情新(ママ)且つ健全の定見を多く有せられ候や、

早稲田の学生中村万吉氏[36](法律)、只今私と同じ家に寄寓中ニ候。近頃ハ高田氏のご助力ニて文部省留学生の学資を増し候由ニ候へども、早稲田留学生ハ前に已ニ文部省より遥ニ少く、当米国ニてハ全く研学ニ不充分ニ候、毛利[37]、中村両氏も随分困却

なるべく察せられ候也、
乍末私ハ如例壮健ニて勉学ニ余念なく候、今学年中ハ社交を殆ど絶ちて勉学中ニ候。学問の性質上、労多くして効果少く候、又更ニ助手を得がたく候。されば他人ニ増して勉励するの要あり候。

戦争ニつきてハ日本ニて独逸的態度ニ対する道義的嫌悪の念低きハ日本国家心の実状を証するものと存じ、前途の為関心の事ニ候、是れ一時克ちて長く敗るゝ態度と存候、戦後世の形勢、必ず之を示すべく存候。日本が支那、英、米、等ニ対する思想感情の傾向ニ著しき独逸的傾向あり、独逸ハ精神的ニ日本を征服したる趣ニ見候。只此傾向ハ喧しくとも多数人のコトならず候へば、指導の如何ニよりては前途の危険も少かるべく存せられ候ニ、惜いかな指導者を見ず候。「新日本」[38]の大隈伯といへ、「太陽」[39]の浮田氏[40]といへ、未だ此大事、此大時機ニおいて透徹の見識を示さず、明なる教訓を国民ニ与へつゝありと見る不能候。日本ハ元気あり、又一方ニハ指導訓練を受くるの能力を豊かニ有しながら、見る〳〵前途危険の状ニ向ひてありと存候。是ハ例の東洋一統の慷慨的、我れ独り善しとする的見地より申すニあらず候。過去と現在とニ徴し、未来を想ふ時ニおのづから起る思想ニ候。謹言

朝河貫一

大正五年二月十七日

坪内先生

（封筒）「K. ASAKAWA NEW HAVEN, CONN.」（印字）
Professor Y. Tsubouchi
Ushigome, Tokyo, Japan
東京市牛込区大久保余丁町百十二
坪内雄蔵様
「朝河貫一出」（鉛筆書入）
（消印）NEW HAVEN, CONN.
FEB 27 11PM　1916
（封筒貼紙）「宛名人左記へ滞在中につき御廻送下され度候、
豆州熱海町荒宿
東京牛込余丁町
坪内留守宅（「坪内」朱丸印）」

（44）一九一六年（大正五）六月四日　TSY0032035　封筒有

謹啓、五月五日の御細書過日拝受、反覆拝読仕候、昨年よりハ御丈夫ニ被為在候由、何よりの御事と奉存候、此後の御仕事着々成効あらんコト奉祈候、之ニつき当方ニて出来るコトハ何卒御申越被下度候。士行氏ニつき詳しく御仰被下候事、前よりも大体ハ推察致居候。御苦心一々御諒察申上候。ホームス女史のコトハ其の出発の数ヶ月前までハ存じ居らず、其後ハ紐育よりも健康のためよろしき田舎ニても仕事を得らるゝやうにと少しくさがしたるコトも之あるうちニ、士行氏より旅費の一部に

とて若干金を送られ候ところ、女史ハ幾分の儲蓄ありしを加へて急ニ出発するコト、なり候次第ニ候。されバ御出発ハ士行氏の予想よりハ随分ニ早かりしコト、察せられ候。其際私より聊か立替候事の如きハ言ふにも足らず、何時ニてもよろしき由士行氏ニ申上置候。女史ハすぐれて強壮といふ体質にてもなきやうニ候へば、生活の激変ニ困らるゝかも知れず、又風俗の大相違ハ更ニ心細きコト、存候、就中日本人の沈黙ニて万事控へ目なるコトハ之を呑み込むまでハ寂しきコト、思はるべく候。成るべく早く御面会の上、可憐の女心を慰められんコトを願候。毛利氏ハ短時日の留学間ニ、中々奮発せられ候ハ敬服の至ニ候。然るニ早稲田より必要の学資等の送金をも遅滞せしむるハあまりニ不行届の仕打と存候。中村氏ハ目下ヱールに留学中ニて私と同じ家に寓し居候へども、是亦送金遅滞し他より無理算段せしめて一時を凌ぎ居候始末。又間違なく送金候ても、講学には充分ならず候。是ニては人を扱ふ所以の道を得たりとは申されず候間、本部ニて厳しく御譴責被下候様願上候、

大隈伯ハ局ニ当って見れバ左程の政治家とも見へず、当国のウィルソン氏と同じく世界の大勢の趨く所を観て日本国民を指導するコトハ致さず、百歳の好機を逸しつゝある責ハ免るまじく存ぜられ候。如何ニ困難あるニもせよ活眼あらば此の如きコトハあるまじく、又活眼なくとも、今少し誠意の深きものあらば、やゝ意味ある政治的生活を為すコト、察せられ候。その度量さへも案外ニ広からざるには驚入候、

学者論客の日本ニて論議するを見候へば、古来の武士道などの訓練が一国と対する態度までには改造せられ拡張せられ候へども、日本が国として世ニ対する態度の上には未だ毫も響き居らざるを証し候と存候。当国にも米国が世界ニ対する義務あるを深く感ぜざる一種の思潮、古来之あり候へども、日本の如く此点暗黒なるニはあらず、既ニ大統領候補者の中には此点の感情鋭敏なる人もあり候。輿論の中にも明ニ之が見へ候。然るニ日本ハ、国際的思想ハ全然「力」を頼むオッポルチュニシュトたる様子と存候。世の今如何なる点ニ思想の転じ居るやは更に認識せず、殆ど暗愚と存候。識者皆此の如くニ候上ハ、是れ既ニ日本教育の由々しき欠陥あるを示し候ものニて、もし此後此等の点に明なる見解なくば如何にして若き国民を導くべきや。日本ハ思想感情教育上の世の大勢に眼を閉ぢ、国民文化の趨勢を危くしつゝあるものと存候。此点ニては英、仏、伊等にては既ニ弘く見解が開け候へども、米国にては未だ充分に悟られ居らず、教育者間にも案外ニ鈍き人を見候、されども日本の如く全然頑愚なるとは同日の談ニあらず。従ひて日本の如く此方面の大勢と離れ行くコトはあるまじく候。日本ニハ、米国などよりも此大勢に応じ行くべき素養が過去に多しといふべき点あり候に、却って此の如き差を見るは恨むべきコト、存候、

私の学問ハ主として日本の法制史の一部ニ候為、材料の研究が

難く、遅く、その量多く、結果を得るコト甚だ遅々たるものニ候。されども、世の学問の為ニ何時かハ貢献するところあるべく存候。又副弐物として日本宗教史の社会的観察を数年来致居、此方面は学生も熱心いたし、私にも個人として趣味多く、独創の点も次第ニ出で候へども、学問の性質上精確性と永久性とが乏しく候へば、之ハともかくも第二位ニ置き候。来る大正六七年度（六年六月出発七年九月帰米）ハ不在を許され候間、帰国して御目ニかゝり、かの研究ニ専心致すべく候。此度ハ外の事を成るだけ避けて学問のみニ身を入れ度候間、私の帰朝のコトも亦今より他人に御語り被下れぬやう願上候。可成ハ静かニ帰り、静かに去り度候。学問甚だ捗らず、年のみ徒ニ積り候ハ心外ニ候へども、一人の力量ハ限りあるコト、あきらめ候、天野氏[41]等ニよろしく願上候。研究科の方がよく行かんコトを望み候。高田氏ハ忙しくて御目ニかゝらるゝコトも少からんと存候へども、御序の時ハよろしく願度、又右の帰朝のコトも御話被下度願上候。乍末万々御自愛奉祈上候、士行様にもよろしく願上候、謹言

大正五、六、四　　朝河

坪内先生

（封筒）「K. ASAKAWA
NEW HAVEN, CONN.」（印字）
Dr. Y. Tsubouchi,
Yocho-machi Tokyo, Japan.
牛込区余丁町百十二
坪内雄蔵様
（消印）NEW HAVEN, CONN.
JUN 4 11-PM 1916

（45）一九一七年（大正六）**一月二十一日　TSY0032034　封筒有**

拝啓、其後久しくご無沙汰申上、新年にも取り紛れて賀詞も不申上候候（衍）処、御機嫌如何被為在候や、貴重の絵入文庫[42]第一より十四冊御寄贈被下痛み入候、深く御礼申上候、其後士行氏様（マヽ）如何ニ候や、

兼て申上候如く、来る六月より一ヶ年間帰朝、研学のつもりニ候間、其節ハ御目ニかゝり、又御厄介ニ相成候コト、存候、もし帰国ニつき当地にて御用のコトも候はゞ御仰越被下度候、戦争ニつきて大統領の指導宜しからず、啻々米国の品地を大ニ下げたるのみならず、又国民教訓の大機会を全く逸して、甚好ましからぬ性格をのみ長養いたし候とて、心ある識者ハ皆痛嘆いたし居候。之ハ日本にても同様と相見申候。もし独逸が勝ち候はゞ、日本には独逸的思想が政治を支配し可申、是れ取りも直さず日本亡国の因なるべく候。されバ欧洲戦争ハ此点ニおいても日本の前途と離れぬ関係あり候と存候。日本が協商側ニ加入いたし候は望外の好事と存候へども、戦争の意義を日本にて感

ずるコトの薄きは何故ニ候や。又戦後の教育の方針も大問題にて、当国にては漸く一部の人が此問題を論ずるやうニ相成候、未だ透徹の論を聞かず候。日本ニて注目すべき論出で候はゞ、御指示被下度奉願上候。新日本毎号御送被下、大に利を得居候。先ハ右のみ申上候。御計画の諸事業、御希望のやうに進捗候様祈上候。謹言

大正六　一　廿一　　朝河

坪内先醒

（封筒）「K. ASAKAWA NEW HAVEN, CONN.」（印字）
Professor Y. Tsubouchi
Yocho Machi Tokyo, Japan.
東京牛込区余丁町百十二
坪内雄蔵様

（消印）NEW HAVEN, CONN.
JAN 21 12PM

（封筒貼紙）「宛名人先へ滞在中につき御廻送下され度候、
豆州熱海町荒宿
東京牛込区余丁町
坪内留守宅」

（封筒裏）

（消印1）TOKIO JAPAN
16.2.17

（消印2）牛込
6.2.16. 后5-6

(46)　一九一七年（大正六）四月八日　TSY0032036　封筒有　イェール大学用箋

（用箋上部印字）YALE UNIVERSITY DEPARTMENT OF
HISTORY
NEW HAVEN, CONN.

謹啓、

熱海より一月五日の貴札ニ対し御返事甚後れ候、御健康とかく勝れず候由、充分御保養御祈申上候、転地御加療の為利を得られ候コト、奉存候、又絵入文庫第一期分御恵贈被下拝謝の至ニ候、時々は全冊を通読し江戸時代の社会思想をしのぶコトあり候、「新日本」御中止の由、承知仕候、従来御送被下候段、篤く御礼申上候、如仰大隈退閣後、幾分か下落の様ニ候、

私は六月当地を発し、七月初貴地ニ着し、久々ニて拝面可仕候。船名及到着の日附等ハ一切日本ニ申送らず、是れ例の送迎を避けんとの志ニより候、又歓迎会の如きも凡て（個人的のものは別として）謝絶可仕候。七月初旬又東京ニ着き候はゞ、もし其頃御在京ならば、早速御たづね申上度候。日本ニて此度の一年ハ主として史料編纂掛及帝大図書館ニ腰を据へん計画ニて、既ニ大体の交渉とゝのへ申候、寺院等には時々訪問可仕候へども、

其方ハ此度ハ主眼と不致、大学の所蔵文書、影写文書、日記等の材料を渉猟可仕候。之と同時ニ諸方面の知名の人、及び社会上の諸現象に接触の機会の多きを望み候。多少和漢図書蒐集の依頼もあるべく候へども、其の方ハ第二といたすべく候。久米[43]氏、吉田東伍[44]氏等と頻ニ面晤するやうのコトの出来んコト甚た望ましく存候。先度帰朝の時とちがひて、此度ハ研究事項に集中するコトを主眼と可致候。

右等の目的上便利なる寓処もし御心当りの処あり候はゞ承りたく、但し特ニ他人を煩はして尋ねてもらふコトなきやう願上候。折角其人が骨折りて尋ね置かれても、もし何かの都合にて私が其処ニ居りがたきコトあらば甚だ心外なるべく候。私ハ何も高等的要求とては之なく、只サッパリとしたる家にて、空気のよろしき処ニて、割合ニ静かニ候はゞよろしく候。日中ハ不在のコト多かるべく候。大学ニ通ふ便利さへあれば遠くてもよろしく候。

右様のコト申上候は失礼ニ候へども、御親切の御手紙ニあまへて申上候。他一両氏にも寓処のコト御尋申上置候。

帰朝の当座ハ少しく旅行し、又ハ避暑して身体を堅めされバ、秋冬となりて弱り、学問の効果よろしかるまじく存居候。もし夏中参るニよき処、御心当あらば是亦承はりたく存候、

士行様如何ニ候や、よろしく願上候。他学友諸氏ハ此方より論文等差上げても諸氏の著作などハ夢にも御示し下されず、又日本材料等も少しも御助け下されず、此方より八方へ、のれんの腕押しニあぐみ申候間、久しく無沙汰致居、不本意千万ニ候。されども再会を楽み居候。よろしく願上候。高田氏、天野氏等にも在国中ハ御世話ニなるコト、存候間、御面会の時ハ可然奉願上候、謹言

帰朝の際、御用のコトあらば、何卒御仰越被下度、願上候、

大正六四八　朝河貫一

坪内先醒

（封筒）「K. ASAKAWA
NEW HAVEN, CONN.」（印字）

Dr. Y. Tsubouchi,
Yocho Machi Ushigome Tokyo, Japan
牛込区大久保余丁町百十二
坪内雄蔵様

(47) 一九一七年（大正六）六月三日　TSY0032043　封筒有　イェール大学用箋

（用箋上部印字）YALE UNIVERSITY　DEPARTMENT OF
HISTORY
NEW HAVEN, CONN.

拝啓、懇篤の御手紙拝受仕候、孤城落月及役の行者、遥々ご恵送被下、早速落月の方を拝読致候、先年丁度帰朝中、東京座ニ

ての興行を拝見いたし候を追憶仕候、境遇悲劇といふコトニつきても凡て関係の広き史的人物を主題とする劇は、勢ヒ純性格劇たるを得まじく考へられ候故、トルストイがWar & Peaceにおいて、ナポレオンにつきていふところ又正しく之ニ合し候と存候、性格のみを原因と見るは健全なる反動とでも申すべき一階段ニて、之ニて解決のつきたるものとは思はれず。私が日本の宗教史に対する観念にも少しく類似の点あり候間、拝眉の時、御高評を仰ぎ度存候、役行者は未だ拝読せず、不日拝読可仕候、

四月以来御壮健の由、何卒御自愛益々御元気の程奉祈上候、是より追々創作を遊ばさるべき由、大慶ニ存上候、「名残の星月夜」早く拝読致度候、

又寓居のコトニつきてハ決して特別の御心配被下まじく候、只御序の時ニ御聞及あらば拝承可致候、借家料等は一向ニ様子分らず候へども、只静なる処ニて空気よろしく、同時ニ電車などの都合よろしくば結構ニ候、（電車は例の如く健脚ゆゑ却って不要かとも存候）八畳二間あらば充分なるべく、六畳二間にても事足り候はん、広間ならば一間にてよろしかるべきか。離れの方がよろしからんか。されども何れとも特別の好みは之なく候、停車場ニ御迎のコトは御厚情万謝ニ候へども、可成は去来共ニ人様を煩はさゞる心願ニ候間、不悪思召被下度、他諸氏にも可然奉願上候、親類中にも帰朝のコトすら申送らざるが多く候。又学校の方より（他人と合併にても）迎送等の催のなからん様祈上候、

早稲田大学気付ニて私の郵便参候はゞ、控置呉候様、何卒御伝被下度乍恐願上候。又今日大学図書館ニ種々出版物（主として戦争関係）一箱寄贈候、只今当国鉄道大込入ニ候間、三ヶ月もかゝらねば東京ニ着かぬかも知れず候、私の方が先ニ着くべく候。右寄贈書中ニ外交文書、政府文書、切抜等を含居候、又倫敦タイムス週刊を一九〇八年以来揃へてあり候、

先ハ遠からず久々ニて拝顔の喜を得べきを楽みとし、此度ハ右のみ申上候、皆様ニよろしく願上候、謹言

六月三日　　朝河

坪内先醒

（封筒）「K. ASAKASA
NEW HAVEN, CONN.」（印字）
Professor Y. Tsubouchi,
Waseda, Tokyo, Japan.
東京市牛込区余丁町百十二
坪内雄蔵様
（消印）NEW HAVEN ［　］ YALE STA.
JUN 4 130PM

A.［一九一七年（大正六）］七月二十四日　演博6213　封筒有　継

紙墨書

拝啓　暑中皆様御変り不被為在候哉　私ハ御殿場ニて五日間基督教の人々の様子を見案外ニ不満足の心持ニて当地ニ参候、当別荘ハ山県公、益田氏などの別荘[45]の在る山の上の最も高き別荘ニ候故、小田原の海及箱根の山の眺望よろしく候、邸内の地面広闊ニて主人白井氏[46]が骨折りて手を入れたる為ニ茶室や休み場などの小建物処々ニ在り、石橋木橋も意外の処に架せられ、大小の迂曲せる路甚多く、樹木ハ昔のまゝと存候が中には美事なる大松も有之候、別荘には番人夫婦の外ハ私一人ニてくつろぎ居候、朝夕の景色よろしく独りニては勿体なく存候、少々小右記や香取文書纂をひねり居候、獲物極めて少く候、津田吉左右（左右吉）氏の文学史の第一巻[47]を見て居り候が、着眼の新らしきは喜ばしく存候、只訓練を欠ける独学者の弊到る処ニ見へ候は惜むべく候、猶第二巻も持参候間玩読可仕候、又西村真次[48]といふ校友より切なる書あり候が、如何なる仁ニ候や、折々はホーマーの英訳を弄び居候、凡て文学史哲学史よりも文学哲学の書物を実地ニ読めば案外の発見あるものニ候処、ホーマーを見て従来他より聞きたる以上ニ希臘精神と伊太利及泰西文化との関係連絡の親密なるを感得候、北欧系統の文明及宗教とはやゝ縁遠く候はん、されども此等のことハ未だ明白には申しがたき点多く、むしろ感じて得るところニ候、面晤致候ても一度ニては意を伝へ難かるべく思はれ候、当処には八月四日まで滞留し、同日長岡ニ参るべく候、高田氏既ニ興津に来られし様子なれバ其の中に海岸を歩行して訪問せんと存居候、暑中はやはり転地静養致候方秋冬の勉強の為にもよろしと存候間、八月には御家族御同伴伊豆ニ御来遊御勧申上度候、先ハ酷暑御見舞迄ニ申上候、謹言

七月廿四日　　小田はら　朝河

坪内先醒

（封筒）東京市牛込区余丁町百十五

坪内雄蔵様

（封筒裏）相州小田原町十字町二

白井氏別荘

朝河貫一

（48）一九一七年（大正六）八月二十七日（消印による）　TSY

0032019　封筒有

（新聞切抜）

朝河貫一「欧州戦争の意義は何ぞ」（1）～（3）

『福音新報』一一五四～一一五六号（大正六年八月九、十六、二十三日）掲載のもの。

（1）の冒頭に「本文は氏が協同伝道大会親睦会席上にて試みられたる談話に修正を加へられたる上寄せられたるものなり　編者記」とあり。

（封筒）東京市牛込区余丁町百十五

坪内雄蔵様

（消印）静岡韮山
6.8.27　后 6–9

（封筒裏）伊豆長岡
朝河貫一

（消印）牛込
6.8.28　前 9–10

(49)　一九一七年（大正六）八月三十日　TSY0032050　封筒有

継紙墨書

拝啓、

過ぐる頃ハ御懇書難有拝受仕候、学校事件も高田氏辞退以後、一応ハ自然の落着ニ達し候様相見え相感居候、此上ハ校規を制定し、適当の人材を適処ニ置く様ニ着々運び候はんコトを待望仕候、六名の人々を見れバ総じて信用すべき方々と見受候(49)、之ニて一先づ安心すべきコト、存居候、今度印刷ニなりたる有志諸氏の弁明を見れバ、曲折の事情、暗黒己れを義とするの態度、支那の政争と異ならず、読むだにみじめニ御坐候、学校の支配が此等の人士の手ニ帰せざりしハ慶しても余りあるコト、存候、もし当路の人々最善を渇して校規を確立し、次ニ教育上の見識あり感化力ある人を撰びて、頭といたし候はゞ、此度の争ハ却つて雨降つて地固まるの例と存候、之を一期として内容の改造を為すべき時到れりと存候、

士行様ご夫妻、四五日来られ、今朝東京ニ帰られ候、之ニつき私より何も申上候は全く差出がましき所為ニて、殆ど忍びざる所ニ候へども、皆様の為にと存じ、推して申上候、次第ハ此度承はり候へば、未だマッチ女史に御面会不被遊由、御意見の在るところハ奉察上候へども、士行氏両人の之ニよりて苦悶せらるゝは友人として私の深く哀む所ニ候、已ニ婚を黙許せられたるコトもあり、且つは時日も相応ニ経過致候コトに候へば、もはや御心の紐を弛められて御面会被遊、御家族とも交はるやうニするコトの叶ハまじく候や、両氏の身ニ取りて申さば、今日のまゝニて通過せんコトハ大なる苦しみニて、前途も暗く感ぜらるゝコト、奉察上候、もし之ニつきて私の力の及ぶコトならば、如何なるコトニてもいたし、御一家の和楽を得度候、右ハ他人の云ふべからざるコト、知りつゝ兼ての御信用ニ甘へ、且つは両氏の交情に感じ申上候、不悪御海恕被下度奉悃願候、奥様にも微意の在るところ御伝被下候はゞ本意なるべく候、他人なれども御和合の成り立つまでは私も自ら不幸を分ち候、願はくハ情状御酌量被下度候、

中桐氏より承はれバ御事業ニ御執心の御様子、遂ニ其の時の来りしを奉賀候、帰京後ハ（在国中ニ）何かと御目ニかゝりたく候、

九月四日、長岡を発し、鎌倉附近に数日をすごし、十日頃帰宅、

麹町（中六番町四十八　白井方）ニ定寓、史料編纂掛ニて研究可仕候、もし日本の古き文化の俤を実験するやうの機会ある時ニ一寸ご案内被下候はゞ幸甚なるべく候、

謹言

八月三十日　　貫一拝

坪内先醒

（封筒）東京市牛込区余丁町百十五

坪内雄蔵様　親展

（消印）静岡韮山

6.8.31　后0–□

（封筒裏）伊豆長岡　多聞荘

朝河貫一

（50）一九一七年（大正六）九月二日　TSY0032018　封筒有　継紙墨書

拝啓、先日ハ士行様の奥様の御話を承はりて、前後の事情を存ぜずニ一書拝呈候処、今日、士行様の御手紙ニ拠れバ込入りたるコトもあるらしく拝見致候、其等のコトハ承知不致、又伺ひたくも之なく候へども、もし単一ニ士行様が御予定の順序ニ拠らざりしといふコトのみニあらず候はゞ、私の過日申上候事ハ軽忽千万と存じ候。固より御面会のコトハ士行様より承はりしニあらず、奥様とても之ニつけて他ニ何もいはれしニあらず、又いはるべき筈にもあらず、されば申候て、私も先日の如く申上候次第ニ候、事情御酌量の上、御高恕奉希上候。御措置ニつきては善意的にも他人の申すべきコトニあらずと存候、

今日学校より弁明の小冊子到着、前ニ知らざりしコトどもやゝ承り候、只最後の宣明書ハ理屈はよろしきも文句好ましからず、教授、講師等ニ対して妥当ならざる様感せられ候、同じコトニても、今少し別ニ申しやうはなかりしか、されども悔いても詮なく候、只其の影響の無害ならんコトを祈候のみ、

謹言

九月二日　　貫一

坪内先醒

（封筒）東京牛込区余丁町百十五

坪内雄蔵様　親展

（消印）静岡韮山

6.9.2　后6–9

（封筒裏）伊豆長岡多聞荘

朝河貫一

（消印）牛込

6.9.3　前9–10

(51) 一九一七年（大正六）九月十三日　TSY0032051　封筒有

継紙墨書

拝啓、

十日帰京候へども未だ三上[50]氏の方の都合わからず、大学通学ハ多分来る月曜よりと存候、其までハ寓処ニて研究いたし居候、学校の方ハ局外の私より評せば第一ニ理事等当局者の責任と存候、其の今日となりたるも、其の処置の当を得ざりしニよるコト少からずと存候、然るニ学生全体を代表したるコトの明ならざる一部の暴動ニ遇ひて狼狽し、総辞職を為すが如きは更ニ無責任の所為と存候、此の如き意義の立たざるコトを為して天下社会ニ対するを得べくんや、もし辞職の結果、学生一揆の好む人が学校の当路者となるが如きコトあらば、其の権力の根源が不義なる故ニ其人も善きを得ず、其の信用も亦今日の当路者よりも低かるべく候、さらば学校ハ末路となるべく候、もし理事ニ同情あり、謙虚の心あり、且つ信念あるならば、一部の教師、校友及学生の運動に同情しつゝ、之を善導せしなるべく、又正当の職員として責務を尽したるべしと存候、諸氏或ハ寄合為る故ニ、徹底したる思量と態度とを共ニ怠り候か、固より一揆側及教唆人等の行動ハ、日本人の非社会的、訓練不足的特色を暴露いたし候、されども之を激成したるの罪ハ当局者亦之を分たざるべからず、一層之を収拾するの責ありと存候、

かく面倒と相成候上ハ、早稲田以外の人ニてもよろしく、少し大なる人物を仰ぎて長とし、大淘汰を行ひ、数量を断然削減し、品質を改良し候様ニ致すがよろしかるべく候、即ち今日の一揆及指導者ハ之を第三党と見做して、之をも根絶せしめ候外なかるべく候、私も早稲田の内質ハ抜本的革新を要すと存候、従来の如き教授法ニては社会ニ対して相済まずと存候、

何時ニても御邪魔ニならぬ時参堂可仕、月曜以後ハ時間の自由を失ふコト、存候、（土曜の夜及日曜全日ハ其後とても自由なるべきかと存候）、電話帳面ニ貴名見へず候、もし電話あり候はゞ、御序の時番号拝承いたし度候、謹言

九月十三日夜　貫一

坪内先醒

（封筒）市内牛込区余丁町百十四
坪内雄蔵殿
親展

（消印）麹町
6.9.13

（封筒裏）麹町中六番町四十八　白井氏方
朝河貫一

（消印）牛込
6.9.14　前0-7

(52) 一九一七年（大正六）九月十六日　TSY0032052　封筒有

継紙墨書

拝啓、色々御話拝承致度候へども、御多忙中と存じ、推参不仕候、少しく御閑の時御知らせ下さらば幸甚ニ候、私も帝大ニ参るコトヽなり、土曜午後早く、又ハ雨天の日曜の外ハ外出致居、他の訪問も致兼候、但し夜分ハ自由を留保致居候、

学校のコトハ憂慮すべきコトのみ生じ、痛嘆罷在候、学校の良き方のコトハ表面ニ出でず、悪き方のみ暴露せられ面目なく、日本教育界の恥と存候、先日拙書差上候後、教授団といふものゝコトを承り、一層ニ呆れ候、既ニ理事等のある以上ハ、もし教授が難局の救済ニ助力せんとするならば、理事の許可を得、理事の権力を代表して活動する外ニ正しき道なきはずなるに、教授中には公然理事の理想的ならざるコトを世ニ広言し、又裏面には学生革新団ニ向ひて当分不完全の理事を忍びくれよなどゝ申し候由、事理を没するの甚しきものと存候。さらば他に学生を鎮むる法ありしやなどゝ申す人あり候へども、革新団は少数の扇動者の外ハ恐嚇によりて集まれる臆病者なるコト其の動作ニて明ニ候、もし彼等乱暴するとも長くは続きがたく、又もし短兵急ニ迫り来り候はゞ、君等の行動が学生全体より与へられたる権力に基くコトの確証を持来候ハば、相当の敬意を表すべしと申せば足るべかりしコトヽ存候。然るニ却つて野間氏等の如き変態の調停者を承認する如き態度を取り、之を通じて学生ニ向つて理事不信認ニ等しきコトを申候は、何の所為ニ候や。加之昨日の宣言なるものは暴動者云々と申して、かの不法の暴動を重要視する形と相成、且つ暴動と関係する人が委員の中ニ入るコトあらば教授ハ辞職すべしなどいふ狭き自縄自縛の宣言を為し、解決を困難ならしめ候。暴動などは歯牙ニかけぬ様ニ宣言して、只非代表的なる少数学生の行為云々を軽く申して済むべかりしコトに候。今の場合ハ何々の場合ニ辞職すべしなどのコトを第一に申すべき時ならず、辞職の覚悟を宣言するの要もなかるべく思はれ候。要するに最初より根本の二弊が発して、難の上に難を積み候と存候、一は共同的活動ニ慣れず、秩序的運動を殆ど行はず、恰も鉄道切符を買ふ人々の動作と等しきコト、一は寛容、抑遜、誠実の驚くべく欠けたるコト、されバ常に横合より出で、常に邪道より邪道へと外《そ》れ行き、常ニ小天狗の妨害となり、一として筋道を立て説明するコト出来ぬ状ニ陥り候と存候、如何ニ争乱の渦中ニ在りとはいへ、言語道断とは此事と存候、

事茲ニいたりては策二あるのみと存候、

六人理事制度（又ハ之と大差なきもの）を行ひ通すコト、即ち今日の材料ニよりて最善の改新を行ふコト、否れバ此際旧早稲田を一先つ閉ぢて、新早稲田を生み出だし、更生的革新を行ふコト、

第二策ニハ、従来無関係の（早稲田以外の）人ニてもよろしき故、

教育的経綸あり、人格あり、技倆ある一人（又ハ此等の資格を分ち有する正副両人）を得来りて二人ニ最初広大の力を与ふるを要し候。其人在るや、私ハ知らず候、其人を得ば、内度《ママ》大変革を断行すべく候、此場合ハ半学年位休業いたすもよろしかるべく候、

何れの方針ニ出づるとも、暴挙学生のコトハ静平となれる暁、自然ニ解決するを得べし（第二方針の場合は此問題消失すべく候）、旧理事を復活するとも之ハ当面の最大問題ニあらずと存候、非合法非代表的のものハ或点ニおいて度外視し、或点ニおいて罰すべし、そは焦眉のコトニあらずと存候。此他にも策あるべきか、されども姑息ならざる救済法を私ハ他ニ案出致兼候。先つ感ずるまゝを申上候。（幹部の宣言ニつきては長岡より申上候が、果して諸方の感情を害したるらしく候。互ニ他を諒するといふコト少しも見へぬは心細きコトニ存候）。

謹言

九月十六日夜　貫一

坪内先醒

（封筒）市内　牛込区余丁町百十四

坪内雄蔵様

直披

（消印）麴町

6.9.17　前9–□

（封筒裏）麴町中六番町四十八　白井氏方

朝河貫一

（消印）牛込

6.9.17　前10–11

(53)　一九一八年（大正七）八月二十八日　TSY0032054　封筒有　継紙墨書

拝啓、久々御無沙汰打過候、暑中如何被為在候哉、御健勝奉祈上候、熱海ニ御避暑ニ候や、私ハ去る十四日まで東大寺ニ勉学仕候へども、未完ニ候、只三宝院の方が開倉の時日限りある為、当地ニ参り二週間炎熱の中ニ古文書を漁つて今日ニ及び候、庫中六百余函の書類中、多くは仏教の作法ニ関し、領地関係の文書ハ三十六函あり、之を全部研究仕候故ニ明日高野ニ向ひ候、高野山文書ハ既ニ史局より出版せる八冊以外ニは主要の物多からず候、且つ山内の諸院ニ散在候間、甚だ不便ニ候、此方ハ此度ハ深入せず、只国宝類を見、且つ紀伊の諸庄園の跡を訪ひ、都合よくバ熊野ニ参り（是ハ未定）度存候、然る後、奈良東大寺ニ立帰り、猶残れる数百通を完了するつもりニ候、是まて東大寺、彼是五千通の領地文書は悉皆見通し、大体写し取り申候、日本ニて此種文書の最も多きは恐らくは東寺なるべく、其次ハ東大寺と存候、東大寺及三宝院ハ此度片付候間、秋よりハ東寺ニかゝるべく候、其他、小なるものハ数箇整理仕候、

東大寺終らば、京都ニ立帰り、帝大の所蔵文書を見、猶余日あらば伊勢神宮ニ参り神領文書を稍々採訪致度存候、東京ニ帰るは九月中旬か下旬と存候、扨後初めて故里ニかへり度存候、是も雨期とならば延期可仕候、此夏ハ毎日終日文書とのみ親み候へども、未だ疲労不仕候、もし印刷物を扱ひ候ならば、とてもかくまでハ出来ざるコト存候、古き日本紙を繙くは如何ニも柔き仕事ニて、割合ニ疲れざるものと見え候、

過日中桐氏京都より一寸見へられ候、不相替風呂と宗教との研究ニ熱心の様子ニて、宗教をも風呂と同じ調子ニて研究するゆゑ、風呂の方ハ存外ニわかりても、宗教の方ハ存外ニ長引き候コト、考へられ候、到る処稲門の士あり候へども、碌々交際する暇もなく、只北野の随心院の玉島実雅氏、東大寺の大野徳城氏ニ面会して世話ニ相成候、先ハ取りとめなきコト申上候、帰京の上拝面可仕候、士行様ハ此頃如何ニ候や、御序の時可然奉願上候、又御家族様御壮健御祈申上候、

謹言

八月廿八夜　　貫一

坪内先生

（封筒）東京市牛込区余丁町百十四

坪内雄蔵様

（消印）京都・□

□ 8.29　9–12

（封筒裏）京都府醍醐三宝院

朝河貫一

（消印）牛込

7.8.30　前 9–10

（54）一九一九年（大正八）三月四日　TSY0032055　封筒有　継紙墨書

拝啓、此度ハ久々ニ御目ニかゝり、色々御話承はり、難有仕合ニ存候、態々御迎送被下恐縮ニ候、且つ令室、令嬢ニも一方ならさる御饗応ニ預かり篤く御礼申上候、却説藤沢附近の踏査ハ極めて有意ニ候、此事ハ話ニ紛れて別ニ何も申上げざりしと存候が、藤沢の北の大庭ハ大庭景親の居住地ニて、先代の景正が私領を伊勢大神宮ニ献して、大庭御厨と称し、甚だ広大なる地面を保有し、自分ハ累代の厨司となり威を振ひ候、御厨の四至を文書ニ徴すれバ、東ハ俣野川（今の境川と存候）、南ハ海ニ及び候、西と北との境ハ今急ニ知り難く候へども、香川（茅ヶ崎の北）をも包み候コトゆゑ、その弘かりしコトハ想像せられ候、然るニ天養年間ニ鎌倉ニ在りし源義朝、武士をして御厨ニ乱入せしめ、土地及作毛を押領し、刃傷狼藉ニ及び、神宮より訴へて乱暴停止の官宣旨を煩はすニ至り候、此事件関係の文書十通ほど此度私神宮文庫ニて閲覧し、写し取候処、京都の三浦周行氏も史料編纂掛ニても喜びて参考といたし候、彼人々より見れ

バ、義朝が鎌倉ニ実際ニ居りしコトが之ニて明確と相成、又大庭景親が頼朝ニ対して悪意を挟みし有力の原因ニも到着致候事ニ候、されども私ニ取りて面白きハ、武士と土地との関係を知る屈竟の材料を之ニ得たるが故ニ候、大庭ハ一昨年一寸訪ひ候へども、今度再訪仕、一層の興味を感じ候、居館ハ箭戦ニは充分なるべき丘陵の上ニ在り、当時の規模を測知すべき古き垣の跡もあり候、又河を隔てたる小丘には、鎮守の天神社あり、その神宮寺も在り候、又藤沢より行く時ハ谿の入り口狭きコト恰も満仲の居りし摂州の多田と似候、之を入れバ広き沃地ニ候、館よりハ、西ニ正面ニ大山の雄姿を見候、折節三月の節句ニて、態々天神ニ詣づる七十婆あり、幼時よりの郷譚を色々と聴取候、それより今の鉄道の南北ニ跨りて鵠《くげ》沼の地あり、是即ち義朝濫妨の故地ニ候、

凡て此等の地点の実地踏査ハ発明する所少からず候、別ニ興感もあらせらるまじく候へども、おのれのおもしろきまゝニ申上候、

追々に暖ニ相成候間、定めて御健康の為ニもよろしかるべく奉察候、充分御摂生奉祈上候、先ハ御健旁申上候、皆様にも可然奉願上候、

謹言

三月四日夜　貫一

坪内先生

(封筒)伊豆国熱海町
坪内雄蔵殿
(消印)□
8.3.5　10–11
(封筒裏)東京下谷茅町二ノ五　佐藤方
朝河貫一

(55)一九一九年(大正八)九月十日　TSY0032053　封筒有　継紙墨書

拝啓、残暑の候如何在為候や、今日午後是非〳〵御暇乞ニ参上仕度存候処、偶々態々雨を冒して別れを送りニ来られたる人あり、又間もなく他の約束あり候為、遂ニ[51]参上の機を失し、遺憾の至ニ候、過ぐる夜、日比谷の角にて山田氏と共ニ御別れ申候が訣別と相成候、又在邦中僅かニ数度のみ御目ニかゝり、残り惜しく存候、されども恐らくはそれをも却つて深く感謝する方が正当の態度なるべきか、暫くニても再び謦咳ニ接するを得候は天縁の尽きざる所なるべしと存候、此上ハ重ねて拝顔の時を期し候、殆ど人らしくもあらざる拙き者ニ対し、格外の好意を賜はり候は、感荷の至ニ奉存候、憚りながら常ニ御摂生被遊度、又御着手の事業も首尾能く完成せられんコトを祈上候、先ハ不本意ながら書を以て尽きぬ別情を述べ候、奥様にも再び御目ニかゝり得ず心のみ残り候、よろしく奉願上候、謹言

九月十日午後四時　　朝河貫一

坪内先生

（封筒）東京市牛込区余丁町百十四

坪内雄蔵殿

（消印）下谷

8.9.10　后5-6

（封筒裏）下谷茅町二―五

佐藤方

朝河貫一

(56)　一九一九年（大正八）**九月二十四日　TSY0032045　封筒有**

拝啓、船ハ十五日ニ漸ク解纜仕リ、もはや明後日（廿六日）頃Seattleに上陸可仕候、それより五日目頃ニ目的地ニ到着の見込ニ候へども、やゝ後れ候かとも存候、海上ハ一両日を除きてハ平穏ニて諸客一同元気ニ候へども、私ハ右の一両日のみが最も快く感せられ候、一等客ハ欧米人四名、日本人卅人許ニて、船賃の廉なる為か別に珍しき仁は居らず、日本人ハ不相替無礼无作法を極め居候、幸ニ四名の外人ハ皆東洋ニ慣れたる人ゆゑよろしく候へども、さもなくば興をさますべく存候、あまりといへば甚しと存候。上陸近つき候へば税関のコトの心配、鉄道の連絡などのコトを人々考へ始めて、やゝ単調を破り候、明日より猶騒き候ならん。旅行ニ慣れたる為、私ハあまりニ無聊ニ苦しみ候。船中ニて随分勉強出来申候、此書面は此船の郵便局ニ托し候間、一周間ほど米国海岸ニ在りて後、同船ニて日本ニ持ちかへるべし、即ち私の無事上陸の証ニ御坐候。船が再び日本ニ向ふまでには私はヱールに到着可仕存候。先ハ右申上候。皆様御壮健奉祈上候。山田君にも可然御伝言願度候。謹言

大正八九月廿四日　アフリカ丸ニて　朝河

坪内先生

付（切抜一枚）・By John Booth "Shakespeare in the English Theatre." ("The Times Literary Supplement", Thursday, April 17, 1919, p212)

（封筒）東京市牛込区余丁町百十四

坪内雄蔵様

あふりか丸

朝河貫一

（消印）26.9.19.

（封筒裏）

AFURIKA-MARU　□　SEA POST

（消印）8.10.16

(57)　一九二〇年（大正九）**六月二十日　TSY0032006　封筒有**

謹啓、御別れ申候後、両度貴翰拝承候処、此方よりハ甚御無沙汰仕候、近頃ハ御壮健被為在候哉、過日ハ山田君の書面ニ拠れ

ば国子様、今日華燭の典を挙げらるべき由、遥ニ御喜申上候、「法難」其他演ぜられ候由、定めて御心忙しく被為在候事と奉存候、又熱海にも御新築の由承はり候、次ニ私ハ不相替勉強致居候へども、法制史の原料研究ハ他のコト丶、違ひて長き時間を費し効果少量ニ候、只今薩州入来院氏の四百通の文書の中より代表的のものを撰び、註を加へて訳述中ニ候、比較の参考となるやうニ註するには他人の知りがたき労力と思考とを要候。帰着後直ちに着手候ても、未だ完結せず、夏の休暇中ニ取りまとめたく候へども如何なるべきか。之を終り候後ハ二ヶ年の計画にて嶋津勢力範囲全体の法制変遷を著作する約束ニて大学出版部と交渉まとまり候（只今訳述中のものはプリンストン大学出版部より出版の筈ニて、私より出費せず、エールの方のは著者より三百弗ほど助力の約ニて、研究物ゆゑ売口なく候間、凡て右の方法を取り候へども、プリンストンのは私ハ客分ニ候間、費用ハ先方持ニ候）、此第二の方ハ翻訳ニあらず候。嶋津を撰び候理ハ、その起源が摂関領の島津庄ニて、その摂家領として成長し、武士の之ニ結び付きたる有様やゝ観るを得るコト一、嶋津氏が頼朝御家人として成りたる後、地方の豪族と競争して遂ニ大略薩全部、隅大半、日向一部を支配するニ至りたるまでには四百余年を費し、其の間、封建諸法制の実際ニ活動し運転せる有様が研究し得べき点を含み候コト二、嶋津来りて後、維新までの時間は日本封建史と一致し、即ち広大の一地方に始終君臨したる侯としてハ嶋津が最大にて、且つ封建を倒す原動力となり候コト三、此等の理ニて、一地方のコトなれども日本封建法制史の代表として見るニ適当なりと存候。但しその起原として見るニは適せず、むしろ其の発達運転ニ候。之が終り候はゞ他日一層起原の方に研究を試みたく存候。同時に力を傾けて欧洲法制の研究を継続いたし居候、

過日、浮田和民氏二度当地ニ立寄られ候、氏の説ニ拠れば早稲田文科が盛となりたる由ニ候、案外ニ存候。教育上の趨勢ハ欧米法ニ只今激変中ニ存候、他日愚考可申上候。早稲田ニつきて種々の希望も計画も又当然為すべきコトもあるべく候へども、私が年来の考ニては、その（殊ニ文科ニつきて申候）欠点の一は、百物の真というコトを尊重せざる傾向の何時の間にか生じたるコトニ御座候。是ハ当国大学の教授法にても不満足にて、殊ニ神学校ハ論外ニ候。日本ニても帝国大学にても甚だ不充分ニ候へども、早大よりハよろしく候。早大の文科の長ハ自由闊達なるにあるべく候へども、何事を学ぶニしても客観的事実を的確ニ研究せんとする態度ハ薄弱と存候。次ニ学び又ハ考へたるコトを筆にて述ぶるニ当りては、更ニ真実といふ着眼を重んぜざる傾向を強く示し候。固より真実ニ学び、真実ニ考ふるといふコトハ、非常の難事ニ候、然るニ真実ニ語るといふコトは是亦稀有のコト丶存候。何れも、その覚悟と練習とを為さゞれば之を得ざるが当然ニ候。詮ずる所、早大の一部の教授法の欠陥ニ

帰し候様存候。もし在学中、最も此真実ニ学習し真実に思考し難き学科ニつきて研究法を厳格ニ練習し候はゞ、少くとも客観の客観たるコトだけは認むるやうの気分を生ずべく、又研究の慾ある人ならば、卒業後独立して研究するだけの礎石の一つを得べく、又研究以外の学問上のコトニつきても態度漸く改善の見込なきニあらざるべく候。研究者ニ取りては（或る人文学は）研究法立たずして研究し得と思ふほど誤まれるはなかるべく候。又研究者ならずとも、日本も世界も今後益々客観的真実を尊重する態度の人を要すべく存候。真ニ徳ある独創も、又信念も、主義も、客観の実在ニ触るゝ所より来るコト、存候、少くとも、私の観察ハ学問にも人生にも政治にも此の如く存候、

右ハ陳腐の様にて誰も知れるコトゝ見へ候へども、此着眼点を守る人ハ世に殆ど無く、又学校の教育の方針が之を有意識的ニ含有せりとは申しがたかるべく候、極めて堅固ニ有意識的ニ不断の厳格の練習を致さゞれば、固よりその影をも見るを得ざるべく候、之に反し、もし之あらば、世を益するコトは勿論、早大より清新の気を後日の日本の為ニ貢献するの望もあるべく存候、

繰り返して申候までもなく、右申す所ハ、真実の智識を与ふるといふコトよりも、之に対する慾望と方法とを錬磨するコトニ候。在学中、冗漫の日本語ニて与へ得べき事実も智識も甚だ限りあり、又学科ニよりては之も直ちニ陳腐と相成候。もし客観を正視する眼識を養成候はゞ、学生の器量次第ニて卒業後暢ぶる程度ニ限りなかるべき筈ニ候。方法とても固より固定のものニあらず、是亦客観に触れて変遷進歩すべきものニ候、

私ハ当国及欧洲の今後の教育の趨勢を観察して、近頃ハ時々は数年中に日本ニ帰りて、右の如き方針の進歩ニ貢献して、一方には比較法制の研究及著作を継続しては如何なるべきかと思ふ時あり候。即ち自分が今日までに築きたる地盤に立ちて世の学問ニ微小の貢献を為さんとする努力ハ後日まで変化せざれども、直接ニ他人に与ふる方面ハ当国大学より転じて日本の学校に求めては如何との問題に候。日本ならば学生も原料を使用するを得るに近く、当国ニての教授ニては之ニ反し一々原料を訳して与へさるべからす。又日本ならば、学生ハ国の学問ゆゑ興味自然なるべく候。此等の利と私一人の貢献の努力とを結び得べくば、只今よりも公共の為ニ利多かるべく存候。而して此までの海外ニての努力ハ右の将来の努力の土台となるべく考へられ候。勿論、此地ニありても、日本ニ帰りても、私の為し得る分量ハ極少ニ候へども、その他人ニ対する利の多少を考量すれば、右の如き念を動かし候、

但し、日本ニ帰りて後自分の研究と貢献とを行ひがたき如き地位ニ立たんコトは望ましからず候、

早大ニては此の如きコトを考ふる余地あるべく候や、誰ニ申候はゞよろしかるべきかわからず候間、御許まで申上候、もし相

応の法ニて其筋の人ニ申し得べく候はゞ御通じ置被下度、又御意見拝承仕度存候。当方とても暫くの間は動き難く候。もし早大ニて希望とあらば、小生廿余年来欧洲法制史等に興味を有し候へども、今後数年間ニ更ニ欧法制史を研究して、帰りて後早大にて之を講じ、又一方には少数の学生と共ニ日本法制史研究の練習を致度存候。右の如き純なる目的と他のコトを雑ふるコトは好ましからず。もし純正の研究を重んずる態度ニて早大が応ぜらるゝならば、私も余生を母校ニ捧じるだけの義気なきニあらず候。何卒御遠慮なく御批判被下度奉願上候。又勿論多くの人には御話被下まじく奉願上候、

謹言

大正九、六月廿日認　朝河

坪内先生

過日浮田氏にも右の趣多少御申置候、

（封筒）「K. ASAKAWA NEW HAVEN. CONN.」（印字）

Dr. Y. Tsubouchi

Yocho Machi Tokyo, Japan

牛込区余丁町百十四

坪内雄蔵殿

（58）一九二一年（大正十）一月十三日　TSY0032005　封筒無

イェール大学用箋

（用箋上部印字）YALE UNIVERSITY DEPARTMENT OF HISTORY

NEW HAVEN, CONN.

拝啓、六月廿日頃一書拝呈候後、更に申添度存しながら日々の忙しさに追はれて今日ニ及び候。彼時申上げんと存候事ハ、当国（及欧）の学問の形勢の激変してあるに鑑みて、既ニ多少の土台を作り得たる小生ニ取りては、今となりては、此地ニ居るよりも日本ニ還り候方が兼ての目的を追求するに却て好都合なるべきかと思ふコトニ候ひき。此形勢につきてハ、過日五十嵐兄ニ申置候間、御序の時御覧を煩はし度候。又昨夏熊本濟々中（饗脱）学長井芹氏[52]に申送候中より、そのまゝ左ニ抜萃仕候、

「欧米の様子ハ日本ニて考へ候とは著しく異り居候、二三年前ニハ予想し難かりし状態ニて、変遷の急速なる喫驚の外なく候。先年のまゝの心にては理会しがたく、又従来の人間の智識経験ニては処理しがたき新問題が今後の要事と可相成と存候。此際、誰とて先見の明あるものハ之なく、確固たる方針の立て難きコト、欧洲諸国の露国に対し、日本の西比利に対し、はた世界列国の各々労働問題に対する態度の不定なるニても知らるべく候。此変化ハ極めて複雑ニて、その大部ハ新事情に関し候間、我等如きものが大観し得るコトにあらず。

只之を鋭く感じ、又他の識者等の説明ニ不満足を感するコトにおいてのみ人後ニ落ちず候。少くも、左の一事ハ申し得べきかと存候、

「今日の近世文明なるものハ主として資本的競争と、之に次げる資本的協同とニよりて築きたる物質文明ニて、その余恵ハ普く万人に及び候へとも、その充分の享受ハ物質的ニ富裕なる人々に限られ、社会の大部分ハ単ニ機械的の余恵を与へらるゝに過ぎず。却て右大多数の人士は、此極度不自然の物質文明を運転する道具と相成候。加之、実ハ全国、全文明世界が、次第に此の自ら造りたる文明の奴隷と相成候。欧洲の大戦も亦その産物と申してよかるべく候。

「而て之に対して先つ根本的革新を要求するニ至りたるものハ、最も之が圧迫に苦しみて、器械同様に取扱はれ、人類たる生活の意義を最多く失ひたりと自信する労働者階級に候。戦争の為に彼等の意識急に進み、又戦後の事情更ニ大ニ之を進め候故、先づ彼等ハ現世の改造を志し候。その意識は英米仏伊各ニ差あり候へども、その心の奥底に要求する所は、もはや賃銭の増加ニあらず。時間の減少にあらず。此等は争論の具のみ。社会の生産機関を労働者の手に奪ひ取り、自ら之を運転するか、少くとも之が経営の主要部となり、かくて経済上より政治上まで支配を及ぼさんとするが主眼なるべく観察せられ候、

「又従ひて文化をも根底より変化せしむへき性質の革新に候。何となれハ今日までの文化（無形の方面）は主として不生産階級の余閑あるものか造りたる性質を帯び、従ひて他の文明、有形の方面の甚しく物質的大仕掛、複雑、多費なると相並び相和せずして、今日ニ及びたるものニ候。されバ社会の大多数ハ此両方面共ニ没交渉ニ候。之に対して人類は反動し来り、而して此反動の先駆ハ労働者ニ候間、銘々の労働者が理解し、享受し得べき文明及文化を要求する気運と相成可申、即ち生産者が各々余閑を分配して、各々生産者と文化文明享受者とを兼ぬるの組織を造り出し、さて此生産の余閑に享受し得へき文化たり文明たらさるべからす。されハ彼等が人間として、又特殊の個人としての心情に共鳴するものたらさるべからず。されバ今日の文化文明とは甚しく異りたるものたるべきハ当然と存候。既に其傾向の大学教育ニまでも影響さるゝを認め候、

「却説、右申す所ハ、泰西文明が当然通過すべき約束のものと存候。固より労働者が社会の全部にあらず、過半数にもあらす。過半ハ即ち消費者階級ニ候。されども労働者先つ改造に努力し、従つて先つ社会の枢機を握らんとするコトと察せられ候間、消費者ハ必ず公平の取扱を受けざるべく、労働万能の経済、政治、文化の余弊ハ甚しかるべく、その圧制も恐るへきものあるべく候。されども恐らくは（只今の露国程には

あらずとも）右の恐るへき時代を通過するの要あるへきか。もし労働なるものが充分ニ智識階級と連合致候はゝ、幾分か弊害を緩和すべく、此点英国ハ米伊等より進みたるものありと存候。但し如何に大なる弊害ありとも、是れ人類全体の自治に赴く経路の重要なる一点と存候間、進歩の徴候としてみるべきかと存候、

「政治上の自治主義、民主主義、先づ泰西に起りて著しく進み候へども、経済上の同主義ハ今日漸く起りて、経済と政治との同主義和合が今後世界の大問題なるべく、幾分の波瀾畳出すべく候。又文化上の同主義をも試むるならん、

「小生の学問ハ創造にもあらず、改造にもあらず。過去の真実を照明せんとするものニ候間、目的を異にし候。今後の形勢ハ、学問の上にも、実際的改造、創造を最も貴ひ傾向となるべく候間、客観的真実を鏡の如く照すコトハ重んせられすして、閑却せらるへき趣あるを感じ候。されとも是却つて此方面の重要なる所以と存候。もし世の大勢の中心に身を投じて改造の為に努力するニあらずば、却つて今後閑却せらるべき真実研究の地盤を固守するは人類の真ニ要求する所と存候、如何思考され候や」（以上引用）

較々具体的に右の形勢が大学に影響する有様を申候はゞ、先づ科学、工学等、直接ニ有要なる学ハ大に奨励せられ、又社会に関係ある形をなしたる方面の経済学、社会学、（理論的ならさる分）が進歩の傾向著明と相成、史学の如きハ米国史と欧洲最近史との外には第一に大学院ニて之を研究せんとする人大に減じ候。又その少数の大学院生ハ何処の大学ニても前年よりハ素質劣り候。又美術とか文芸とかに至りてハ、一方ニ研究衰へず候へども何れも古典的ニ狭くなりたるニあらざれバ、薄弱なる極新の方面ニ向ひ候様見へ候。（但し此一点ハ小生の観察未だ広からず候）。

右の形勢ハ直接ニ小生の仕事に関係いたし候。元来、大学院ニて史学を専攻する人ハ凡てを合して十人内外に過ぎず。其の中より小生の受持つ日本法制史、宗教史など更に売れ口なき学問を学ばんとする人の極少なるは勿論のコトなるに、近年ニ至りては更ニ少く候。只両三人にても之あらは不思議と可申、或教授の如きハ、欧米の史を教へても一人も大学院生を得さるものあり候間、小生の方が数量的ニ景気よろしと可申候。（伊太利文学の講座すら需要なき為ニ当国大学に殆ど之なきを見ても大勢ハ知らるべく候）。之にてハ、大学に対して気の毒に候へども、小生の如きものも大学には必須なりとて、数量ニ係らず不相応の優遇を受けて今日ニ及び候。小生ニおいても亦幾分か日本の学問、世の学問の為と存じて、推して継続し来り候。然るに今日如上の形勢に急転いたし候て、小生ニ取りてはますます肩身が狭く感ぜられ、又（研究と著作とは多少の自信もあり、内外の奨励も期待もあり候へども）教授の方面ハ労甚多くして効甚少きを思ひ候。

又今日の形勢ハ悪化の初歩と存候間、もし研究著作をだに継続し得べくは、今後ハ日本ニて教授したる方が世の為なるべしと考へられ候、
あまり自分のコトを申候へども、小生の研究を大学ニても無用視せざる一証として、左ニ小生帰朝中、総長ハドレー氏より受けたる書信の一二節を抄し候、
(以下、タイプ印字挿入)
(Letter of recommendation). "This will certify that Dr.Kan-Ichi Asakawa is etc……He is spending year's leave of absence in studies whose results are likely to prove of fundamental importance in the history of institutions. I venture to hope that he may receive all possible assistance in the prosecution of his work. Any courtesies which may be rendered to him will be greatly appreciated by the institution of which he is an honored member."

Nov.9, 1917. "……. We feel very strongly the importance of the researches which you are undertaking……. Please write me quite frankly,……. telling me about the progress of your work, in which, as I have said, we are all very much interested."

Jan.12, 1918. "……Of the importance and promise of your work in the conperative history of institutions I have the very highest hopes. It is seldom that a man lights upon a field so new, so important, and so large in its bearing on human history. I do not wonder that facilities for study are being accorded you, or that you find the work growing daily on your hands……."
然るに(大学の私事を発くは好ましからず、只々御内覧ニ供し候)、右ハドレー氏につき近頃大学に大事出来いたし、小生の仕事にも影響し、小生の帰意を早め候。氏ハ異常に聡明の人ながら、資本家的経済学の泰斗なれども、ユニヴァーシティーという考は一八九九年着任以来、極めて薄弱にて、欧英の第一流の大学と学問上競争せんとする方針ハ更ニ之なく、只カレヂの方より米国の現社会ニ有用なる人を出すコトを主眼といたし、凡て此方針ニて廿余年経営致候為、何時の間にか次第ニ大学全体の智識的品地下落し、世界ニ名高き程の教授ハ、或ハ死し、或ハ退き、或ハ他ニ招聘せられ、残れる人ハ次第に減じ、今日教授の多数ハ根本的研究又著作ニ従事する人ニあらず候。而して此等の人すらも近年急ニ総長に対して一般ニ不平と相成候事情ハ左の如くニ候、
戦争中ハ大学ハ他事を忘れて戦の為ニ目ざましき協同努力を致候処、休戦となるや否や、大学の旧来の余弊を刷新したしとの希望内外に勃興し、一九一八年より一九年にかけて此熱心の高かりし頃、総長ハ何故にや此運動の最大切なる点ニ向ひて驚く

へき反対の論を述べて、全国の校友を怒らしめ候。其後急ニ翻然態度を変じ候へども、中心より変じたるにあらず候間、今日まで裏面には此点ニ反対致し、遂ニ大学を非常の困難に陥らしめ候。右の点と申すハ物価騰貴の為、教授以下何れも俸給だけニては生活する能はず、研究ニ熱心にて貧しき教授ハ最も困り、続々愛する大学を去して、生活だけ為し得る方面ニ転じ候。大学の設備も、図書館も、皆経費に乏しく、僅ニ地歩を保ち居るに過ぎず。されバ第一に資本を増すの要あり、校友の富める人々、紐育にて委員会を造り、一九一八の冬には一千万又ハ一千五百万弗ほどの元金を作り得べき見込充分なりし時ニ、何故か大学本部より之が中止を命じ候。されバ其後、教授の転任及び辞職引つゞき、残れるものハ生活し得ず。事情重大となり候為。校友の圧迫の為に止むを得ず本部にては会計を繰り合わせて正教授を増俸し、ともかくも一家の生活だけは出来るやうに相成候。然るニ助教授ハ一様ニ五百弗つゝ増しても猶年々一人平均九百弗の不足あり。評議員ハ校友に責められて、更に五百弗を増し、最低三千弗と致候へども、猶只今概して生活を支へ難く候。他の諸大学ハ此間皆資本を増し、ハーヴァード、コルネル、プリンストンの如き何れも幾百万もしくハ千万以上増資せざるはなきに、ヱールのみハ僅に校友年々の寄附金ニて其時だけの不足を繰合せ来り候。然るに来学年度の会計には、繰り合せても間に合はず、遂ニ本部及庶務より六万弗、教育部より十万弗、合して十六万弗を削減せさるべからさる事情と相成候。十万弗を削るとせば、多数の教授者を解雇し、学科を除き、残任者の授業時間を増すの外なく候。此の如き恥づべきコトハ当大学二百余年の史上に之なかるべく、又他の諸大学に対して不面目も甚しきコトゝ存候。されバ教授一同の憤るも当然と存候。当国の第一流の大学としての体面何処に在りやと皆々申居候、右は偏にハドレー氏が近年心理状態に異常を生じて、感の狂ひたるニよるの外なしとの輿論ニ候。ともかくも同氏が増資ニ反対したる結果ニ相違なく、又大学なるものゝ使命を重んじ候はゞ此反対に出づる理なかるべかりしコトも勿論ニ候。同氏ハ今年七月に任満ちて退職可致、其の後任には未だ適当の人を得ず。評議員が再び撰択を誤らぬやうに祈るの外なく候。

扨、全大学の教育費用より十万弗を削るニ付、史学部だけニて其の十分の一、即ち一万弗の削減を分担すべきを命ぜられ候。然るニ同部の首座教授ヂョンソン氏ハ総長ニ面会して断然自から之を行ふを拒み候。されバ、本部自から史学部内の解雇人物を指名するの責任を負ふコトゝなり候結果、評議員の委員会にては公平の策として、先づ今年にて任期の尽くる人を解任せしめ、それニて一万弗に充たずば、其他ハ他の方法ニて解決するコトゝいたし候。今年任期の切るゝものハ助教授中には小生一人のみにて、講師中には数人あり候。右ハ未だ秘密の内定ニて、最後の決定にあらず候。

小生ニつきてハ前首座教授アダムス氏及び現首座ヂョンソン氏共ニ小生の知らぬ間ニ非常ニ解任ニ反対の運動を為し、総長ニ向ひても予期の如く再任すべきやう、極力小生を推挙致候は、小生の全く意外とする所ニ候。兼々小生ハ一言も自分のコトハ誰にも申さず候に、かくも小生の留任を望まれ候は、小生の事業の全く認識せられざるにあらざるを感じ候。されども今日の処、大学の会計成り立たず、評議員恐慌の最中ニ候間、任期の尽くる人を再任せざる外ニ公平の方法もあるまじく存候。

左にアダムス、ヂョンソン両氏の小生ニ与へし書を御目にかけ候、

(G.B.Adams) "I am very sorry for the action taken by the Administration, and have done every thing I could to prevent it, but they are simply out of their heads and have lost all sense of the relative value of things." (Jan. 6. '21.)

(Allen Johnson) "For four weeks or more I have been fighting for your retention both with the provost and with the President, using every ounce of pressure that I could command. Both Professor George B. Adams and I have written strong letters to the President, and just before the vacation I had a personal conference with the President which led me to hope that an alternative might be found. But as you know, no reliance whatever can be placed upon the President……. Let me say to you in strict confidence, to show what problems I am facing for the department, that the Finance Committee of the Corporation has ordered me to cut our budget ten thousand dollars. If I cannot avert this danger, most of our young instructors will have to go at the end of this year. I need hardly tell you that I deplore the whole policy. It seems to me suicidal. If it is carried out, Yale will receive a blow from which it will not recover in ten years.

"Now, my dear dear fellow, need I tell you that your going is a personal loss to me and to the department? And aside from this personal loss, there is the loss to scholarship which Yale will suffer but this latter consideration does not seem to have any weight with the powers-that-be. I have already discussed with Professor Adams the possibility of finding a position for you at Harvard or possibly at Princeton. Both of us are ready to write personal letters for you, stating in unvarnished fashion just why you are leaving Yale. This is a case, it seems to me, where we should put the claims of scholarship above our loyalty to the University… Perhaps I ought to add that the whole calamity is brought about by our financial poverty. If funds could be found for your salary, you would be retained. Can you suggest any way of procuring funds?……"

右ハ委員会の予決の当時の両氏の書簡ニ候。其後数度両氏に面会致し実情を聞き候処、両氏は共ニ小生を留保せざるには真面目の研究を大学にて認識せざる如く世に解せらるべく、又大学の為にも由々しき誤策なりとの態度を取り、原則として、飽くまで本部ニ対抗致し、只今も殆ど毎日或ハ総長、或るは全大学教育部長《プロヴォスト》に面会し、又ハ書面を以て議論致居候。ヂョンソン氏は、もし大学にて愈々小生及講師等を解任する程に不明ならば、もし氏もし二十年も若かりしならば、己れも去りて他の大学に活動すべく感する由申候由に候。右の書面に申され候如く、他の大学に地位を得るためには如何にも尽力せんと申され候。アダムス氏に至りては更に踏込みて、自ら諸大学ニ交渉し、小生には只其の結果を待ち居る様申され候。之ニても事情ハ御推察被下度、アダムス氏の如きは史学部が小生ニ対する幾分の責任を認める態度ニて、闇捷中ニ御座候。是等のコトハ世ニ知らしむへきコトニあらず、只小生中心ニ此の誠実の認識を喜ぶのみニ候、

右両氏の運動の目的ハ、先づ本部をして強ひて小生を保留せしめんとするニあり、只今頻りニ余事を棄てゝ運動し居らるゝ様子ニ候。されども現ニ大学全体より十六万弗も削除せんとする時に候へば、右ハ或ハ不成功ニ終るべきかと存候。もし之が成功せずば、次ニ両氏ハ何とかして一時小生を他大学ニ転ぜしめ、後日当大学ニ余裕を生じ候後ニ改めて招聘せんとする方針らしく候。されども是亦難事と存候。第一に小生の如き専門の研究ハ只今ハ何処ニても致し居らず、需要あるべしとも思はれず候。次ニハドレー氏の後任たるべき人が今明月ニ決すべき筈ニ候へども、もし評議員が再び其の撰択を誤りて、何等大学的達見を有せざる人を撰び候はゞ、小生の如き特殊の研究を奨励するコトハ期し難く候。

且又小生の立場より申せば、何時までも取りつきて居りたしといふにあらず、既ニ多少の地盤を造りたる後ニ候へば、もし今後研究と著作とを継続し得ば、日本に居りてもよろしく、本国に居るだけの便利も多かるべく候。只小生の当大学にて作り上げたる図書館ハ研究ニ便を与ふるコト莫大ニ候間、之を去るは惜むべく候へども、一方には日本ニて材料遥に多く候。只此の如く一処に便利ニ取りまとめて之なきのみニ候。右の事情ニ候へば、去る六月ニ申上候条件ニて日本ニ帰り候方、教授上ハ勿論、研究及著作上にも、却て好ましかるべしと存候。右申候如く、小生のコトハ当大学ニて未だ最後の決定を為さず。又アダムス氏等の尽力の結果、如何ニなるへきか、固より不明ニ候。もし相応の方法相立ち候はゞ、猶暫く当国ニ在りて、次の著書

を完成致度存候へども、さもなくば今年六七月頃帰朝仕り、来る九月より早稲田にて尽力仕度存候。右事情御酌量、其筋の人に御相談被下度、甚恐縮ニ候へども願上候。又其様子如何哉、可成早く拝承仕度候。御返事の到着までには当方ニての都合も定まり候事と存候。急ニ一人の地位を造るコトは何処の大学ニても容易ならざるべしと存候、

今年より始むるにせよ、一両年後より始むるにせよ、小生の希望ハ可成ハ早稲田の文科ニて、一般ニ又科外に欧洲法制史を講述し、別ニ篤志の学生と共に日本法制史の演習的研究を致度存候。又何れも主眼ハ（先日申上候如く）智識を与へんとする外ニ客看（観）的事実の研究の方法と態度とを錬磨せんとするニあり候。単に知識の点より申候はゞ、日本史研究を今少しく世界人類的意義ある学問たらしむる為に、比較の眼孔を開くの結果を生せんコトを志すべく候。一旦早稲田に参り候以上ハ、早稲田の為ニ尽力すへきは勿論ニ候。其の代りには、小生を世の学問の為に研究し、著作する一人として待遇せられんコトを祈る所ニ候、返す／＼勝手ながら早き御返事御待申上候、

御話の呉氏には未だ面会可仕候。旅行の費用甚だ増加し、容易ニ紐育にも参兼候、又演劇材料ニつき御注文のコトありしが、其点を明確ニ記臆せず、過日来考居候へども追臆せず、実ニ不行届、不親切の段、汗顔仕候。何卒更ニ御仰越被下度願上候。是亦申上兼候へども推して願候。其他何ニても御用御仰越奉願上候、

御令室ニも可然奉願候。国子様幸福ニ御成婚被遊候御事と存じ、御祝申上候。山田君によろしく願度候。　謹言

大正十年一月十三日　　朝河

坪内先生

(59)　一九二一年（大正十）五月二十二日　TSY0032002　封筒

有　イェール大学用箋

（用箋上部印字）YALE UNIVERSITY DEPARTMENT OF
HISTORY
NEW HAVEN, CONN.

御念書拝受、御替不被為在大慶に存候、今頃ハとうに御帰京被遊候御事と存候。彼件につき細々の御諭示かくまで御尽力被下候事、感謝、且つは面目の至に存候。山田氏の御厚情も篤く感佩仕候。早稲田の様子さもあるべきコト、存候。要する所ハかゝる小事なれとも、猶ほ只授業時間や学科配当などの目前の細点より解決し得べきとハ思はれず、早稲田が如何なる教育方針ニて何事を将来の日本ニ貢献すへきかといふ点にも聊か相触候と存候。私の志望は、何よりも、客観的事実の研究の態度を養成するコトニ幾分の生命を寄与いたし度、是か根本の点に候へば、之を早稲田が欲せらるゝや否やが最初の点ニ有之、其他のコトは第二以下と存候。さらば理工科などニては毎日客観

的真実を教へつゝありといはるべく候へども、是ハ少しく考ふれば至当の答ならざるを見候。智識を与ふるコトハ研究の精神を養ふコトにもあらず、研究の方法を修むるコトにもあらず、この智識を生みたる根源の或物を捕へざれば、今後の新智識を得るコト能はず、速ニ他に後れ候。且又人類ニ関する学問には殊ニ左様ニ候、かの精神と方法とを研磨せずして如何で将来の日本の学問ニ貢献し、列国との競争に応じ得べく候や。「改造」が主要なる世となり候へば、益々客観的研究の精神の之ニ伴はんコトを世が悟り来り、要求し来りつゝある様に見受候。之なければ改造も成し難く、列国間の益々激烈なる競争に処し得ざるコトの明となりたる為にや、欧米共に実際的学問の方面には此精神を盛んニ喚起せんとしつゝある気運と観察仕候。就中、米国ハ民俗の趨勢が速成粗製に傾かんといたし候故、右の矯正的意見一層唱へられつゝあるやう力強く感せられ候。創造的実行的方面の学問すら此の傾向ニ候へば、人類に関する学問のコトハ猶更と存候。もし「改造」を日本ニて軽く考へて之ニ走り候はゞ、他国民と伍し得さるべきは勿論と存候。今日までの日本専門学者ニ対する欧米専門学者の評ハ実ニ此点ニ有之、即ち学問の基礎の薄弱にして狭隘なりといふニあり候。日本の猛省を要し候。此点ニつき、早稲田ハ将来ニ関し堅固の方針あらんコトを望み候。

右ハ少しく横道ニ入り候。却説、前ニ述べたる志望を行ふ為に小生の提供する所ハ日本法制史ニ在り。又その準備として欧洲法制史をも試み度候。右の学科を指し候は、小生廿余年来の研究が此ニ在る故ニ候。早稲田も、もはや文科と雖も、専門の人を用ふるコトが相当と存候故ニかく申候。されども学科の何なりやよりも大切なるは、学問の精神ニ有之、此点こそ小生の早稲田ニ貢献致度存ずる主眼ニ御座候。当局の人ニ此意の貫徹せんコトを祈り候。兼々申候如く此点が何処ニても日本の学校の欠点ニて、文化も亦然りと存候。又学問の精神の修養が小生の文科を経て将来の日本ニ微細の貢献を致したく存ずることニ御座候、

但し特ニ文科（史科）ニ限るにも及はず、法科に跨りてもよろしく候へども、可成ハ我が母なる文科ニ忠を致し度存候。もし法科に跨るとすれバ申すべきコトあり候。そは他にあらず、史家として法制史を論する時は単ニ法律の変遷を論するとは態度も着眼も方法も相異りて、全般の史的生命を背景とし、又此生命の一根底として法制史を見るべきコトニ候。又文、史、法科何れにもせよ、初歩より進みて高度の研究生（卒業後）をも得んコトを望み候、

扨小生の多年来の研究の此学に在るコトハ早稲田にても知らるまじと存候。ダートマウス在学の末年より始めて、ヱール大学院に在りて主として学びたるは欧中世法制史にて、其後今日まで盛ニ研究を継続したるも是れニ候。加之、近年やゝ語学的準

備を経て、欧の中世時代の原料を研究するニ至りて（その準備の困難なるだけニ）急ニ此学問の根を張り、興味頓ニ増進致候間、今後小生の此方面の研究の進歩ハ従来よりハ速かなるべき筈と存候。且又早稲田ニて弘く用ひられん為ニ原料及び重要の著書を精撰して購入致居候。恐らくは此の如き困難の原料的研究ハ今日多くの他の日本人の為し居らざるコトなるべく、又材料を撰び集むるコトの便宜も他に稀有ならんと察し候、

同時に欧のと比較して始めて日本法制史の生命の重要たる事柄を発見しつゝある次第ニ候。小生が自ら世界の学問に貢献せんとするは此方面ニ御座候。比較以前ハ日本法制史の最重大の点には殆ど一も気付かず、却って他の点を大切と思ひ居候ひしに、比較の眼を養ひ初めてより、独創の見解、月と共に生じ候。此方面の重要の新研究の余地、潤大なるにも係はらず、今日日本ニて未だ開拓の運ニ向はざるは、実ニ其の研究ニ特殊の素養を要しながら、之を与ふる者無きニより候ならん、

欧、日の法制史、共ニ小生の学得ハ初歩ニ候へども、今後進み得べき足がけだけは辛うじて之を占め候。されバ之を以て自ら世ニ貢献し、又他と共ニ之を研究しつゝ、日本ニ其気運を促がし度、希望の至ニ候、

右申候如く、小生の希望ハ早稲田ニて此学科の堅実の研究方法の修養を媒として、真を重んずる心と、之を探る手とを錬磨せんコトニ外ならず。されバ只今月並的ニ智識切り売の一人として雇はれんコトを望むとは同じからず。親しき意味ニて早稲田大学の為ニ余生の力を寄せ度存候。又世界ニ向ひても貢献いたし度候間、早稲田ニて事務の細事ニ使役さるゝコトハ好ます候へとも、行く〱ハ純粋の教授以外にも幾分の所為なきにあらざるべく、加之、外国との智識的連絡の方面にも多少の貢献を致し得べく存候。以上の点、篤と当局者ニおいて思量せられて後、御意見拝承致度存候、

先度当地の様子申上候後、財政非常の困難の際ながら、小生の留任を主張する人案外ニ熱心にて、或る日、本部主任態々小生の居室ニ訪ひ来られ、留任を懇ろニ勧誘し、又総長の切なる伝言をも申候。同時に此度総長の交迭《（マヽ）》ありて、新任のエーヂェル氏（此六月更迭）ハ、自ら心理学者として巴理《（マヽ）》大学ニて教授せしコトある程の人だけありて、其の教育意見ハ高さも深さも現任の人（六月退任）に卓越致居り、研究が大学の中心的生命なるコトを公然明言致し、之が為、来任以前既ニ全大学ニ生色を呈し来り候。ヱールの地歩を追々高上せしめ得る力ある人と皆々信用致候。是れヱールの為のみならず、極めて喜ばしきコト、存候。但し之が如何ニ小生の前途ニ影響すへきかハ予言いたし難く候へども、此の如き学風ならば、やゝ快心ニ候のみならず、着手したる著作も有之候故、先づハ両三年間ハ留任すべく相定め候。されバ早稲田の方ハ徐々と御斡旋奉懇願候、

右の事情ニ候へば、今夏ハ帰国仕らず候、

先度申上候如く、当国芝居につきて御注文のコトハ何なりしか、其時充分ニ留意せざりし為かどうしても記憶致さず候間、不行届実に汗顔ニ候へども、何卒御示し被下度、奉願上候、あまり長く相成候、何卒暑中御摂養被遊度、又御令室様にも山田君にも然るべく願上候、　早稲田野球団、来る廿七日、当ヱールと当地ニて競技あるべく候、ヱールの団ハ今年はあまり優秀ニあらず候間、或ハ早稲田が勝つかも知れず候、安部磯雄氏か大将となりて来らるゝコト、存候、

謹言

大正十　五　廿二　　朝河

坪内先醒

（封筒）「K. ASAKAWA NEW HAVEN, CONN.」（印字）

Dr. Y. Tsubouchi

Yochomachi Tokyo Japan

牛込区余丁町百十四

坪内雄蔵殿

（消印）NEW HAVEN, CONN.

MAY 23 11-AM 1921

（封筒裏）

（消印）TOKIO JAPAN

13.6.21

(60) 一九二二年（大正十一）八月二十日　TSY0032031　封筒有　イェール大学用箋

（用箋上部印字）YALE UNIVERSITY DEPARTMENT OF HISTORY

NEW HAVEN, CONN.

拝啓、先月玉章拝見、又ペーヂェント（仏語ならず英語のg及びJの音をジと書かれ候ハ何故ニ候や）に関する貴著及び新浦島も難有拝受、大なる興味ニて拝読仕候。冬中ハ御患被為在候由承り候処、全く快復被遊候や。民衆劇に付御勉強、御精力敬服の至に候。随分御気長く間接ニ真劇ニ向はれ候事、深き御考の被為在事と推察仕候。充分の御成功奉祈上候。当国此方面ハ小生あまり存知不仕、只普通の舞台劇ハ芸術としてハ墜落甚しきやうニ候。却って各地ニ篤志の小団体が会員組織ニて企るものが遥ニ観るへきものあり、又その中には芸術美を第一とするものもあり。ニューヘーヴンにも大学内及び市内の好事家の組織して、実演も主として会員男女の中より試み候団体近頃生じ候。要するに普通の芝居ハ猶太人の独占に委し去り候有様にて、観客も亦今ハ大部ハ趣味劣等の人に下り候様見受候。将来の革新ハ或ハ幾分ハ右申す如き各地の小企図か培ひ候根より生じ候かと思はれ候。右全く門外の観察ニ候、

兼而御送申候リテラリーレギューは此種の週刊中にては当国最良ニ候。その主筆カムビー氏ハ知友ニ候、社説大抵その筆と存

候。倫敦タイムスの週刊文学附録ハ品質一段優れ居候。その中劇ニ関するコトなど見へ候はゝ切抜きて差上候、

扨昨年五月中頃、早稲田に関する小生の希望重ねて申上ぐる所有之候ひしが、更ニ数言を添へたく存候。彼時申上候大意ハ

人類社会の客観的事実を研究するの方法といふコトニ向つて、微力の及ぶほどの生命を貢献いたしたき事、

右の志を行ふ為には、小生の専門を以てするコトが最も忠実なるべく考へ候故ニ、欧洲法制史の教授を比較の根拠とし、日本法制史の研究（学生と共ニ）を本旨とする事業を以て早稲田に尽力仕りたき事、

之ニ加へて、もし小生の力と学校の事情とが合致いたし候はゞ、行く〳〵ハ単なる教授研究の外にも（学校全体の改良、教育方針、外国との連絡等）ニも応分の力を致したき事、

右ニ申候中、第二の小生の専門といふコトが、門外の人には正確の理解を期し難く、殊ニ第一の点ハ小生自ら失敗と苦戦を重ねて漸く眼を開きたるコトニ候故、簡単に申候とも他人ニ印象を与へさるべきを恐れ候。是れ小生の遅鈍ゆゑなるべく候へとも、日本の教育社会には小生の程度までだに解したる人ハ多からず、しかも其の理会とて日本の今日と将来との必要事ニ候。（米国にても必要ニ候へども、日本ニハ幾倍か大切と存候）。かゝる言長き事ハ学校の当局者を煩はして縷々解説するも不遜ニ候。只、理解はともかくも、小生の志望の項目だけハ当局に貫徹せんコトを祈候、

此項目の上ニ更ニ此度添加いたしたきハ他にあらず。如何に小生が確信もて学校の為、学問の為、切要なると存じ候ても、学校が一向ニ好まぬ学問を用ひんといたしてハ、此意見を実行いたし難かるべく候。目的の主眼ハ、学校にて日本の青年に我が身を献げたきコトニあり、専門の学ハ之に達せん為の方法に過ぎず候。小生ニとりては此方法を以てするコトが、かの目的の為に最良、又最も誠忠のコトゝ存候へども、方法を以て目的を害するは素志ニあらず候。されバもし学校が、小生の根本目的を諒とし、小生を用ゐんとの心あらるゝならば、之が方法に対する学校の希望を承はりて、可成之ニ適応するやう努力するを厭はさるのみならず、かの目的を重く見る小生ニ取りては一の義務なりと感せられ候、

手早く申候はゞ、学校の為にも小生の為にも専門の学を用ゐ候方が、何よりも真実の利便と存候。もはや文科とても間に合はせを打ち切りて厳格の意味ニて専門の人を用うべき筈と信ずるコトを小生ハ淡泊ニ告白仕候。只、小生の学を（或ハ理解の足らざる為、或ハ他の事情により）学校が充分ニ用ひ難く候ハゝ、他に小生に相応の学を望まれ候ならは、之を承はり置きて、一日も早く、之ニ心がけ度候。もし小生の廿余年来の学問と連絡せる学問に候はゝ、速成の学問よりハ良好なる準備を得べく思はれ候、

但、之ニつき小生ハ左の如き希望を有し候間、当局が之につき如何に考へらるゝかを承りたく候、

一、学校の要求する学を用意して、之を教授するコト、いたし候ても、小生年来の専門をも亦少くとも希望の学生と共ニ研究するの余地を幾分なりとも常に有したき事、（此点ハ教授ニ関す）

一、又元来小生が日本法制史の比較研究を原料の土台の上に築造すべく企て候理ハ、全く是れ日本より世界に向いて根本的比較材料を貢献し得べき重要の方面なりと、小生も、又当国及英国少数の学者も認めたる故ニ有之候。此事ハ小生の此度の二著書が出て候はゞ更ニ明となるべく候。されバ将来も小生が此研究を継続いたし得る時間を全く早稲田より取られざる様希ひ候も理なきにあらさるべく候。勢力と金銭とを費すコト多くして。名も利も益するコトニあらず候へば、右の願望は利己的とハ存せず候。且又、此学問は語学、史学、法制史学、其他極めて多量に、困難に、特殊なる素養を要するコトニ候へば、小生の今日までに得たる所を放擲して全く他の事ニ圧倒せしむるは好ましからず候、（此点ハ小生自身の著述に関す）

もし事々意の如くならば、早稲田が此研究を助成せられんコトこそ望ましく候。されども是れ小生の今願ふ所ニあらず。只希はくは、小生をして少分之を学生ニ頒たしめ、又自身ニ研究を進歩せしめ得るやう最初より諒解を得んコトニ候、

当局の諒解と小生の準備との時間を得ん為ニ今より此書を呈し置候。小生只今九州南部の封建法制史を著述する準備中ニ有之、其次の計画も之あり、今より二年間ハ当地を辞し難く候。其間ニ早稲田の要求ニ応じ得るやう致し候はゝ、小生奉仕の最初のだけハ為し得べく候、

先年来此事ニつき申述候事、如何にも小生自ら重んずるやうニ相見へ、口幅ったくも聞え申すべく、慙愧の至ニ候。微力何事をか為し得べき。されども特別の事情を開陳せんとすれバ、自然ニ多言ニわたり候。且つハ此身を以て青年ニ貢献致したき焦望ハ、執拗とも見ゆべき志望となりて現はれ候。御高恕奉仰上候。返す〳〵御高慮を煩はし恐縮不過之候。謹言

大正十一年八月廿日　朝河

坪内先生

（封筒）「K. ASAKAWA
NEW HAVEN, CONN.」（印字）
「1141 Yale Station」「108」（ペン書）
Dr. Y. Tsubouchi
Yocho Machi Tokyo, Japan.
東京市牛込区　余丁町百十四
坪内雄蔵様

（封筒裏）

（消印）TOKIO JAPAN
15.9.22

(61) 一九二三年（大正十二）四月十五日　封筒有

拝復、二月五日附の貴墨拝見致候へども、御返事延引仕候、承り候へば、健康を損せられ候由、熱海ニて御静養ニより幾分恢復被遊候御事祈上候、今頃ハ御帰京被為候ならんと存候、小生一身のコトニつき重々御心配被下、感謝の至ニ候、此事ハ小生熱心の希望ニ候間、もし仰の如く四五年不可能ニ候はゞ、此上なき落胆なるべく候、御推察被下度候、且つは一生ニ関する進退にも有之、且つは学問ニ関する事業ニ候間、成るべく筋道の相立ち候様ニ行動仕度、即ち早稲田ニての尽力を多年来希ひ候次第ニて二学年の間を置きて予め申上候次第ニ候ひき。如何ニ手続いたし候はゞ素志を貫くに便なるべく候や、御意見御伺申上候。準備の時日の一日ニても多からん為に、速ニ交渉を開き度存候。

学校の内情の小生を容るゝにつき困難なるは如何なるコトニ候や、模索し難く、最も之ニ心を苦しめ候。困難の多きほど尽力仕度存候。もし苦しからずば此点や、拝承仕度存候。兼々申候如く、微少なれども一生の方針に関はり候ゆゑ、幾分此事情を知りたく存候、

もし調査の為に帰朝するコトあらば、学校の内情をも観得べしと仰せられ候は御尤ニ候へども、此等の点、凡て御想像とハ甚しき懸隔あり候と存候。先年、此前の当大学本部の内情を申上候時ニ申候如く、学校の或方面ハ財政非常の困難ニて、小生ハ他の多くの人々と同じく、生活に足るほどの報酬なく、不足は貯金ニて補ひ居候へども、そは殆ど尽き候程ニ候へば、先年の如き特派ニあらされば悠然と帰朝し得る余裕之なく、又一日も遊食し難く候。此点全く御予想と反し候と存候。本部変更いたし学校全体ニ新元気を示し候へども、評議員が故のまゝニ候故、新総長も未だ意見を半分も行ひ得ず、今後数年ハ徐々に地盤を改築し、石垣の穴の出来候を埋め行き、然る後、建設を試むる方針らしく相見え候。是れ小生の地位の六かしき所以ニ候。

小生の廿余年研究致居候西欧封建法制史ハ、学ぶに従ひて分らぬ様ニ感せられ、辛うじて中世の拉丁及仏語等の原料を用ひ、日本等と対比しや、独創の見を生ずるやうに相成、今後の研究及著述につき、興味相進み候折柄、大学当局者より意外にも之が教授を相談せられ候。小生ハ多年材料を集め、研究を試み候へども、是れ全く日本を比較的ニ理会せん目的の為ニて、欧洲史を当方ニて卒業後の研究生ニ教へんとは夢にも思ひしコトなく、右ハ少からず喫驚仕候。実ハ研究生《グラヂユエート、スチユーデンツ》（史科）ハ毎年十二人許あり、殆ど皆米国史を撰び候コト近年の傾向ニ候処、史科当局の考にては、近世史、米国史等を専攻するものニても幾分欧洲中世史の研究法を錬磨するを要すとの意見に皆一致いたし

候。是れ正当の意見と存候。然るニ、当校ニては中世史にはアダムスといふ英欧にも重んぜらるゝ老教授のをられしが、先年六十五才となりて退隠せられ候後、中世史を閑却致居候。よりて此度史科研究部の学科編成を改正するニ当りて、新たに中世史を固むるコトヽ相成、英国中世史にはウードバイン、ミッチェルの二人、小生には仏国封建法制を宛べく、相談せられしものニ候。小生を推薦候は右のアダムス先師ニ候。是れ実ニ欧米人の本領にて、小生如き東洋人の致すべきコトにあらずと申して再三謝絶候へども、教授連、皆切ニ勧め候ニ付、遂ニ承諾仕候。日本人学問の評判の為にも、何卒御同情を賜はり度存候。原料ニて教授するコト、研究法をも鍛錬するコトハ、小生の最も好む所ニ候へども、困難ハ一方ならず、小生などの力の及ぶ所ニあらず、是亦御同憐被下度候、

されども、之を教ふるためニ小生の学殖が従来多年の研究ニも倍して進むべきを預期仕候。

とにかく英と欧との第一位の大学と競ひて進むべき米国の大学にて小生が、かゝる銘を打つて出で候事ハ、大胆此上なく、恐懼の至ニ候。

欧洲（英、独、仏、伊等）法制史の根本的材料ハ精撰して取り集め居り、人の羨む程のものが出来つゝあり候。此図書蒐集と、右の新しき教授九月以後と、共ニ小生が早稲田の為に尽力いたしたき熱心を加ふる媒ニ候。加之、それを常に当面の目的として致し居る所ニ候。

士行様如何被為在候哉。御奥様にもよろしく願上候。山田兄にも呉々可然奉願上候、謹言

十二年四月十五日　午後九時　朝河

坪内先生

（封筒）「K. ASAKAWA
NEW HAVEN, CONN.」（印字）
Dr. Y. Tsubouchi
Yocho Machi Ushigome Tokyo, Japan
東京市牛込区余丁町百十四
坪内雄蔵様
（消印）NEW HAVEN CONN. YALE STA.
APR16　□ AM 1923

(62) 一九二三年（大正十二）九月十六日　TSY0032032　封筒有

拝啓、震災にて皆様御障り不被為在候哉、大久保の辺ハ破損も火災も少かりし様に察し候へども、猶心元なく存候、熱海の別荘ハ如何に候哉、御親族及御知人間に定めて幾分の障害あり候ならん、私も多数の知人の様子、更に知り難く、痛心の至ニ候、此度の日本の災難ハ深き同情を当国ニて刺戟致候、かゝる場合ニハ常ニ見がたき米国人の特点が自然ニ発露致候、速ニ救恤の募金ニ着手し、紐育市ニては暑中富豪が多く不在なりしにも係

はらず、三時間にして一百万弗の寄附あり、二三日ニて二百万ニ達し、次ニ三百万を超え、今ハ四百万に手を伸べ居候。之をウィルソン氏紀念の為の募金僅に一百万弗を全米国ニて一年余熱心に募集しながら辛うじて之を得たりしに比して、人情の如何を見候。知人間の異変も知りかたく、又知るを得ず候。学校ハ破壊との報あり候へども、誤報と存居、如何ニ候哉、先ハ御見舞申上候、謹言

九月十六日　　　　　　　　　　　　朝河貫一

坪内先生

（封筒）「K. ASAKAWA

NEW HAVEN, CONN.」（印字）

Dr. Y. Tsubouchi

Ushigome Tokyo Japan

東京市牛込区余丁町百十四

坪内雄蔵殿

（消印）HANOVER N.H

SEP 16 8PM 1923

（封筒裏）「十四年」（墨書）

（63）一九二四年（大正十三）**七月十日　TSY0032042　封筒有**

大正十三、七、十

坪内先生　　　　朝河

汽船の上にて認め候、動揺の為乱筆御免被下度候、

拝啓、暑中如何被為在候哉伺上候、小生無事壮健ニて此夏ハ北伊南仏ニ見学の為旅行を試み、只今海上ニ在り、今月十四日頃ヂェノアに到着の予定ニ候、久しく御無沙汰申上、レヴィユーも封ずる暇を得ず、久しく御送り不申上、やう〳〵過日出航前、九月以来の分を一度ニ封じて差送申候、右全く寸閑を得ざりしに由るコトニ候間、御寛恕被下度候。レヴィユーは、イーヴニング、ポストの持主が変りて後、レヴィユー主筆（小生の同僚）及編輯一同辞し去りて、新たニ他のレヴィユーを始め候為、ポストのレヴィユーは益々面白からず候へども、前金の継続せる為、未だに小生の手許ニ参り居り候ひし間、そのまゝニ差上候。此前金切れ候はゞ何かほかのレヴィユーに替へんかと考居候、何れ九月末米国に帰りて後決定可仕候。さて去る一学年ハ小生が史科の勧誘によりて開始したる仏国封建法制の講座の為ニ毎日夜半まで厳しく勉強致し、最も骨の折れたる学年を過ごし候。別ニ面白くも感ぜらるまじく存候へども、左に此学科の教授法を申上候間、御笑覧被下度候。羅馬帝国時代の西欧の法制及び日耳曼氏族の法制より始めて、時代と題目とを追ひて（第九世紀頃よりハ仏国ニ限り）略々第十三世紀末頃までの封建法制（起原及変遷）を原料に就きて学生と共に研究《セミナル》を試み候。其の方法ハ、毎週小生ハ多くの書物の中より適当と認むる原料の中より、

撰択せる数箇の文書を指定して、学生に読ましめ候。此撰択に莫大の時間を要し候。是れ原料が多数の書籍に散在し、其中には随分浩瀚のものがあるのみならず、語学の困難一方ならず（中世の拉丁及び中世の仏語）、加之（日本の古文書と同じく）読み得て後も研究の実用に一段の骨折を要し候故に候。かゝる種類の材料の中より毎週引続きて適当のものを、適当の分量で精撰するコトハ決して易からす候。毎週学生が之を読むニ費す時間ハ一日と半日に候、先づハ史科の中、最も難き学科なるべく候。小生ハ右の撰べる材料を精読するハ勿論、他の材料も可成多く調査し、其上ニ毎週独、仏、拉丁の書類数百頁を読みて、ノーツを作り、全一日程ハ如何に教場ニて討議すべきかを考へ、然る後教場ニ臨み、二時間を通して且つハ問答し、且つハ補講を試み候。学生の中二人ハカレヂニて史の初歩を教ふる人ニ候。学生皆忠実ニ此難題を勉強し呉れ候故、小生も刺戟せられ、互ニ深き興味を以て一学年を経過致候。四五回ハ日本の封建法制を小生より講じて欧のとの類似と対照とを示し、之ニよりて欧のが一段明白と相成候様ニ候。又右の如く特別ニ比較をせざる時といへども、小生の全体の態度も問題も比較の背景を離れす候間、此点につきては小生特得の地位ありと存じ候。此後益々小生自ら日本のを理会可仕、又仏のみならず、独、英、伊の封建をも益々比考可仕候間、もし精力が継続候はゞ異日一廉の講座となり得べきかと存候。僅ニ一年の経過ハ、自分より見候へば欠点のみ多く候へども、之ニより小生の学得したる分量ハ過去廿余年の独力研究の結果ニ急ニ附加したる様ニ感じ候。幸ニ学生も利得大なりしコトを異口同音ニ申し居り、同僚教授諸氏も喜び呉れ候。従来日本のコトのみを教へ候間ハ他の批評し得ざる学問なれバ張り合ひなく感じ居候ひしに、今度より他が評価し得る、而も史学中欧米学者の難しとする方面を開拓するニ至りて、元気を盛り返し候。御一笑被下度候。之に関する欧文の材料を近々と小生の文庫に取り集め、その費用の大なる代りには、之ニよりて時間を節約し、学問の便充を得候事ハ一方ならず候。此度ハ伊太利の書類を稍々精撰仕度存候。九月ニ米国に還る頃ハ破産の状なるべしと予想仕候。さて学問が元気を得来り候につけても、日本の学生のためニ勤むるコトが畢竟小生の本務なるべきを感ぜさるを得ず候、

米国の移民法ニつきいふべきコト甚多く候へども後日ニゆつり候。同船の伊太利人皆日本ニ同情し、米国を悪しさまに評するコト、殊ニ著しく候。その皆自然ニ一様なるより推して、伊太利本国の輿論も察し得べく、又欧洲大半の感情も稍々覗ふを得候。但し之ハ複雑重大の事ニ候間、今論説致難く候。近月ハ如何なるコトを為され候や、健康ニ被為在候や、拝承仕度候。米国宛ニ御音信賜はり度候。謹言

（封筒）「K. ASAKAWA
NEW HAVEN, CONN.」（印字）

Dr. Yuzo Tsubouchi
Yocho Machi Tokyo Japan
東京市牛込区余丁町百十四
坪内雄蔵様
（消印）NAPOLI No.3
GALLA UMBERTO 1
14.7.24.13

（64）一九二四年（大正十三）八月二十五日　TSY0032033　封筒有

付・「封入ルは若きオリヴの葉に候」としてオリーブ一葉、G. G. Clark 英文書簡断簡

大正十三、八、廿五　伊太利レリチにて　朝河貫一

拝復、七月十五日の尊翰米国を経由し伊太利の滞在地ニて受領仕候、先ハ御変りも不被為御様子、欣賀の至ニ候、又同人間にも故障なく、金子君も健康大分回復の由、何よりのコトニ存候、小生一学年間日夜多忙なりし次第ハ船中ニて認め差上候拙書ニて御了承被下候事と奉存候、七月十五日当国に着きて後も研究と著作ニて寸暇なかりし有様ニ候へども、近々（九月九日ヂェノア出航）帰米可仕候、米国の排日法ニつきて小生のコトまで御配慮被下、拝謝仕候、実ハ此事ハ議会の所為ニて一般国民ハ却って議会を攻撃し、我々日本人に対してハ好意を増し候程ニて、個人としてハ何等不快も迷惑も之なく候、但し排日法が如何ニ深く日本を憤らしめ候やハ米人一般ニ知れ渡らず、又その将来の国交に関する影響の重大なるコトも充分ニ感ずる人少く候。此事件の一傍生物としておもしろきハ伊太利人が日本に対する同情の急に増したるコトニ候。此度の法律ハ伊太利人移住の数を四万より四千に減じ候。是れ全く米人が伊太利人を理解せず、北欧人種よりハ劣等なり、米国の為に望ましからざる移民なりと一般ニ信じ居るニより候。之に対して伊太利国民が深く感情を害したるは当然の理ニ候。されば同じ米国に全く排斥せられたる日本に対し、伊太利の同情するコトも自然のコトニ存候。此傾向の生じ候と同時ニ、日本の地理的文化的地位ニつきて伊太利国民のおのづから共鳴する所あるを想ひ起し、更ニ同情を深くしたるものゝ如くニ候。小生ハ両国民の理会の此後加はり行かんコトを望むの情に堪へず候。又伊太利が東洋全体との通商関係を深くせんコトをも希ひ候。兼々申上候如く、小生ハ伊太利の国土及び民族を愛好いたし候上ニ、小生の学問（比較封建法制）の趣味亦加はり候故ニ、個人として此国に深き好意を有し候次第ニ御座候。九年以前に中部及び南部伊太利を巡回いたし候ひしが、此度ハ最も小生の学問に関係の多き北部伊太利ニ参り、旅行と見学とニよりて少からざる補益を得居候。伊太利の政治上、思想上の現状ニつきては此度ハ申上げず候。早稲田に関する小生の宿望ニつきては兼々深く御配慮被下、此

度も懇々の貴意、篤く感謝仕候。固より年来の希望ハ毫も変らず候、前年以来申上候コト共を其まゝに今日繰り返したく候。只財政頗る困難ニ候間、試に帰朝する余裕之なく、成るべくは学校側の要求を具体的ニ承はりて後に進退仕りたく存候。小生の奮発次第ニては学問の充分に伸び得べく、教授の方針にも殆ど絶対の自由を有する現在の地位ニ御座候間、漫然之を棄てゝ帰朝し、更ニ素養なき学科を担任せしめられ、又ハ意義少き多量の仕事を負はせられて、小生の過去を葬り候はんコトハ躊躇仕候。御洞察被下度候。実ハ、前便申上候如き過ぐる一学年間の研究指導ニより、欧洲法制ニつき造詣頓ニ加はり始め候為に、之との比較上、日本の古法制につきて、前人未発の見解も加はり、飜りて東洋との比較上欧洲法制ニつきても新らしき見地を稍々拓き始め候所ニ候。而して小生の学問的貢献ハ固より日本法制史の方面ニ候間、日本に帰りて更ニ研究を継続せんコトハ最も望ましく候へども、此研究と貢献とを行ひ得ざる地位に陥らんコトハ遺憾なるべく存候。此点ハ偏ニ学校側の理会と学問的誠意とに訴へたく存ずる所ニ候。

右の事情御酌量被遊候て、可然御斡旋被下度、学校の要求に随ひて判然御返答可申上候、先つ御返事申上候、益々御摂養奉祈上候、謹言、

坪内先生

尚々只今の地位ニては、微少ながらも（日欧の比較上）他の誰も為し得ざるコトを為し居るものニ候へば、他人の代り得べき事ニ之を替へんには相当の理を要し候。早稲田ニて勤めたき希望も畢竟ハ、他の代り難き貢献を為さん為に候事、前年来の拙書ニて御観取被下度候、

（封筒）「K.ASAKAWA
NEW HAVEN,CONN.」（印字）
Dr. Y. Tsubouchi
114 Yocho Machi Tokyo Japan
東京市牛込区余丁町百十四
坪内雄蔵殿

（65）一九二四年（大正十三）**十二月六日　TSY0032007　封筒有　朝河個人用箋**

（用箋上部印字）YALE UNIVERSITY DEPARTMENT OF HISTORY
K. ASAKAWA　NEW HAVEN, CONN.

坪内先生

拝啓、久々御無沙汰仕居候、如何被為在候哉、定めて熱海にて御越年と奉存候、震災後御別荘を始め彼地回復致し、却つて面目を新たにいたし候コト、察候、次に小生不相替勉強致居候、伊太利にては中世法制ニつきて、稍々比較の知見を拡め候、帰米後壮健ニ相勤居候、今度富豪の校友ハークネス氏の寄附ニよ

り劇の学科を拡張し、ハーヴァードのベーカー氏を招聘するコトと相成候次第、封入の切抜ニて御覧被下度候、当エールは財政究（窮）屈なるにも係はらず此等目的指定の寄附が特別の方面に有之、外観ハ景気よろしく候。同じハークネス氏一家の寄附による学生寄宿舎ハ六百万弗許かゝり候立派の建築ニ候、然るに一方にては医科其他焦眉の研究を継続する費用を欠き候もの少からず候、史科ハ教員多き為（廿五人以上）最も費用の困難に苦しみ居候、先年、年額一万弗を俸給より減削致候創が未だ癒えず候。次に、御訳の沙翁劇は御寄贈被下候分を悉く大学図書館ニ所蔵仕候。其の目録別紙ニ認め候。もし之に漏れたる分の内、余部を一部同館に備付け得べくば仕合の至なるべく候に付、御相談申上候次第ニ候。小生の早稲田ニおける地位ニつきては重々御配慮被下、相済まず候。先度申上候事情御酌量被下度奉願上候。

山田氏ニよろしく願上度候。令室及御一家御壮勝被為在候や。

大正十三年十二月六日　　朝河

（付・メモ一枚、新聞切抜）

（メモ）

ハムレット

ヘンリー四世　一、二

ジュリヤス、シーザー

リヤ王

以尺報尺

オセロー

ロミオとジュリエット

リチャード三世

テムペスト

ヱニスの商人

シムベリン

コリオレーナス

（新聞切抜）

「HARVERED IS TORN BY LOSS OF BAKER」

「$1,000,000 TO YALE FOR DRAMA SCHOOL」

「BEHIND THE SCENES OF THE 47 WORKSHOP

Near view of method and magic of Prof. Baker, whom Yale wins from Harverd」

（THE NEW YORK TIMES MAGAZINE, DECEMBER 7, 1924）

（封筒）「K. ASAKAWA NEW HAVEN, CONN.」（印字）

Dr. Y. Tsubouchi

114 Yocho Machi Tokyo, Japan

東京市牛込区余丁町百十四

坪内雄蔵殿

（消印）NEW HAVEN, CONN.

DEC 8 9AM

(66) 一九二六年（大正十五）八月二十二日　TSY0032004　封筒無

拝啓、

其後御様子如何被為在候哉、御重患以後著しく元気を恢復被遊候由伝承仕候処、昨今御壮健ニ候哉、御奥様も御変不被為在候や、次ニ小生只今夏休みを得てニューハムプシャー州の友人の田舎の邸[53]に参り、一ヶ月間特殊の研究を致居候（フランク時代の教会法制。是ハ例の封建法制との親密の関係ある故ニ候）、九月初ハヱールに帰り、其後一ヶ月ニて学年再び始まり可申候。ヱールにてはベーカー氏の演劇学科既に一ヶ年間の仕事を致し、十月より新築も成り、愈々盛んとなるべく存候、去る一年間につきて同氏が希臘劇其他の学問的教授に傾き、実地の方の教授ハ他の教員に及ばずなどの評あり候へども、それは盲評と存候、概して同氏も学科も、評判よろしく劇界に貢献するコト少からさるべきを一般に嘱望せられ候、次に小生は三年以前易からさる学科を受負はせられ候後、只今大学の名を損せざる程の学科となさんと努力仕居候事情前に申上候如くニ候、去る一学年間に小生の下に学びし学生の内には現に学校にて歴史を教へつゝある人あり、オックスフォード大学にて学びし人もあり、概して史科生（グラデュエート）中、特に素養の多き人有之、小生も頗る張り合ひあり候。中には俊秀の人もあり候、東洋人にて殊に困難なる欧史の一方面を米人に教へんと致すコト、少しおかしき取り合はせニ候へども、どうやら其方に根をはり（ヱール大学の内ニては）人も怪まぬやうに相成候。且又比較の地盤あるコトは、小生の独地歩と存候。著述ハ問題の性質上、研究の分量ニ比して言ふべきコト多からず、加ふるニ学年中ハ過ぐる三年間研究の余暇殆ど之なく、只休暇中に少しく執筆し得るのみニ候。是れ遺憾にたへず候、一方には比較の材料日と共に加はり、深さも加はり候間、著作の量ハ少くとも質において得る所あるべき筈ニ候。実は近年ニ至りて始めて真の学問なるものを味ひ始め候如く感じ居候。

例の如く自分のコトのみ申上候。御近状拝承し得べくは難有仕合たるべく候。益々御摂養偏ニ奉祈上候、謹言

大正十五年八月廿二日　朝河貫一

坪内先生

（封筒）「K. ASAKAWA NEW HAVEN, CONN.」（印字）

Mr. Y. Tsubouchi

114 Yocho Machi Tokyo Japan

東京市牛込区余丁町百十四

坪内雄蔵様

(67) 一九二八年（昭和三）五月十九日　TSY0032056　封筒無

朝河個人用箋

（用箋上部印字）YALE UNIVERSITY DEPARTMENT OF

HISTORY

K. ASAKAWA NEW HAVEN, CONN.

何時も申上げんと存居候へども、とかくに御無沙汰申上候、もはや東都ニ御帰被遊候ならん、此冬ハ御変りもなく被為在候様ニ察候、壮健ニて御帰京なされ候コト、御喜申上候、三月末熱海よりの御はがきと共に昨年最後御講義の写真、遥々御恵贈拝謝の至ニ候、金、中、五、諸友の見へ候のみならず、玉の如き温容を拝見し、満悦ニ存候、沙翁御訳も引続き受領仕候、御奮励大賀の至ニ候へども、過度の御勉強被遊れぬ様奉祈候。小生只今学年の終りニ近づき、博士候補者の口頭試験及学年論文の閲読等、臨時の仕事多く、目も狂ふ程の有様ニ候へども、間もなく正課ハ仕舞ひて急ニ負担が軽減いたすべく、夏の休のみが自分の研究及び著作をなし得る時ニ候。日本の支那ニての活動ハ皆々注目致候へども、日露戦後及欧洲戦中に比ぶれば米人が日本を観る態度、全く別ニ候。此際政府の方針が独創ニて公正ニ候はゞ日本の地位頗る高上すべく思はれ候。米国外務省の一般の態度ハ評判よろしからず、何れ間もなく変る政府ゆゑ攻撃は控目ニ候。(全体に米国の新聞ハ政府を痛く批評せさる様ニ候)。米人は寛大なる一面と偏狭排他の一面とを具し、戦後後者の方が外よりハ目ニつき候へども、内ニては左様の人ハ極めて少く、之ニ対する不平、批評多く候。如何せんワシントンの議会の性質上、比類の人物が入り込み居りて米国を世界の我儘者と致居候。此方よりハ例の学問上の戦争状態ニ在るコトの外、格別申上るコトもなく候間、右のみ申上候。折角御摂養奉祈候。御奥様始め御一門の清福を希ひ候、

昭和三年五月十九日　朝河

坪内先生

B．一九二九年（**昭和四**）**一月十三日　演博5918-3　封筒有　朝河個人用箋**

(用箋上部印字) YALE UNIVERSITY DEPARTMENT OF HISTORY

K. Asakawa　NEW HAVEN, CONN.

沙翁研究[54]栞拝受、先度御問により申上候ことハ間ニ合はざりしコト、存じ候。又ベーコン論の処に一七八頁にブースの論文を挙げられ候処、此人ハ小生の親友にて(英人なれども米に住し先年死去)随分深く初版等を研究し、数種印行し、就中最大の著ハ大冊ニて此等ハ御引用なき様ニ候。氏ハ普通のベーコン論者には感服せずとて独創に始め、死するまで熱心に研究を続け候。右大冊ハ同君より寄贈を受け候間、御手許に差上ぐるつもりニ候ひしも、いつか引移りの時荷造りして、何処かに仕まひ込み、頓と見当らず、遺憾ニ存候。氏ハ沙翁たりベーコンたるやには関らず、只真事実を知らんとすとの態度なりしゆゑ、御賛成ハなかるべきも誠実の点ハ固ヨリ見へ候。もし見当り候はゝ可差

上候。独立、真摯の紳士ニて、その早く逝きしを小生ハ個人としても未だに惜しみ居候。取急ぎ御消息御伺までニ候。新年ハ著書の印刷に忙殺され、諸方ニ賀紙不申上候、不悪奉願上候、
謹言
朝河
昭和四年一月十三日
坪内先生
（封筒）Mr. Y. Tsubouchi
Ushigome Tokyo Japan
東京市牛込区余丁町百十四
坪内雄蔵様
（消印）NEW HAVEN – CONN.
JAN 13 630PM 1929
（朱書入・異筆）Booth の事

C. 一九二九年（昭和四）七月二十日　演博 5918-1　THE GRADUATES CLUB 用箋

（用箋上部印字）THE GRADUATES CLUB　NEW HAVEN
CONNECTICUT

拝啓、何時もの通り久く御無沙汰致候、此頃ハ如何被為在候哉、暑気ニも係はらず御元気の程祈上候、当地ハ僅か数日烈暑と申すべき時あり候のみニて概して涼く空気も澄み例年よりハ凌ぎよく候、只雨少く近隣の農作ハ平年以下にして候、御地も好き気候なれかしと祈候、三月ニ賜はり候御手紙ニ、当方より呈上候ブース君著書のコトニ御鄭重の御詞ニ候処、かの書ハ私の申し候大著ニあらず、その補加ニ過ぎず候、此大著も亦同君より態々賜られ候とて、先年現に用ひざる書類を他物と共に幾個の箱に入れて積荷会社の庫中ニ托し候時ニその中に仕舞込み候と見へて、見当り不申、差上かたく遺憾ニ候。同君ハ独立の気象の勝ちたる英国人ニて、当国に住居し、深く沙翁の初版を研究し独創の考を多く得られ自ら莫大の費用を投じてかの大著を印行せられたるものニ候。従来のベーコン説よりハ根拠堅きのみならず、根底より独立の研究なりと自信せられ候。その目的ハ沙翁の名誉を害せんとするにあらず、ベーコンを崇拝する為にもあらず、只々わが認めたる真実を述べて、真理の勝利を希ふニ過ぎずとの態度ニ候ひき。何故にや小生ニ頗る友情を寄せられ、多年親交仕り、小生もその剛健の気を大に愛賞致居候ひしに、好人物先年死去せられ候。氏の学説ハ固より反対多く候ひしも、その真摯の研究に引きくらべては公然の批評のあまりに多く見へざりしは畢竟かの大著の部数少く、且つ高価ニて、広く世ニ知られざりしコトも一因なるべしと存候。初版よりの証例を原形の如くに多数複写して挿入致し、且つ所謂隠れたるアクロスチック、レッタースを赤色にて印刷せしめ候間、高価の出版と相成候、
芋焼く春夕の御写真恵贈被下、既に御礼を申上候や否や失念候

へども、常に御なつかしく拝見致候。新築の御書庫ハ、その内容のみならず建物其他の外面も必ず無類の珍に候ならん。いつやら市島氏の記事が学報に在り候(55)。拝見致さざるを憾み候。写真ニは奥様も見へられ、一入に難有存候、小生も数年来欧州諸国（英、独、仏、伊、西）の中世に関する書類を蒐集致し、単ニ学者の編著のみならず、原料をも根本的のを追々入手し、僅少の俸給の中より生活費を除きて殆皆此方に費し、貯蓄を顧みる遑なく、書類購求ニ努力致候。蔵書中には他に得がたきものもあり、学者の署名あるものもあり、大学図書館にも無きもあり候。今後も次第ニ増加すべく候。之ニつきては小生も亦書庫の必要を生じ候ても当国にては万事高価にて特別の建物ハ小々のものすら思ひもかけられず。僅かに居室と事務室との二ヶ処に入れ置候。然るに居室は書類益々跋扈して、主人の膝を入るべき面積は愈々縮まり、もはや堪へがたき程度に達し候。此夏中何か工夫して居室の出店のやうのものを借り受くるか、又ハ更ニ大なる処に居を全く転ずるか、致さねばならずと存じ候。先年著作致し薩州入来《イリキ》文書の訳注ハ先月やう〳〵出候。此事既ニ中(上)候候や、記憶不致候へども、当大学と英のオック(ス脱)フォード大学との出版部ニて印行し、是亦ブース君の大著の如く部数少く印刷費多く定価高く候。先度早稲田大学の図書館に一部呈上仕候間、御ついでの時、外面を御一瞥被下度候。日本の図書館へは此外に何れにも小生より寄贈せず、寄贈する資力なく候。頗る専門に傾き、何等御用ニ立たず、只徒らに書棚を塞ぐべきのみと存じ、御手許には呈上を差控候。之とは別にオックスフォードの教授の主管せる経済史雑誌と、ハーヴァード大学出版の同種雑誌とに二の論文を去る一月と二月とに発表仕候、是亦日と欧との領地を経済史と法制史との立場より比較したるものニ候。是ハ既に欧の学者より多少の評判ニ預かり候、独創の貢献といはれ候。前記の入来文書の一冊も亦日本武家法制の変遷を欧と比較し得べき様に致したるものニ候へば、最初の企と存候、八月中ハ此の方ニューハムプシャアの学友の農家に参り田舎生活を致し静かに研究を続けつゝ、健康を増すべく存候。只何処に行きても自動車の騒がしさは遁れ得ず、之のみ当惑ニ候。九月には早速当地ニ帰るつもりニ候。此夏ハ二人の日本学生肺病にて病院に入り、その一人、猶入院中ニて、他の一人ハ七月初旬病没仕候。之が処分及び整用ニつき、色々の手数有之心配もあり、やゝ心を痛め候間、転地ハ一入補益あるべく存じ候。先ハ御様子を伺ひ、兼ねて当方の近況申上候。切抜一二封入仕候。御揃御多祥返す〳〵奉祈上候、謹言

昭和四、七、廿日　　朝河

坪内先生

（封筒）Mr. Y. Tsubouchi

114 Yochō Machi Tokyo Japan

東京市牛込区余丁町百十四

坪内雄蔵殿

（消印）NEW HAVEN－CONN　JUL21 8PM 1929

（朱書入・異筆）「Booth の書の件」

D．一九三一年（昭和六）九月二十日　演博5918–2　封筒有

朝河個人用箋

（用箋上部印字）YALE UNIVERSITY NEW HAVEN, CONN.

K. Asakawa　Department of History

坪内先生

拝復、六月廿九日の絵葉書御音信先程拝受仕候、多分有時取紛れ御返事も不申上候しかと存じ候、御恕し被下度候。絵葉書ハ熱海附近の近世化をも示し候へども風景の美ハ何時拝見しても眼がさめ候、日本固有の自然美著しくあらはれ候様ニ候。其後御変り不被為候や。此夏ハ当国何処も七、八、九月に特別に暑き日多くあつて、町ニ居る人ハ随分困り候、且つ不景気ニて避暑や旅行に出る人ハ例年ニ比して頗る少く候。昨今やゝ凌ぎよく相成候。学校も近日始まることニ候。私ハ八月一杯ハ此方の学友のファームに参り居候へども、毎日九時間以上学問致し候。此夏ハ当国と欧洲とに文債多く、之を弁済する義務の為に、常よりも奮発致候。就中一つは鎌倉時代の武士（就中御家人）の知行に関する原則を欧（殊に独と仏と）の相応原則と対比する一端に候。短文ニ候へども、日本ニての原則ハ従来の学者の眼を逸し来り候故、全然、実文書の中より堀（掘）り出し来るの外に術なく、頗る六つかしき仕事と思はれ候。もし比較より来る自分の疑問ならば、日本の古文書を読みても此等原則を気付かず候。その上に、果して原則と思はるゝものが久しく当時の武家生活及び司法の根本事なりしやを証するを要し、之がためには広く日本諸地方の文書を観るのみならず、室町となりて変り行きしことの意味をも同様に文書ニて比考せざれバ鎌倉ニての意味も明かならず思はれ候。此小論文ハ全く緒口のみニ候へとも之が準備の間に重要の啓発を得候こと尠からず、欧洲のと比すれバ社会発達の汎き見地より観て頗る値あるを信じ候。後日更に多く発見可仕存じ候。

今一つの論著ハ、之よりは数倍の長さニて、之ハ純に欧洲法制のみニ関し候。フランク時代の奇なる王権の本体を、その立法権の方面より考へて従来の欧洲学者の諸説と私見とを対比するものニ候。全く当時（第六世紀より第十世紀末まで）の立法原材料を根拠とし、自分の結論を述べ候。諸学者の説に或ハ合し、或は反し、往々私だけの結論も立て候。既に過半脱稿致候へども他事ニ忙しく、且つ今後久しくあらゆる諸点を厳しく自ら批判するを要し候へば、成稿までには少からざる時間を経過すべく候。右小生の活動ハ格別御感興被為在まじく存じ候へども、何を致し居るかを御目ニかけ候のみニ候。此他にも著述致し、又近々起稿すべきものあり候へども此度ハ不申上候。是亦一部

分ハ欧洲ニて出版するものニ候、
学校の近況御報知賜はり奉謝候。学校も、もはや五十年紀に近づき候由、歳月の流過の速きに驚くのみならず、又最初より今日まで培養の労を与へられたるの久しきに感動仕候。高田氏、市島氏等につきても同様感嘆の外なく候。数千万の青年を迎へられて之を世界に送り出され候功績ハ想像するだに大快事ニ候。高田氏辞職ハ、五十年紀に達せざりしは遺憾ニ候へども、右の大功を考へられ候て、自ら満足せらるゝに余りあり候コトゝ存じ候。この間の学校の保持と成長と考へて、之に根本的に常に関係し貢献せられたる同氏の長き過去を想ひ候はゞ、誰人もその功業の大なるに感ぜざるものあるまじく候。学校に何の困難や不快があり候とも、そは右の大事業の根幹とは別の物ニ候へば、それ等の瞬間的故障を超えて自ら慰むる所あられんことを蔭ながら祈居候。学校経営ハ、財政上、設備上、益々奮発を要するに至るべきハ明かニ候。維持と進歩とのためにハ有効の組織を立つることが急要なるべし、それも時代の変るに伴ひて常ニ多少改造し得る余地ある組織ならんことは勿論なるべし、此組織の問題が一方ならざる難事なるべしと当地ニて考へ候。而して組織と経営とにつきての根本事ハ、全体上何処ニも寸毫の私心を蔵せざらんニありと信じ候。かゝる広大の公共的組織ハ、もし一塵の私心が何処かに横はりて在らば、必ず無理の事が出来し、必ず後日の禍源となるべく候。次に学生赤化其他の学生側の困難ハ、勿論刻々形が変り行くべく、之に対するものハ組織、経営ニあらず、一に当路者の眼識と徳望との二にありと存じ候。日本民族の特色を体して、且つ世の変動の意義を正しく見つゝ進む知的大量の在る人と、多数の青年の尊重し信頼し得る有徳の人とが、同身もしくは異身同体に幹部ニ在るニあらざれバ、今後の学校ハ大洋の小舟なるべく候。天が母校を恵みて、此の必要人材の絶ゆるコトなからしめられんコトを希ひ候。謹言

昭和六年九月廿日　　朝河貫一

（封筒）Mr. Y. Tsubouchi
114, Yocho Machi Tokyo, Japan
東京市牛込区余丁町百十四
坪内雄蔵殿
（消印）NEW HAVEN, CONN.
SEP21 1130PM
（封筒裏）「昭和六年
朝河貫一」（鉛筆書・異筆）

(68)［**欠年月日**］**TSY0032058　封筒のみ**[56]
（封筒表印字）From The World NEW YORK, N.Y.
（宛名）Dr. Y. Tsubouchi
124《（ママ）》 Yocho Machi Tokyo Japan

東京市牛込区余丁町
坪内雄蔵殿
（差出）From K. Asakawa
Yale University
New Haven, Conn.

注

（1）注記作成にあたり、『朝河貫一書簡集』（早稲田大学出版部、一九九〇年。以下、『書簡集』とする）、『国史大辞典』（吉川弘文館、一九七九―九七年）、『日本人名大辞典』（講談社、二〇〇一年）、『坪内逍遙事典』（平凡社、一九八六年）、『日本キリスト教歴史人名事典』（教文館、二〇二〇年）、『早稲田大学百年史』（同大学、一九七八―九七年）、藤原秀之「坪内逍遙と朝河貫一―書簡を通じて見た学問上の交流―」（『日本史攷究』四四、二〇二〇年）、増井由紀美「朝河貫一の日記に表われた国際化時代の日本―一九一七―一九一九年―」（『敬愛大学国際研究』一七、二〇〇六年）、小川原正道「同志社とイエール大学―一九〇一年前後の留学をめぐって―」（『同志社談叢』四二、二〇二二年）などを参照した。また本書収載の拙稿をあわせて参照されたい。

（2）発信年は横井時雄帰国の記事から推定。

（3）Wendell, Barrett, (1855-1921) "*William Shakspere, a study in Elizabethan literature*", New York, C. Scribner's Sons, 1894. か。朝河は坪内逍遙には送らなかったようだが、早稲田大学演劇博物館に同書の一九〇七年版が所蔵されている。

（4）金子馬治（筑水、一八七〇―一九三七）。哲学者、文芸評論家。東京専門学校英語普通科、文学科卒業。朝河が東京専門学校時代、同級生らとともに一八九四年に立ち上げた「哲学会」会員。

（5）島村滝太郎（抱月、一八七一―一九一八）。文芸評論家、劇作家。東京専門学校講師、のち早稲田大学教授。哲学会会員。

（6）綱島栄一郎（梁川、一八七三―一九〇七）。宗教思想家。一八九二年、東京専門学校に入学、逍遙宅に寄寓し『早稲田文学』編集を手伝う。哲学会会員。

（7）中島半次郎（一八七二―一九二六）。教育学者。東京専門学校卒業後、同校教授となり教育学を講じる。哲学会会員。

（8）中桐確太郎（確堂、一八七二―一九四四）。教育学者、哲学者。一九〇三年、早稲田大学講師、のち教授。哲学会会員。

（9）横井時雄（一八五七―一九二七）。熊本洋学校一回生として「熊本バンド」結成に参加、のち同志社に入学。卒業後、今治教会に赴任するも、のちに辞して同志社教授となり、一八九七年、同志社社長となる。この間、一八九四年にイェール神学校（Yale Divinity School）に留学、一八九六年に帰国している。

（10）水口鹿太郎（薇陽、一八七三―一九四〇）。俳優。一八九一年、逍遙の朗読研究会に参加、その指導を受ける。一九〇四年、早稲田大学推薦校友、一九〇六年には島村抱月が中心となって創設された文芸協会の幹部技芸員となる。

（11）後藤寅之助（宙外、一八六六―一九三八）。小説家、評論家。東京専門学校卒業後、『早稲田文学』記者となり、小説家としても認められる。哲学会会員。

（12）渋谷劉。一八九五年の東京専門学校文学科得業生として朝河とともにその名を見ることができるが、本書簡から五ヵ月後の一八九九年八月の中桐確太郎宛書簡でその死について触れられている（『書簡集』二五）。

（13）大西祝（操山、一八六四―一九〇〇）。哲学者。一八九一年から東京専門学校講師として、哲学・論理学・美学などを講じ、朝河をはじめ、島村抱月・綱島梁川・金子筑水ら多くの学生に影響を与えた。

（14）発信年は書簡18の内容（村上勤に原稿を託す）から推定。

（15）村田勤（一八六六―一九二一）。同志社出身、キリスト教社会運動家。日本女子大学教授。一九〇一年からイェール大学に留学。

（16）『大日本古文書』第四巻、『大日本史料』第六編三巻、いずれも一九〇三年三月刊行。

（17）発信年は書簡18の内容（村上勤に原稿を託す）から推定。

（18）西園寺公望（一八四九―一九四〇）。一九〇六年一月、桂太郎内閣の後を受け組閣（第一次西園寺公望内閣）、日露戦争後の懸案を処理、一九〇八年七月退陣。

（19）村井勇太郎。東京専門学校文学科一九〇〇年得業。『逍遙書簡集』35、『早稲田大学校友会会員名簿　大正四年十一月調』参照。35の書簡について『逍遙書簡集』では一九一七―一九年と推定するが、村井勇太郎を紹介する内容は本書簡に直接関連するものであり、右に挙げた校友会名簿により村井が一九一五年にはすでに死去していることがわかるので、ここでは一九〇六年と考えた。

（20）添付の新聞記事によれば、The Bancroft Hotel は朝河が新婚旅行で利用したホテル。

（21）高田早苗（半峰、一八六〇―一九三八）。政治家、教育家。東京大学在学中に小野梓を識り、そこからさらに大隈重信の知遇を得る。卒業後は東京専門学校創設に尽力する一方、『読売新聞』主筆、衆議院議員となり、第二次大隈内閣では文部大臣を務める。早稲田大学学長（一九〇七―一五年）・総長（一九二三―三一年）。

（22）市島謙吉（春城、一八六〇―一九四四）。新潟の豪農市島家の分家である角市市島家に生まれ、東京大学に進学、高田早苗らとともに小野梓のもとに集い、大隈重信の知遇を得る。大学を中退し、立憲改進党に参加、ジャーナリストとして地元新潟で活動、のち高田早苗の後を受け、『読売新聞』主筆となる。衆議院議員となるも病を得て政界を引退し、一九〇二年、東京専門学校が早稲田大学となるにあたり新たに建てられた図書館の館長となり、一七年に職を辞すまで今日に続く図書館の基礎を築き、さらに高田とともに大学経営に尽力した。

（23）坪内大造（一八八一―一九二四）。逍遙の長兄信益の子。早稲田大学図書館に勤務。

（24）一九〇七年十月、大隈重信像（小倉惣次郎作）が早稲田大学に設置されたことを記念して開催された「大隈伯爵銅像祝賀会」に合わせて開かれた「米国東部校友会（第三回）」。『早稲田学報』一五七号（一九〇八年）参照。

（25）黒板勝美（虚心、一八七四―一九四六）。日本史学者。帝国大学卒業後、一九〇五年同大学助教授兼史料編纂官、一九一九年に教授。『大日本古文書』編纂に従事、『新訂増補国史大系』校訂出版を行う。

（26）姉崎正治（嘲風、一八七三―一九四九）。日本宗教学の祖と

もいわれる宗教学者。帝国大学卒業後、一九〇〇年に同大学助教授、〇四年に教授となり、翌年宗教学講座を開設。この間、英独などに留学、一九〇七―〇八年には世界周遊し、米国の朝河のもとも訪れる。

(27)　一九〇二年に東京専門学校から改称した早稲田大学は、高等予科新設、図書館建設といった新規事業を展開。さらに一九〇七年には学監高田早苗、基金部長兼図書館長市島謙吉、会計監督田原栄を中心に、理工科・医科開設を主目標とする「第二期計画」を立案、翌年二月に趣意書を発表している。この後、総額一五〇万円を目標とする基金募集が展開されることとなる。拙稿「早稲田大学第二期計画と島村抱月「名古屋紀行」」(『日本史攷究』四一、二〇一七年)参照。

(28)　坪内士行(一八八七―一九八六)。逍遙の甥として生まれ、その養子となった(のち離籍)。早稲田大学文学部英文科を卒業後、一九〇九年から七年間、欧米に留学。ハーヴァード大学などで学ぶが、アメリカでは朝河の世話になっていることが、朝河と逍遙の間で交わされた書簡にあらわれている。帰国した士行は一九一六年から逍遙にかわって早稲田大学で近代英文学を教え、のちに文学部教授となった。前掲注(1)藤原論文、『早稲田大学百年史』別巻一(早稲田大学出版部、一九九〇年)、坪内士行『坪内逍遙研究』(早稲田大学出版部、一九五三年)、山本二郎「坪内士行」(『日本近代文学大事典』講談社、ジャパンナレッジ版による)参照。

(29)　菊池大麓(一八五五―一九一七)。数学者。洋学者箕作秋坪の次男で父の実家の菊池家を継ぐ。幕末から明治初めにかけて二度にわたりイギリスに留学し、帰国後、東京大学教授となる。一八九八年に帝国大学総長、一九〇二年に男爵となる。

(30)　中島力造(一八五八―一九一八)。倫理学者。同志社に進学、一八八〇年渡米し、八七年にイェール大学から神学士号を受け、九〇年に帰国、九二年帝国大学教授となる。

(31)　原田助(一八六三―一九四〇)。牧師、教育者。熊本洋学校から同志社に学び牧師となり、一八八九年にイェール大学に留学(九一年帰国)。

(32)　紀淑雄(一八七二―一九三六)。美術研究家。東京専門学校を卒業、一八九六年に同校講師、一九一一年教授となる。哲学会会員。

(33)　五十嵐力(一八七四―一九四七)。国文学者。郷里山形の米沢中学から一八九二年東京専門学校に入学、卒業後『早稲田文学』の記者となる。一九〇一年、東京専門学校講師となり、のち教授。哲学会会員。

(34)　島村抱月が中心となって一九〇六年に設立された「文芸協会」は、演劇だけでなく文学・美術など広範囲な活動を目指したが、演劇活動のほかは目立った活動がみられずにいた。その状況を受け、一九〇九年に事実上の主宰者となった逍遙は演劇研究所を設立し、演劇活動に集約した形での再出発をはかることとし、一九一一年二月の組織変更にともない会長となった。

(35)　妻ミリアム死去(二月四日)の追悼御礼。

(36)　中村万吉(一八八三―一九三八)。一九一四年から早稲田大学講師となり、イェール大学に留学、帰国後の一九一八年十月、教授となった。

(37)　毛利宮彦(一八八七―一九五七)。一九一二年に早稲田大学英文科を卒業し、母方の姻戚である逍遙の紹介で同大学図書館に勤務。毛利は一九一五年に渡米し、朝河の綿密な手配で各地図書館調査などを行っている。毛利は朝河の死後、追悼文「故浅川《ママ》貫一先生と私」を『図書館雑誌』(四二巻四号、一九四八年)に寄せている。中西裕「図書館学者毛利宮彦の洋行」(『学苑・文化創造学科紀要』七九二、二〇〇六年)参照。

(38) 大隈重信主宰『新日本』。冨山房、一九一一年四月創刊(一九一八年十二月、八四号)。逍遙は顧問として参加。

(39) 冨山房、一八九五年一月創刊(一九二八年二月、三四巻二号)。

(40) 浮田和民(一八五九―一九四六)。政治学者。一八九二―九四年イェール大学に留学。長く東京専門学校、早稲田大学で教壇に立ち、一九四一年、早稲田大学名誉教授。一九〇九―一七年『太陽』主幹。

(41) 天野為之(一八六〇―一九三八)。経済学者。東京大学在学中に高田早苗・市島春城らとともに小野梓のもとに集い、卒業後は東京専門学校で教壇に立ち、第一回衆議院議員選挙で当選するも第二回選挙では落選。その後は一九一五年に第二次大隈重信内閣の文部大臣となった高田早苗にかわり早稲田大学学長となり一七年にその職を辞すまで、大学の発展に尽力した。

(42) 『絵入文庫』。同文庫刊行会、一九一五―一七年、全二四巻。理事山田清作、編輯監督坪内雄蔵(逍遙)、事業監督市島謙吉(春城)。巻頭には坪内逍遙の識語があり、逍遙が深くかかわっていたことがわかる。

(43) 久米邦武(一八三九―一九三一)。佐賀藩士の子として生まれ、藩校弘道館で大隈重信と出会う。維新後は新政府に出仕、一八七一年、岩倉具視使節団の一員として米欧を歴訪、のち『特命全権大使　米欧回覧実記』としてまとめる。帝国大学で歴史学を講じるが、筆禍事件で官を辞し、一八九九年に大隈重信との縁で東京専門学校講師となり、のち教授。

(44) 吉田東伍(洛城、落後生、一八六四―一九一八)。越後国蒲原郡保田村(現新潟県阿賀野市)の地主旗野家に生まれ吉田家の養子となった。姻戚関係にある市島春城の支援を受け、独学で『大日本地名辞書』を編纂、その功により文学博士となる。また喜田貞吉の後任として東京専門学校講師となり、のち早稲田大学教授。『世阿弥十六部集』を紹介するなど、能楽研究でも大きな成果を挙げている。一九一八年、保養のため訪れていた千葉県銚子で死去。藤原秀之「吉田東伍「大日本風土記地名辞典」草稿―『大日本地名辞書』との関係―」(『日本史攷究』四三、二〇一九年)、高橋源一郎編刊『吉田東伍博士追懐録』(一九一九年)。

(45) 当時小田原にあった山県有朋の「古稀庵」、益田孝(鈍翁)の「掃雲台」のこと。

(46) 白井新太郎(一八六二―一九三二)。会津若松出身の実業家、政治家。息子の龍一郎のアメリカ留学の折に朝河が面倒を見たこともあり、帰国した朝河は一時白井の別荘に滞在している。

(47) 津田左右吉『文学に現はれたる我が国民思想の研究』の第一巻『貴族文学の時代』(洛陽堂、一九一六年)。第二巻とあるのは『武士文学の時代』(一九一七年刊)。

(48) 西村真次(酔夢、一八七九―一九四三)。日本古代史、人類学者。東京専門学校卒業、のち早稲田大学教授。坪内逍遙の教えを受け、逍遙監修の『国民の日本史』のなかの「大和時代」「飛鳥寧楽時代」を担当。

(49) 大学は八月二十五日の維持員会で、当分学長はおかず、金子馬治（教務）、安部磯雄（教務）、塩沢昌貞（教務）、坂本三郎（庶務）、中島半次郎（図書館）、田中穂積（会計）の六名を理事に選出している。『早稲田大学百五十年史』第一巻第二部第三章「早稲田騒動とその時代」（早稲田大学、二〇二二年）参照。

(50) 三上参次（一八六五―一九三九）。歴史学者。東京大学文科大学を卒業後、大学院に進学、さらに同大で教壇に立ち、一八九二年助教授、九九年教授。一九〇五年、史料編纂掛事務主任、以後一九年の辞任まで『大日本史料』『大日本古文書』の編纂事業を推進。

(51) 山田清作（一八七五―一九四六）。東京専門学校卒業の翌年から坪内逍遙宅に寄寓。国書刊行会、稀書複製会など市島春城が中心となって進める刊行事業を事務の面で支えた。

(52) 井芹経平（一八六五―一九二六）。一八八八年高等師範学校卒業後、郷里である熊本の済々黌に招かれ、のち校長となった。

(53) ダートマス大学時代の同級生、G・G・クラーク（George G. Clark）の農場か。『朝河書簡集』二一〇・二二六参照。

(54) 『シェークスピヤ研究栞』（早稲田大学出版部、一九二八年）。『沙翁全集』全四〇巻の最終巻。逍遙がシェークスピア研究の「初学者を導く為の枝折」（同書緒言）としてまとめたもの。

(55) 市島春城「熱海に於ける坪内博士の書堂を観るの記」（『早稲田学報』四〇八、一九二九年）。

(56) 書簡のなかに図書・雑誌を別送した旨の記述がみられるので、あるいはそうした図書・雑誌などの送付用の封筒か。封筒表に逍遙の朱書で「星月夜」とあるが、封筒を再利用した際のものか。

執筆者紹介（生年／現職）—執筆順

甚野尚志（じんの　たかし）→別掲

藤原秀之（ふじわら　ひでゆき）→別掲

真辺将之（まなべ　まさゆき）一九七三年／早稲田大学文学学術院教授・早稲田大学歴史館館長

宗像和重（むなかた　かずしげ）一九五三年／早稲田大学名誉教授

河野貴美子（こうの　きみこ）一九六四年／早稲田大学文学学術院教授

朝河貫一略年譜(ゴチックは同時代の出来事)

(甚野尚志作成)

西暦(和暦)	年齢	事　　項
1873(明治 6)	1	12月20日，二本松生まれ（戸籍上は12月22日生まれだが，1918年12月20日の日記で「私の誕生日」と書いている）．二本松藩士の朝河正澄・ウタの長男．
1874(　7)	2	父・正澄，伊達郡立子山村尋常小学校校長に赴任．小学校が仮設された天正寺に移り住む．
1879(　12)	7	4月，立子山尋常小学校入学．
1882(　15)	10	**12月，福島事件．**
1886(　19)	14	川俣高等小学校に転校．蒲生義一から英語を学ぶ．
1888(　21)	16	4月，福島県尋常中学校入学(のちの安積高校．最初は福島市にあったが翌年，郡山市に移転)．
1890(　23)	18	英語教師ハリファックスの教えを受ける．
1892(　25)	20	福島県尋常中学校を首席卒業．英語で答辞．5月から8月まで郡山の金透小学校で嘱託英語教師．上京後，ハリファックス留任願いの建白書を福島県議会に提出．東京専門学校文学科(のちの早稲田大学文学部)に入学．
1893(　26)	21	本郷教会で横井時雄牧師より受洗．キリスト教徒になる．
1894(　27)	22	アメリカのダートマス大学のタッカー学長が横井に，朝河の授業料，寄宿舎費の免除を約束する．**8月，日清戦争の開始．**
1895(　28)	23	**4月，下関条約．** 7月，東京専門学校を首席卒業，12月，横浜から渡米．
1896(　29)	24	1月，ダートマス大学1年に編入．
1899(　32)	27	6月，ダートマス大学卒業．9月，イェール大学大学院歴史学科に入学．
1902(　35)	30	“The Reform of 645: An Introduction to the Study of the Origin of Feudalism in Japan” で博士号授与．9月，ダートマス大学講師(Instructor)となる．
1903(　36)	31	*The Early Institutional Life of Japan: A Study in the Reform of 645 A.D.* 出版．
1904(　37)	32	**2月，日露戦争の開始．** 日露戦争中40ヵ所以上で講演．10月，*The Russo-Japanese Conflict: Its Causes and Issues* 英米で出版．
1905(　38)	33	8月，日露講和会議のオブザーヴァーとしてポーツマスに滞在．**9月，ポーツマス条約，日比谷焼き討ち事件．** 10月，ミリアム・J・キャメロン・ディングウォールと結婚．
1906(　39)	34	2月，イェール大学図書館より日本古典籍収集を依頼され第1回帰国．9月，父・正澄死去．
1907(　40)	35	8月，アメリカに帰る．9月，イェール大学講師(Instructor, History of Japanese Civilization)となる．イェール大学図書館東アジア関係図書部長を兼任．
1909(　42)	37	6月，実業之日本社から『日本の禍機』を出版．二大原則に背く日本外交を批判．
1910(　43)	38	イェール大学助教授(Assistant Professor, History of Japanese Civilization)となる．
1913(大正 2)	41	2月，妻ミリアムが病気で死去．

西暦(和暦)	年齢	事　　項
1915(大正 4)	43	6月から9月，第一次大戦中のヨーロッパへ旅行．女性の友人ダイアナ・ワッツのカプリ島の別荘で1ヵ月過ごす．大隈重信宛の書簡(「対華21ヶ条の要求」批判)．
1917(　6)	45	第2回目の帰国．日本古典籍収集と日本中世史研究のため東京帝国大学史料編纂掛(後の史料編纂所)に留学．
1919(　8)	47	「入来文書」に着目．これを日欧封建制比較の素材として選び，6月，鹿児島県薩摩郡入来村に滞在し原本調査．9月，アメリカに帰る．
1923(　12)	51	イェール大学大学院で西欧中世の封建制の演習と講義を担当するようになる．**9月，関東大震災．**
1929(昭和 4)	57	英文の著作 *The Documents of Iriki*(『入来文書』)をイェール大学出版会とオックスフォード大学出版会より出版．
1930(　5)	58	歴史学准教授(Associate Professor, History)となる．
1931(　6)	59	マルク・ブロックによる『入来文書』の書評．**9月，満州事変勃発．**
1932(　7)	60	2月，大久保利武宛の書簡(満州事変へのアメリカ国民の非難を伝える)．**3月，満州国建国宣言．5月，五・一五事件．**
1933(　8)	61	歴史学研究員(Research Associate, History, 教授待遇)になる．**1月，ヒトラー政権成立．3月，日本の国際連盟脱退．**
1934(　9)	62	セイブルック・カレッジの準フェローとなり，そこに移り住む．
1936(　11)	64	**二・二六事件．**
1937(　12)	65	歴史学教授(Professor, History)になる．**7月，盧溝橋事件．11月，日独伊防共協定．**
1939(　14)	67	**9月，第二次世界大戦の開始．** 10月，村田勤宛の書簡(ヒトラーの自殺予言)．
1940(　15)	68	1月，鳩山一郎宛の書簡(「東亜新秩序」批判)．**9月，日独伊軍事同盟．**
1941(　16)	69	1月，村田勤宛の書簡(日独伊の敗北予言)，10月，金子堅太郎宛の書簡(日本政府の改革の要求)，11月，日米開戦阻止のため，天皇宛の大統領親書草案を作成し，発案者のラングドン・ウォーナーに送る．**12月，真珠湾攻撃，太平洋戦争の開始．** イェール大学総長とFBIが戦中の朝河の自由と生活庇護を約束．
1942(　17)	70	定年で名誉教授(Professor, Emeritus)．セイブルック・カレッジからイェール大学大学院塔(ハークネス・タワー)の9階に移り住む．蔵書約5000冊を図書館に寄贈．
1944(　19)	72	10月，アーヴィング・フィッシャー宛の書簡(天皇制と民主主義の共存の戦後構想提言)．
1945(　20)	73	**8月，ポツダム宣言受諾，太平洋戦争終結．**
1946(　21)	74	ラングドン・ウォーナー宛長文書簡の草稿を書く(「妥協，追従，黙認」の日本人の国民性批判，敗戦後構想，天皇制の役割と民主主義)．
1948(　23)	76	8月11日，バーモント州ウェスト・ワーズボロの避暑地のホテルで死去(74歳)．
1965(　40)		遺稿集『荘園研究(*Land and Society in Medieval Japan*)』が日本学術振興会より刊行．

付表　坪内逍遙宛朝河貫一書簡（早稲田大学演劇博物館所蔵）

（藤原秀之作成）

通番	年　月　日	資料整理番号
1	[1896年]7月下旬	TSY0032020
2	1896年8月5日	TSY0031005
3	[1898年]9月中旬	TSY0032021
4	1899年3月下旬	TSY0032037
5	1899年11月18日	TSY0032011
6	1900年8月5日	TSY0032026
7	1900年9月11日	TSY0031007
8	1900年12月19日	TSY0032027
9	1901年5月4日	TSY0032014
10	1901年6月23日	TSY0032009
11	1901年11月7日	TSY0032028
12	1901年12月17日	TSY0032024
13	1902年3月18日	TSY0031008
14	1902年3月30日	TSY0032030
15	1902年7月3日	TSY0032029
16	1903年4月6日	TSY0032001
17	[1903年]5月20日	TSY0032025
18	1903年5月31日	TSY0031009
19	[1903年]6月15日	TSY0032022
20	1903年7月29日	TSY0032023
21	1903年8月2日	TSY0032040
22	1904年7月23日	TSY0032010
23	1905年10月5日	TSY0032012
24	1906年2月27日	TSY0032046
25	1906年4月12日	TSY0032048
26	1906年4月16日	TSY0032049
27	1906年6月30日	TSY0032047
28	1907年8月21日	TSY0031002
29	1907年9月16日	TSY0032039
30	1908年1月5日	TSY0031004
31	1908年1月26日	TSY0031006
32	1908年4月19日	TSY0031003
33	1908年7月26日	TSY0032038
34	1909年8月23日	TSY0032041
35	1910年1月14日	TSY0032034
36	1910年7月17日	TSY0032015
37	1910年9月25日	TSY0031010
38	1911年3月1日	TSY0032013
39	1911年8月27日	TSY0032057
40	1913年4月27日	TSY0032017
41	1915年8月8日	TSY0031001
42	1915年8月26日	TSY0032016
43	1916年2月17日	TSY0032003
44	1916年6月4日	TSY0032035
45	1917年1月21日	TSY0032044
46	1917年4月8日	TSY0032036
47	1917年6月3日	TSY0032043
A	[1917年]7月24日	演博6213
48	1917年8月27日	TSY0032019
49	1917年8月30日	TSY0032050
50	1917年9月2日	TSY0032018
51	1917年9月13日	TSY0032051
52	1917年9月16日	TSY0032052
53	1918年8月28日	TSY0032054
54	1919年3月4日	TSY0032055
55	1919年9月10日	TSY0032053
56	1919年9月24日	TSY0032045
57	1920年6月20日	TSY0032006
58	1921年1月13日	TSY0032005
59	1921年5月22日	TSY0032002
60	1922年8月20日	TSY0032031
61	1923年4月15日	TSY0032008
62	1923年9月16日	TSY0032032
63	1924年7月10日	TSY0032042
64	1924年8月25日	TSY0032033
65	1924年12月6日	TSY0032007
66	1926年8月22日	TSY0032004
67	1928年5月19日	TSY0032056
B	1929年1月13日	演博5918-3
C	1929年7月20日	演博5918-1
D	1931年9月20日	演博5918-2
68	[発信年月日未詳]	TSY0032058

＊通番は翻刻の番号，そのうち太字は『朝河貫一書簡集』（朝河貫一書簡編集委員会編，早稲田大学出版部，1990年）に収録されているものである．

＊通番A～Dの「資料整理番号」は演博整理番号（整理済）である．

＊全体に網掛けされたものは英文書簡である．

英文書簡翻刻

〈凡　例〉

・ここに掲げたのは，早稲田大学演劇博物館が所蔵する朝河貫一書簡（坪内逍遙宛）のうち英文書簡11通の翻刻である．

・書簡の発信の年代順に排列した．

・各書簡の冒頭に，通番・発信年月日・演劇博物館資料整理番号・封筒の有無を記した．また，簡潔な解題と要約を示した．要約中の［　］は翻刻者が付した注である．

・人名等については初出部分に注記を付した．

・英文書簡の翻刻は甚野尚志が担当した．

(6) 1900年8月5日　TSY0032026　封筒無

〔解題〕大学院入学1年後の夏休みの書簡．外国人からの学費援助について．

〔要約〕私はイェール大学で制度史の研究を行っているが，自分が留学に際して外国人の援助を受けるのは健全ではないと気づき，すべての援助を借金とした．その点で新島襄は，外国人の援助を借金とせず，貸し手に返さないのを当然としたので同志社を没落させた．同志社の卒業生は未だに留学に際し，外国人からの援助に依存している．私は多くの負債を抱えているが，長い年月をかけて返済していくつもりだ．

105 Park St.
New Haven, Ct.
U.S.A.
Aug.5, 1900.

My dear Mr.Tsubouchi,——

The hottest occasion is nearly over, but the wealthy people are still at their summer resorts, and it will be seven weeks before the school begins again. The air in New Haven is damp, and its heat in summer is as disagreeable as its cold in winter. But for a man from Japan there is nothing unbearable in it. I have stayed here for the reason and been working and studying. My health is very good, and perhaps far better than you might expect. I do take good care of myself. I am now used to my situation, and I seem to enjoy everyone here except the Japanese. It

will be some time before I again like them. They are nearly all out of the city for the summer. Mr.Matsumoto[1] is in Europe, and you will see him in Tokio before long.

I may stay in Yale for three years. My study will be mainly in the line of comparative history of institutions. This last word has been much misunderstood, and I do not expect my friends at home to see exactly what I mean. It appears to me the best and solidest part of historical study to get at the origins & development of "institutions", and it would also make the firmest basis for my future work. It had been long before I decided upon the subject of my study, and now I feel more or less that I am at last treading on a solid ground with somewhat unbiased purpose. The future years may bring over me many important changes, but the fundamental idea.

Having come here, and come here for study, I could not extricate myself from this country easily, and a good, noble man has helped me for the sake of my principles. He has not the slightest desire of making me repay him. He even did not let me know that he was paying some of my expenses. The fact that some of our countrymen all doing harm to the country, in spite of their noble ideals, only because they do not reflect. That every cent they spend has its natural price, has deepened my conviction, and I have decided to set a humble example of short visit. As soon as I saw that, considered both from individual and national point of view of morality, money gifts for my study were not <u>in themselves</u> based on a sound principle. I converted all the dollars that have been spent and shall be spent for me, into ordinary debts. It is now immoral for a man to live on gifts, and that, no matter by whom and for a man to live on gifts, and that, no matter by whom and for what purpose given, they should be paid back, not to the public, but to the donor. Some Japanese have not developed this economic ethics yet, and they are continuously bringing trouble into Japan.

Dr.Niishima[2] has given a bad example, which has resulted in the fall of the Doshisha, together with that of some persons, and in the pitiable fact that some graduates of the Doshisha still depend on foreign gifts. The gifts are not immoral because foreign; they are immoral when they could be and should be avoided. How could an independent national civilization be brought at the violation of a natural law?

For these reasons, I am already burdened with heavy debts, and shall be more when I get through with my studies. I shall have spent many years in repaying

them. I made a serious mistake in coming here without thinking of the cost, and I must now much the consequences. It were easy to avoid them, but I met them in the face, as I should. I am, however, very sorry for my parents, who are innocent. I should not have written so much about this matter. Now, I have little space left. I often wonder how your health is. I hear little about the Waseda College——so I have called my Alma Mater and so it is known in Yale catalogue——and about you. I suppose you are busy in education and have little time for literary pursuits. I should be happy to know about you and your surroundings, if you please.

Has Tsunashima[3)] recovered entirely from his illness? I would like to know how he is getting along. Is he studying ethics? He does not write readily. Nor do the other friends. I despair of hearing from them, and I would regret to write to them anything or confess anything. I have made many friends here of all sorts, ages, and social ranks, but I find none so unresponsible as some of my friends at home. I have no hope to hear from them. I shall never write to them anymore. They are awful.

The Chinese question fills all our papers here. Many untrustworthy news come here, but few believe in them. Industry and promptness of some of the best papers are admirable. The position of Japan has been enhanced by her conduct as far in the mind of everyone.

Yours sincerely
K.Asakawa.

(7) 1900年9月11日　TSY0031007　万国郵便連合葉書

〔解題〕大学院入学1年後の夏休みにニューヘヴン周辺の町を旅した報告.

〔要約〕私はニューヘヴンを9月5日に出発し，ハートフォードなどを訪問した後，この地［ブルックリン］に昨日来た．コンコードやフランクリンを経由し，ニューハンプシャ州のハノーヴァーに行くつもりだ.

Brookline, Mass.
Sep.11, 1900.

My dear Sir,——

Our summer vacation is nearing its end, and I am now taking my last chance and having a vacation tour. I left New Haven on Sep.5, & come here yesterday, after visiting Hartford, Conn., Palmer, Morison, Worcester, Marlboro etc, Mass. Shall start for Oakdale tomorrow, & by & by proceed to Hanover N.H., via Con-

cord & Franklin. This is a rapid motion, & every minute is full. Am now only 20 minutes ride off Boston. I meet my college friends every when I go. Shall return to New Haven about Sep.24. Yours K. Asakawa.

（宛名）

Mr.Y.Tsubouchi

Okubo, Tokio, Japan

牛込大久保余丁町

坪内雄蔵様

（消印）

BOSTON SEP 11　11 AM　19 00

武蔵東京

(8) 1900年12月19日　TSY0032027　封筒無

〔解題〕大学院2年目の書簡．大学院の授業内容の説明．

〔要約〕イェール大学院2年目の12月の書簡．大西祝の死の知らせを聞く．大学院の授業は厳しい．教授たちは歴史研究の完全な訓練を行っている．その方法は最も真正なオリジナル史料を批判し，それについて我々の独立的な観念を形成することだ．中世制度史の授業は，原史料はすべてラテン語である．原史料が読み解かれるまでは，二次文献を信頼することはない．歴史学の方法はまさに科学である．私は「専門演習」の授業を取るまでは，実際の歴史研究を理解していなかった．一方，「講義」の授業もあるが，それは教えるだけで学生を訓練しない．「講義」の授業は，他人の化学実験を遠くから観察するようなものである．郵便為替でドルを送るので，別の紙に書いた書籍を購入してほしい．

105 Park St.

New Haven, Ct.

U.S.A.

Mr.Y.Tsubouchi,——

My dear Sir,——

A few days ago I received the sad news of the death of our Mr.Onishi[4)]. Aside from my personal relation with him, our country loses in him a noble student and lofty character. I have no doubt that there are hundreds of men also not only regret his death but would follow the guide of his inspiring memory. Personally I am very sorry to lose a best teacher and friend from whom I had greater hopes of

help for the future.

I am wondering how Mr.Tsunashima is getting along. The death of Mr.Onishi must have had an evil effect on his feeling, as did no doubt that of Mr.Shibuya[5)]. I hope he will keep his mind calm and free from all unnecessary thinking. I have not heard from my friends in Tokio, as I have not written them myself, being very busy this year. Many thanks for your letter and the catalogue of Waseda College. When the new catalogue of Yale comes out, I will send you a copy. I have long thought over your remarks on the state of Japanese morality and also looked over your printed tables. It is your intention, as you allege, to show the dark side only of the matter, and indeed they present a very gloomy part. I would very much like to know your idea on the question taken as a whole,——that is to say, the probable relation of the present-day morals of the Japanese to their future as an important nation.

It seems to me that it is not so much the amount of existing immorality that decides the future of a nation, nor even its relative amount by side of their moral capacity, as the <u>historical</u> significance of their moral condition as an expression of their vital needs and impulses. My study of history seems to convince me more and more strongly that the vitality and career of a nation is far more closely bound with the material and substantial circumstances, and far more beyond the conscious control of the nation, than I had ever thought. By "material" I mean, not prosperity and abundance, but the surrounding conditions that the nation can never get rid of, which are often extremely unfavorable to the national desire for rest and comfort. The significance often a grand evolution.

Now, <u>national morality</u> of a stage is the expression in that stage of this mysterious career of national life. It has often been seen aside from this deep-seated relation between it and the vital needs and impulses of the time, and many a noble man has set about reforming it on that isolated basis. It has often been a success, though full of exaggeration and waste of energy in its process; perhaps, it was what was demanded. God seems to use variety of ways in hand of man. My views are academical, and I open them to you, as a suggestion, and in hope to hear your interpretation of the Japanese moral life on the basis of my suggestion. You will be disappointed of the abstract and remote tone of my views, and I can only say that these ideas are constantly recurring to my mind in my study of history.

Here I have had a few days' interval and cannot resume the train of my dis-

cussion. I will write about something else now.

I am now having a vacation for three weeks, but am kept very busy as I have been unable to study anything outside my regular lessons during the Term. My Term work (in the Graduate School) is a pretty severe one. The Professors here give us a thorough training in historical method. I spend many hours in preparation for each one hour of the lessons. The method is, in one word, to go to the most authentic original sources, criticise them, and form our independent ideas on them. In our course in Medieval Institutions all the original sources are in Latin, and some of them are printed on old pages and are very hard to decipher. The secondary authorities (modern great writers) are not to be trusted until the original sources on any subject have been exhausted. The historical method of today is well-nigh a science in itself, and its training seems to have a great effect on the mind of the student.

I confess that I have had very slight anticipation of what a real historical study was like, when I came here and took the "research" courses. There are "lecture" courses, but they only instruct and do not train the students. Of the other argument――That national consciousness falls far short of the real vitality of their own.――I can hardly exaggerate.

Here is another factor which plays an even more important role than the above. It is the amount of national vigor. Partly it is affected by the general result of the other factors of national history, but still it seems to be the thing which has the life of a nation. It has turned the reverse conditions to serve us the lever for future progress; it was not crushed by a despot but reacted against him and pushed the constitution of a state to the point where it could not have reached by process of normal progress; it struck our stimulants of wholesome growth from the mere question of gain and loss, give and take; it was wearied after an exertion and relapsed into impotency, laziness and immorality, but, behold, it soon came out of the slumber healthier and moral than before. (I was thinking of the reign of Edward Ⅱ of England.) In this connection, I may be allowed to say that a great vigor may perhaps under some circumstances express itself in a wicked immorality, as the Spaniards seem to have done more than once. And, indeed, here is the importance of the powers of the general circumstances.

But, I venture to offer a suggestion that a truly vigorous mind does, though it may have periods of relaxation, revert to itself――its more independent moral tone――after temporary despondency. It ever means to be <u>true to itself</u> and would

not remain long, in a state of self-deception, in which it is tormented by a guilty feeling and still justifying itself with sneers.

To sum up. The question of circumstances and that of destiny (if this word might be used) are more beyond national will and control, than the question of vigor, whose use, at least, falls tolerably within the range of natural consciousness.

History suggests itself, it appears to me, that a nation is lucky, which is endowed with great vigor and placed in such favorable, but after terribly hard, circumstances under them its vigor being exercised, it cannot but push ahead to a higher and higher state of progress. The two factors affect each other, and their counter relation. When he listens to an inspiring lecture, he may feel as if he now understood the subject, and if he stand on his feet and express himself he will find unable to touch all finer points and to answer a question slightly out of the compass of the lecture he has listened to. The lecture course is like a lesson in chemistry without experiment. Study from secondary authorities (however great and trustworthy) would be like watching the chemical experiment of another man from a distance without any actual manipulation of apparatus of the watcher himself.

I had not been satisfied with my study until I came here, but now I am more than satisfied here. The head professor of our Department spent the whole of last year to study the method of higher historical teaching in England, France and Germany, & he——an impartial and unprejudiced critic——came back convinced that over method here is inferior to none and in fact superior to others in many points. The library in English history is also better than anything that can be formed among the European seminaries. I consider it a high privilege that I happen to find myself here. When I get time, I shall describe my research courses in detail.

May I ask you favor? I have enclosed ten Dollars in Postal Money Order with which I wish you would buy for me the books as named in separate slip. If the amount is deficient (for the prices and the transportation) please notify me. I want to buy some other books, but I am a hard-worked boy, and the money I have appropriated out of my fellowship payment. You will oblige me greatly if you will secure the books for me and sent them here. I am in no great haste about them. I am sorry to trouble you, but I promise to be of a like service to you here.

I wish to be remembered to my friends in Tokio when you may see any of them. Pardon my long letter with all its irrelevant contents.

Yours Sincerely
K.Asakawa.

(Finished writing, Dec. 19, 1900. Xmas is near at hand. Children happy.)

(9) 1901年5月4日　TSY0032014　封筒有

〔解題〕大学院2年目が終わる時期の書簡．日本史研究の方法について．

〔要約〕書籍の郵送に感謝する．日本史の学問的分析は知的な世界に大きく貢献するはずだ．私は自分の研究で2つの異なる方法を用いる．1つは，国家の成長を細部にわたり正確に説明する「叙述」の方法であり，もう1つは，制度の成長に重点を置き，背景にある他の要因も考慮する「説明」の方法である．「叙述」は事件や固有名詞を述べるもので,「説明」の方法は比較の視点に立ち，可能な限り多くの術語を用いるものである．世界史の観点からは比較の方法がより重要である．なぜ，日本は他のアジアとは違うのか，なぜ早く西洋文明を理解したのか，その将来はどうなるか，こうした問いが人類の関心であり，それらについてはまだ説明されていない．さらに，日本史との類似性や対比性の考察は，ヨーロッパ史の諸問題を解明することに役立つだろう．具体的な問いには，封建制の起源，封建的土地保有，封建制の影響，封建制の崩壊の条件，外部の文化の受容の方法などがあり，それらに取り組むことで，人類の制度史の考察が可能となるだろう．

Yale University
New Haven, Ct
U.S.A.
May 4, 1901.

My dear Sir,——

I cannot thank you too much for the pains you have taken in sending the books to me. They have arrived safely. I should have written sooner than this that I have received the books. The prices and the postage far exceed the amount I mailed to you, and I am very sorry that I cannot just now remit the balance. Please be kind enough to wait a little longer, although I cannot assume you an exact time of repayment. The selection of books was very judicious indeed. I should be glad to get more books that you suggest, but I beg you not to send them to me before I can pay for them.

The librarian Mr.Ran Name was much impressed when I told him what a

large publication our Government was undertaking to effect. We may possibly try to purchase the set for the Yale librarian.

Scientific treatment of Japanese history would be a great contribution to the intellectual world. It may take two different forms;——either an accurate and minute narration of the national growth in all its branches, or an explanatory account of the same, naturally laying greatest stress on the institutional growth and considering other historical factors as a background or preparation. The narrative method would involve hosts of events and proper names, and the explanatory one would take comparative point of view and dispense with outlandish nouns as much as possible. Each method is as important as the other, but, from the world's point of view, perhaps the comparative method is the more valuable. It is the desire of general human intellect to know why Japan is so different from the rest of Asia, why she has so readily understood Western civilization, and what would be her possible future destiny. These points will never be explained, but man is never satisfied without getting even a clue to their solution.

But how could a comparative method be established, when nearly all the fundamental points of early European history are in dispute? This objection is formidable. One cannot evade it. He may, however, suggest that Japanese history would perhaps throw some light on the problems of European history, either by similarity or by contrast. I believe personally that such would be the case with the questions of feudal origins, feudal tenures, and effects of feudalism and the structure and the conditions of its fall; of the structure of the State and its evaluation; of the method of receiving foreign culture, and the effect of the latter on the national life; of the intellectual, artistic and spiritual development, and its genesis and relations; of the processes that the economic forces have developed themselves and reacted on the entire course of history; etc, etc. Perhaps a flood of lights on the constitutional history of mankind may be expected.

But always comparison should be the means, and not the end, of a study of Japanese history. A historian should not write a book for a purpose, however noble and grand. Telling truth should be his sole aim. Either the descriptive or the explanatory history has not been initiated by any person in Japan in such a shape as is accessible to the cosmopolitan reader. Therefore there is a large room, to fill which will be a work of centuries. Japan may perish at any time, but her past activity as reconstructed by human understanding would live forever. Everything is evanescent but truth.

I must stop before I go too far. With best wishes, and with many regards to Tsunashima. I am Yours sincerely, K.Asakawa.

（封筒）

Mr.Y.Tsubouchi
Tokio, Japan
東京牛込大久保余丁町
坪内雄蔵様

（消印 1）
NEW HAVEN, CONN.
1901 MAY 6　10–15A
（消印 2）
TOKIO MAY 31 01

(10) 1901 年 6 月 23 日　TSY0032009　封筒有

〔解題〕大学院 2 年目終了時の書簡．イェール大学卒業式の説明．

〔要約〕6 月は毎年，卒業式と結婚式の時期だが，今年も何通も結婚式の招待状をもらった．また今日の日曜は，イェール大学の卒業式の初日にあたる．イェール大学ではクラス行事として，クラスの歴史家が書いたクラスの歴史の読み上げがある．他のカレッジでは，クラスの予言などがなされる．私がダートマスを卒業した時，クラスの予言者が，私が日本の首相になり執務室でクラスメートと会うだろうと予言した．火曜にはハーヴァードとの野球の試合があり，大群衆が集まる．野球場への道は盛装した人々と車が並ぶ．両者の応援団が大学のエールを繰り返し，大学の歌を歌う．イェールの色は青でハーヴァードの色は深紅である．水曜には学士，修士，博士の学位授与式がある．

105 Park St.
New Haven, Ct.
U.S.A.
June 23,1901

My dear Sir,——

June is in every year the month of Commencements & weddings. I have received invitations to several of the latter, and moreover we are on the first day of Yale Commencement week. This morning (Sunday) there was a Baccalaureate address in Battel Chapel by President A.G.Hadley[6), who was very good & thorough-

ly characteristic of him. On Monday (tomorrow), there will be Class-Day exercises & the Law School Commencement. The Class-Day exercises at Yale consist of reading Class History written by the Class Historian. At other colleges, where the Senior Class is smaller, they have often Class Prophecy & other things. Either in History or in Prophecy, every member in the Class has to be spoken of. When I was graduated at Dartmouth, the Class Prophet ventured to predict that I should become the Premier of Japan & that I would be pleased to see any of my Classmates at my office. What the Historian said of me I do not in the least remember.

On Tuesday, there will a baseball contest with Harvard, which will as usual attract an immense crowd. The street running toward the Yale Field will be lined with well-dressed people & crowded electric cars. At the Field, the Grand Stand will be occupied by a variegated crowd, which is in fact a mass of beautiful girls escorted by boys. There will be two exceptions. On one side, there will be Yale Graduates arranges in different classes of their graduation and dressed in fancy uniforms. On the opposite side, there will be delegation from Harvard, which will give a tremendous moral support to the Harvard athletes on the Field by cheers. The cheers on either side consist of the repeating of the College Yells and the singing of the College songs. The enthusiastic ones rise en masse and yell or sing until they are hoarse. The girls are of course friends of Yale, and if they cannot very well sing & yell as the boys, they have not a little influence in creating the general atmosphere in favor of Yale. The Yale color is blue, & the Harvard is crimson. In the midst of this great concourse of people, there will be found one or two daring female spirits with red dress & red banner. No one can as yet predict the outcome of the Tuesday game. You will smile when you are told that I am to be at the Grand Stand with three girls. Such is part of social obligation, which it is better to catch in advance, i.e. before it is thrust upon me. On the same day, I shall also have to be a sailing on the Sound with a few gentlemen & ladies. June is, to be sure, say, merry, & costly. A week or so at the end of this month is for me a well-gained relaxation after the grinding work of the whole year.

To return. On Wednesday, degrees will be conferred on the Bachelors, Masters, and Doctors. This is the last day of formal Commencement, & at this service (at Battel Chapel) many things will be reported & announced by the President. But it is curious that at the same time (from 11 A.M.), two classes ('98 & '95) will be playing baseball at the Field. These are two of the classes which are to meet after years of separation, during this Commencement season, but they evidently do not

care for the Wednesday ceremony, but rather play ball. In the afternoon, there will be an alumni Dinner.

People who have come but for the season will leave here on Wednesday or Thursday, & the students will also hurry to leave. Then New Haven again will become a face without eyes.

The students & professors set the general tone of town life of New Haven. There is more refinement of good aesthetic taste in New Haven than in all other cities I have seen, except perhaps Cambridge, Mass., where there is Harvard. When the college life is dormant, as it is for three summer months, New Haven loses major part of her charms. You may well imagine all this.

I have described the Commencement flurries as they do occur ordinarily, & I presume they will be the same this year. I hope they may be of some interest to you or your friends. I would like to describe the way they secure the degree of Doctor of Philosophy in history, and how――ordinally――Japanese students get the Doctorate in any department (i.e., how differently & leniently they are treated, to my chagrin, and how they sometimes court to be so treated, to my disgust), but I have no time left just now. The story of the Japanese excellence abroad has two sides to it.

Yours Sincerely
K.Asakawa.

(封筒)
Mr.Y.Tsubouchi
Tokio, Japan
東京牛込大久保余丁町
坪内雄蔵様
(消印 1)
NEW HAVEN CONN.
JUN 24 8-15P
(消印 2)
TOKIO, JAPAN
JUL 21 01

(11) 1901年11月7日　TSY0032028　封筒無

〔解題〕大学院3年目の書簡．イェール大学創立200周年記念式典の説明．

〔要約〕イェール大学の創立200周年記念式典（1901年10月23日に開催）があり，各国の代表者とともに日本からは伊藤博文らの一行が参列したが，私もこの式典に列席し，遠くから伊藤を見た．また，鳩山和夫が日本の民法の講演を英語で行ったのを聴いた．自分の学位論文として，日本の家産制的な統治形態から封建制への移行に関する論文を書く準備をしている．また，極東諸国の現状の研究でも忙しい．

Yale University
New Haven, Ct.
U.S.A.
Nov.7, 1901.

My dear Sir,——

Certainly this is a tardy reply to your instructive letter. I was away from this city when it arrived, and since I came here I have been inordinately busy. I mail you two books on English versification, which, though short, are said to be the best that there are. Gummere's[7] book is known to be more catholic than Lanier's[8] , which, though able, is, as a Professor put it, eccentric. Perhaps the greatest authority on English prosody is a German book——Schipper's[9] Englishe Metrik, as well as matters of account. People, however, admired his English as a good accomplishment.

The Marquis Ito[10] & his suite also were here for a night and a half day. The Marquis behaved himself with proper dignity & grace, and, his face being so interesting and significant, he made rather a profound impression here just at the time when the head of the nation and the brightest intellectual stars of the country, not to say anything of the distinguished foreign guests, were assembled. The way the Japanese students received him was not ridiculous bout not too admirable.

As you are aware, when the foreigner faces the Japanese, there is a certain mental attitude. This attitude an astonishing few Japanese abroad have even analysed. The usual things they do in regard to it are unconsciously to court it. Wherever there are more than half a dozen Japanese there occur events which cause you to blush. During the past five years, I have persistently withheld myself from courting that unfortunate half-patronising and half-ridiculing attitude of the American mind. I have never allowed people to befriend themselves to me except on either of a country which has her own history and raison d'être, her own faults

& merits, or that I am a man before I am a Japanese. This all may be done gracefully and with dignified humility. I believe I have made better and stronger friends by this method which I have not secured for you, for I know not whether you read & love German. The books mailed go to you with my regards, and although they have been delayed so much I hope it is not yet much later than you might have ordered back here from Japan. The selection has been made under the direction of Professor C.F.Richardson[11) , who is no doubt a big man on the subject.

Mr.Hatoyama[12) has been here through the Bicentennial season. He lectures before the general public, but as his subject (Civil Code of Japan) was too technical his audience gradually thinned down almost to a handful of law students; He spoke a fairly good English, although he had much difficulty——with "l", "r", and "th", and some vowel-sounds, than I ever could have made otherwise.

My method worked well so long as I was alone, but since I came here I have always had some sort of relation with some of the Japanese students. There has not been a year when some matter did not come up which put me to shame. So much for this disagreeable matter!

I saw Hatoyama only once. I did not bring myself to Ito's presence at all, although I had a good view of him from a short distance.

Now, passing over to the topic what you discussed at length in your letter. I cannot help doubting if you do not exaggerate the wide-spread moral corruption of the people. Of course you will excuse me that I am largely ignorant of the matter and that therefore my frankness may sound ridiculous, if not offensive.

Granting that much of your statement is true, there always comes to my mind another question. That ism the relative proportion of the existing vices the vitality and vigor of the people. You observe, this view is historical, and not moral. As a matter of fact, though not of morals, the surplus vitality of a strong growing boy is often viciously used without doing any harm to himself. The same told time with nations, as with individuals. The English under Elizabeth were far from being virtuous, & their harshness & brutality was immense at times. The French during the Huguenot's period are said to have been corrupt from top to bottom. But, as it were, vice often was instrumental for further national progress in wealth and in morality as well. On the other hand, recent historians seem to have almost conclusively proven that the Romans under the later Emperors were not more vicious than the Europeans of today. But what little vice they did, told.

It ate their life, not because they were more immoral than before, but because they were far less strong in character. (——not individual "character" perhaps, but collective, national level of vigor and energy.)

Perhaps, this collective character is precisely what you mean, and it is precisely what I am ignorant of.

Again, what would be the fundamental principles of remedying the evil and of building up a better nation. I should be happy to hear your opinions in regard to this point.

England and this country are in a peculiarly interesting state of things, though in different way, from each other, but I have not yet satisfied myself in my understanding of the matter, nor have I time to state here what I know.

Yours sincerely

K.Asakawa.

P.S.

Kindly remember me to Mr.Tsunashima & Mr.Shimamura[13].

I am preparing a thesis on Japan's transition from her patriarchal form of government to feudalism. (I have received two of 史料 and one of 古文書 from you, besides other books.)

I am also busy in studying existing conditions of the Far Eastern countries. I am also desperately short of material. My work at Dartmouth will not be much of earlier history of the Orient as its recent conditions.

K.A.

(12) 1901年12月17日　TSY0032024　封筒無

〔解題〕大学院3年目の書簡．日本で刊行された書籍郵送の依頼．

〔要約〕国際郵便為替で10ドル送るので，それで『大日本史料』『大日本古文書』のシリーズを購入してほしい．また，『群書類従』『国史大系』『続国史大系』の刊行状況も教えてほしい．アメリカ史研究で，西部開拓の神話が実証的に批判されている．

Yale University

New Haven, Ct.

U.S.A.

Dec.17, 1901.

My dear Sir,――

Enclosed please find ten dollars in international money-order (postal). The volumes to be published during another year of the 史料 and 古文書 have not yet been announced to my knowledge. For the last ten-dollar order you have paid 25 yen for books and at last 4 yen for postage. The ten-dollars I now mail to you may perhaps cover partly the cost of the incoming volumes (for another year) of the 古文書 & 史料, besides repaying the money you have kindly advanced for me. I think I owe you at least ten yen. The remainder (10 dollars minus－10 yen) you may kindly pay toward the 古文書 & 史料 & their postage. Perhaps I can send more money by April, although I cannot be positive. I thank you very much for all the pains you have taken & will take on account of my books.

The two series, 古文書 & 史料, are very good in furnishing raw material for historical study. For the earliest period of Japanese or any other history, no material is better than the raw ones, which are poor enough.

There are three publications which I must possess, all published by the 経済雑誌社：――群書類従, 国史大系, and 続国史大系. They seem to cost considerable. The later one buys them, the dearer they will be, I presume. If you have any acquaintance in the company, will you kindly inquire what they charge for each of them & how long they will keep them? I wonder if I can secure them at reasonable cost next year (next college-year).

The winter vacation (rather a recess) had commenced, but I am busy with my work. This is now children's season, we are looking for the dear old Santa Claus to come to fill their hung-up stockings. Also this is the beginning of the skating-season. (The football season has just ended.)

I observe that Tsunashima was absent in a memorial gathering held for the late Onishi and that his paper was read by Shimamura. Does it indicate Tsunashima is again seriously ill? I would like to hear from him directly, if he is not unable to write. What do you hear from Kaneko?

Professor Lounsbury[14] has published the first book of his series Shakespeare. He is a scholar on Chaucer, on whom he is undoubtedly an authority. Professor Thomas[15] of Columbia has written a life of Schiller, which is favorably received. President Hadley has a volume of essays on educational (mainly collegiate) subjects. My honored Professor E.G.Bourne[16] also has a volume of essays in historical criticism. There are other good books lately published. Would I could send them to

you! One of Prof.Bourne's essays, when it was published, raised a storm of violent criticism on it and on his person, as it completely uprooted a popular legend which has been permeated over the romantic & religious sentiment of the American people, especially of the Western Part of this country. The story that a home missionary named Marcus Whitman[17] opened up the Oregon territory, which was far larger than the present Oregon, has been proved by the Professor to be unfounded and to have grown as a myth in spite of the unauthenticity completely established by another man during the forties. The subject has a large importance in American history, & the myth in the popular mind will die hard, if it will ever die. As for the intellectual word, Mr.Bourne has slaughtered is once for all. (Yes, many of the best noted Professors had uncritically accepted the legend, & put it in their historical works.) The keenest discrimination and writing thirst for truth are a standard which even the best student of history can hardly attain to.

I hope you are in good health. I am well, I am fortunate to say. Please remember me to my friends when you see them. Not a sound is heard about Minakuchi[18]. I shall write you when I am at leisure about my plan for the next year, will be of interest to you.

With best wishes
Yours as ever
K.Asakawa.

(13) 1902年3月18日　TSY0031008　万国郵便連合葉書

〔解題〕大学院3年目の書簡．書籍の受け取りと博士論文の進捗状況．

〔要約〕『国史大系』17巻と『古文書』の第2巻を受け取る．大化改新についての博士論文を約200頁書いた．

Yale Univ. U.S.A.

My dear Sir,——

Have received the 17 vols. of 国史大系 and vol.2. of 古文書, for which I thank you. Have already written about two hundred pages of my thesis on the reform of 645 (大化), which will, however, deal also with conditions preceding & following that date. Am very well. Kind regards to Tsunashima and Nakagiri[19].

Yours K.Asakawa.

（宛名）

Mr. Y.Tsubouchi
Tokio, Japan
東京牛込余丁町
坪内雄蔵様

（消印）

NEW HAVEN, CONN.
MAR 18　6-30P

(14) 1902年3月30日　TSY0032030　封筒無

〔解題〕書籍代の郵便為替送付.

〔要約〕5ドルの郵便為替を同封した. 金額〔書籍代〕の不足分に使ってほしい. 綱島が快復していることを知って嬉しい. 博士論文執筆で忙しい. 東洋と植民地化について今後, 勉強するつもりだ.

Yale University
New Haven Ct.
Mar.30, 1902.

My dear Mr.Tsubouchi,——

Enclosed please find five dollars in U.S. postal money order, and use them toward my deficit. I would have sent more, if I could.

Have heard from Tsunashima. Am glad to know he is a little better. I am very well, it is now a fine spring weather. Today is the Easter Sunday, and the Catholic children are jubilant over the bright weather. I am ashamed if being so busy with my thesis to this inviting weather.

I hope to learn a great deal next year. I shall not teach more than six hours a week and shall grasp the fundamental points in my two subjects——the Orient and colonization——in one year, which will serve as a good foundation for the work of the years to come. I will write to you later about my work for the next year more in detail.

Pardon me that I cannot write much larger today. My regards to Kaneko[20] and Nakagiri. I wonder what the latter is doing.

With best wishes, I am yours sincerely
K.Asakawa

(15) 1902年7月3日　TSY0032029　タイプ印字

〔解題〕東京専門学校出版部での博士論文刊行の依頼．出版に際しての詳細が述べられる．

〔要約〕教授たちが，私の博士論文を刊行するよう強く勧めている．理由は，これが2つの異なる民族の制度の融合と歴史的な進化を提示するものであるからだ．アメリカ，ヨーロッパの学者も注目するだろう．イェール大学は出版の金銭的援助をするので，刊行する場合は日本で刊行したい．中国語と日本語の活字の問題もあり，日本での方が安い費用で済むからだ．また日本の人々が読み，誤りを訂正してくれることを望む．東京専門学校の出版部が出版を引き受けてくれないだろうか．費用の大半はこちらで引き受ける．

July 3, 1902.

My dear Sir,——

The Fourth of July is already announced by the noise-making of the children on the street. Firecrackers are, I suppose, a Chinese invention, but are now a great institution over here with the boys.

After I wrote the other letter, I have again been strongly urged by the Professors to publish my thesis. They seem to think that the subject, as showing the blending of the institutions of two different nations and giving occasion to a tremendously important historic evolution, may well be commended to the attention of the scholars in America and Europe who have interest in such questions. It needs no saying that it is not the essay that deserves attention, but the subject. The University will, I hope, help me with money, in case I publish it. If I ever publish it, I shall do so in Japan, because I believe the cost of printing will be cheaper there than here, to say nothing of the Chinese and Japanese characters contained in it. I wish, above all, that persons in Japan who know the subject might read and correct my mistakes, which must be many. I shall, however, publish it in English, so that it may be read abroad as well.

The publishing department of the Semmon Gakko[21)] would not undertake the publishing of anything like this, would it? Of course you understand that I shall furnish a large part, and perhaps all, of the prime cost.

The thesis contains about 103,000 words or perhaps a little less, which, if printed in the small pica type and in pages containing 350 words each, would cover about 300 pages.

The subject is too technical to be a popular reading, and no one can expect to make money out of this publication. But if we printed 1000 copies, and sold 600 copies of them, that will probably recover the prime cost. Of these 600 copies, Europe and this country will perhaps take some, and I imagine that some Japanese scholars and students might read it, some for study, and others for curiosity. I am vain enough to think that some ideas and the method of historical study embodied in my essay may interest some people at home. Of course it will be some time before so many as 600 copies could be sold.

In view of these considerations, I again venture to ask you, if your college have a mind to publish such a thing. Whether it does or not, you will oblige me very much if you will kindly make inquiries at a few best printing establishments about the cost of＝

(1) printing 1000 copies of 300 pages each, the page containing about 350 English words in the small pica type;
(2) binding the copies and placing them in the market; and
(3) general expenses connected with publication.

Sincerely yours
K.Asakawa.

P.S. An early answer will be highly appreciated.

(20) 1903年7月29日　TSY0032023　封筒無

〔解題〕博士論文受け取りの確認．

〔要約〕今頃はすでに私の博論を受け取り，印刷所に送ったと期待する．私は数週間，大好きな場所である大学図書館で過ごしている．ニューヘヴンはいつも湿度が高く健康によくない．

105 Park St.
New Haven, Ct., U.S.A.
7.29.1903.

My dear Sir,――

I hope that by this time you must have received my thesis and sent it to the press. I hope to hear from you soon. I am spending a few weeks here in the library

of the University, which is my favorite resort. Please address every mail to Hanover, N.H., because my stay here is temporary, I thank you for your letter which I received last June at Hanover. I should have answered it long ago, had I not left it in Hanover. When I return I shall answer fully, what I would do with you kind suggestions about the purchase of books.

New Haven is usually damp & not very healthy, but it is very easy to get out of the city and go either into the woods or to the shore. Electric cars take you to the latter. Some places with shore are too much of a bustle, but some others are quiet & their view are lovely. My health is good, I am thankful to say.

The Pope is dead. Before his death he captivated the closest attention of almost every person, at least for the last few days of his life.

With best wishes, I am yours as ever. K.Asakawa.

注

1) 松本文三郎（1869-1944）．仏教学者．1893年，帝国大学文科大学卒業．のちに京都帝国大学教授となるが，この書簡の時期はドイツ留学中であった．また，東京専門学校で1895年5月から99年4月まで「支那哲学史」などを教えていた（『早稲田大学百年史　第一巻』早稲田大学出版部，1978年，1039頁）．朝河は東京専門学校時代に松本の「支那哲学史」を受講しているが，その授業ノートはイェール大学スターリング図書館所蔵のAsakawa PapersのBox 46, Folder 197に存在する．甚野尚志「朝河貫一の西洋中世史の研究と教育活動―イェール大学所蔵の『朝河貫一文書（Asakawa Papers)』の分析から―」（『早稲田大学大学院文学研究科紀要』第63輯（2017年度），2018年）参照．

2) 新島襄（1843-1890）．アメリカに渡航し，クリスチャンとなり神学を学ぶ．帰国後，同志社英学校創設．

3) 綱島栄一郎（梁川，1873-1907）．宗教思想家．

4) 大西祝（操山，1864-1900）．哲学者．

5) 渋谷瀏．1895年，東京専門学校得業生．1899年没．

6) Hadley, Arthur Twining（1856-1930）．イェール大学の政治学・政治経済学教授．1892年から95年までイェール大学の大学院長となり，99年からイェール大学総長．イェール大学は伝統的に牧師が総長であったが，彼が初めて牧師以外で総長となる．イェール大学発展の基礎を作る．ここで言及される著作は，*The Education of the American Citizen*, 1901. であろう．

7) Gummere, Francis Barton（1855-1919）．ハヴァーフォード（Harverford）大学英語学教授．英語学・民間伝承・古代言語の研究者．ここで言及される著作は，*The Beginnings of Poetry*, New York, 1901. であろう．

8) Lanier, Sydney（1842-1881）．詩人．ジョンズ・ホプキンス大学教授．詩の理論を構築したことで有名．ここで触れられている著作は，*The Science of English Verse*, New York, 1880. であろう．

9) Schipper, Jakob（1842-1915）．オーストリア生まれ，ウィーン大学で教えた英語学者．こ

こで言及される著作は，*Englische Metrik in historischer und systematischer Entwickelung dargestellt*, Bonn, 1881–85. である．

10） 伊藤博文（1841–1909）．政治家．岩倉使節団に参加．大日本帝国憲法の制定を指導．枢密院議長，貴族院議長，首相（4 度）を務める．ハルビンで暗殺される．このイェール大学訪問の際にイェール大の名誉博士となる．小川原正道「伊藤博文への博士号授与と日米外交—『文明』の普及をめぐって—」（『法学研究』87–10，2024 年）参照．

11） Richardson, Charles Francis（1851–1913）．ダートマス大学教授．英語英文学者．朝河はダートマス時代に教えを受けたと思われる．

12） 鳩山和夫（1856–1911）．政治家，法律家．イェール大学で法学修士および博士号取得．東京帝国大学教授を経て東京専門学校校長．衆議院議員．

13） 島村滝太郎（抱月，1871–1918）．文芸評論家，劇作家．早稲田大学教授．

14） Lounsbury, Thomas Raynesford（1838–1915）．イェール大学の英語英文学教授．チョーサー，シェイクスピアの研究者．ここで言及されている著作は，*Shakespeare as a Dramatic Artist*, 1901. であろう．

15） Thomas, Calvin（1854–1919）．1896 年からコロンビア大学のドイツ語ドイツ文学教授を務める．ここで言及されている著作は，*The Life and Works of Schiller*, New York, 1901. であろう．

16） Bourne, Edward Gaylord（1860–1908）．イェール大学の歴史学教授．ラテンアメリカ史の専門家．ここで言及される著作は，*Essays in historical Criticism*, New York, 1901. であろう．

17） Whitman, Marcus（1802–1847）．宣教師としてネイティブアメリカンの布教に従事．1847 年に殺害され，彼の宣教活動とその死が神話化された．ここで言及されるのは，Bourne 教授による Whitman の神話化を批判した論文 “The Legend of Marcus Whitman”, *American Historical Review*, vol.6, 1901, pp.276–300. のことである．

18） 水口鹿太郎（薇陽，1873–1940）．俳優．

19） 中桐確太郎（確堂，1872–1944）．教育学者，哲学者，早稲田大学教授．

20） 金子馬治（筑水，1870–1937）．哲学者，文芸評論家．

21） この書簡の直後 1902 年 9 月に東京専門学校は早稲田大学に改称したので，東京専門学校出版部は早稲田大学出版部となる．朝河は博士論文（The Reform of 645: An Introduction to the Study of the Origin of Feudalism in Japan）を *The Early Institutional Life of Japan* のタイトルに改め，早稲田大学出版部から 1904 年に刊行した．

編者略歴

甚野尚志

一九五八年　福島県に生まれる

一九八三年　東京大学大学院人文科学研究科修士課程修了

現在　早稲田大学文学学術院教授、朝河貫一博士顕彰協会会長、博士（文学）

〔主要編著書〕

『十二世紀ルネサンスの精神―ソールズベリのジョンの思想構造』（知泉書館、二〇〇九年）

『福島県立図書館所蔵　朝河貫一資料目録』（改訂版、共編、福島県立図書館、二〇一九年）

藤原秀之

一九六三年　東京都に生まれる

一九八九年　早稲田大学大学院文学研究科修士課程修了

現在　早稲田大学教育・総合科学学術院非常勤講師

〔主要著書・論文〕

『戦時下の学生と読書―早稲田大学図書館「学生図書閲覧成績調査」一九三九―一九四四年―』（不二出版、二〇二四年）

「翻刻解題　市島春城「自叙伝材料録」一～五」（『早稲田大学図書館紀要』六四～六七、二〇一七～二〇年）

朝河貫一の時代と学問
書簡を通じた知の交流

二〇二五年（令和七）三月一日　第一刷発行

編者　甚《じん》野《の》尚《たか》志《し》
　　　藤《ふじ》原《わら》秀《ひで》之《ゆき》

発行者　吉川道郎

発行所　株式会社　吉川弘文館
郵便番号一一三―〇〇三三
東京都文京区本郷七丁目二番八号
電話〇三―三八一三―九一五一（代）
振替口座〇〇一〇〇―五―二四四番
https://www.yoshikawa-k.co.jp/

印刷＝株式会社 理想社
製本＝誠製本株式会社
装幀＝山崎　登

Printed in Japan　ISBN978-4-642-03941-3

海老澤 衷・近藤成一・甚野尚志編

朝河貫一と日欧中世史研究

〈残部僅少〉Ａ５判・三一二頁

九〇〇〇円

明治から昭和期に欧米の歴史学者との交流の中で学問を磨き、アメリカから日本史研究を世界に発信したイェール大学教授・朝河貫一。日本と西欧を比較し、中世社会の封建制度を追究する朝河の先駆性と史学史上の意義を、現在の中世史研究に照らして再評価する。同大学図書館の日本史資料収集に関わる記録や、歴史家と交わした書簡の翻刻なども掲載。

朝河貫一と人文学の形成

Ａ５判・二九六頁

九〇〇〇円

イェール大学で歴史学教授となった朝河貫一。彼が構想した日欧比較封建制の研究を読み解き、また第二次大戦期に国民性を分析し日米両国へ発した戦後構想の提言を考察。さらに大学教育の理念、留学生・移民への関心や、図書館の資料収集、国際補助語開発への助言など多彩な業績に光を当て、歴史・社会・思想などを包括する人文学のあり方を問い直す。

〈価格は税別〉

吉川弘文館